TOLERANCE

【美】亨德里克·威廉·房龙◎著

陈小颖◎译

民主与建设出版社

图书在版编目（CIP）数据

宽容 / (美) 亨德里克·威廉·房龙著；陈小颖译. —北京：
民主与建设出版社，2017.5
ISBN 978-7-5139-1488-8

Ⅰ.①宽… Ⅱ.①亨… ②陈… Ⅲ.①思想史—世界
Ⅳ.①B1

中国版本图书馆 CIP 数据核字（2017）第 076895 号

宽 容
KUANRONG

出 版 人　许久文
著　　者　（美）亨德里克·威廉·房龙
译　　者　陈小颖
责任编辑　韩增标
特约编辑　吕　征　刘苗苗
封面设计　华夏视觉
出版发行　民主与建设出版社有限责任公司
电　　话　（010）59417747　59419778
社　　址　北京市海淀区西三环中路10号望海楼E座7层
邮　　编　100142
印　　刷　北京美图印务有限公司
版　　次　2017年8月第1版　2017年8月第1次印刷
开　　本　710mm×1000mm　1/16
印　　张　21
字　　数　290千字
书　　号　ISBN 978-7-5139-1488-8
定　　价　68.00元

注：如有印、装质量问题，请与出版社联系。

序 言

· · ·

　　很久很久以前，人们快乐地生活在宁静的无知山谷中。

　　山谷的东南西北皆被永恒的山脉包围着，只有一道智慧之源，自古老的西山而来，流经狭长的深沟，最后注入未知的东江。她不若大河澎湃，却能满足山谷里村民们的基本需要。

　　每到夜里，村民们都会在智慧之源边上汲水，饮牲口，然后把村里的长老们扶出来，坐在一起谈天说地。长老们平日总爱待在阴凉的角落里，捧着远古部落之人所撰写的书籍，思考其中的玄机。有时，他们也会向儿孙们念叨起书里那些奇特的文字；但对于贪玩的小孩而言，晦涩难懂的词汇还不如一颗从远方捎来的鹅卵石来得新奇。

无知山谷

无知山谷里的村民向来敬重历史遗物，古书的地位也因此变得神圣且不可亵渎。谁要是胆敢质疑祖先的教诲，定会遭到其他村民的冷漠以对。表面上山谷里一团和气，但村民心里的不安总是挥之不去：自给自足的平衡一旦被打破，他们日后该如何生活？于是一声声低语开始在小镇的窄巷间穿梭，讲述着昔日那些勇于挑战权威的年轻人的传说。他们有些人头也不回地往前冲，最后不见所踪；有些人试图翻越那遮天蔽日的悬崖，却只落得个尸骨散落无人收的下场。

岁月周而复始，来而复往，人们在无知山谷中的生活一如寻常。直至……

一个游子撕裂黑暗从远方蹒跚归来。

他双手的指甲尽已磨破，双脚上缠满了染血的布条，无声地诉说着长途跋涉的苦难。他跌跌撞撞地敲响了村口小屋的门，没等到回应，便不醒人事。村民们就着微弱的烛光，战战兢兢地把他抬到简陋的小床上。

第二天，太阳刚露脸，"他回来了"的消息就已在整个村落传遍。

村民们站在他的床边，叹惜着摇头。他们知道，他始终难逃一劫。屈服和失败是祖先给予那些胆敢离开村落的人的唯一结局。在村子的一角，长老们甚至已经在低声演练审判的程序。实在不是村民们狠毒，只是祖宗规矩摆在那里——如有违者，必遭严惩。一旦伤愈，他就不得不面临这注定的悲剧。长老们也想过对他宽大一二，尤其是每每记起他母亲那双充满哀求之意的眼眸之时，每每回想起他那 30 年前就迷失在茫茫沙漠的父亲之时……可是，律法自有律法的尊严，惩恶扬善，应无一例外。而长老们，就是它忠诚的执行者。

终于，游子被带到市集。在那里，村民们早已站成一圈，鸦雀无声地等待着。

考虑到他因饥渴身体还很虚弱，长老们特地允许他就坐。

但他拒绝了。

无视长老们让他噤声的命令，他背过身去，一边用炽热的目光在人群中搜寻那些曾与他志同道合的人，一边恳求道："听我说！"

他的声音虚弱却坚定。

"当年我离开了村庄，如今我成功地回来了。在山的那边，我的脚踏上了崭新的土地，我的手拥抱了异族的善意，我的眼看到了不一样的壮丽。

"从前，我的世界便是这山谷中的一切。打我记事起，就只看见永恒的山脉在东南西北无尽地绵延。每当我问起山的另一边，父辈们马上就不住地摇头，噤口不言。偏偏我就爱刨根问底，于是他们把我带到悬崖上，让我目睹那胆敢违逆神祇之人尸骨无存的下场。

归来的游子

"可我不相信。当年的我大喊：'骗人！神明明喜欢勇于冒险的人！'长老们见我冥顽不灵，便祭出祖宗遗留下来的古书。他们说，律法中已列明了神对天地万物的旨意。这片山谷是我们的，由我们掌管，山谷中的动物、花草、果实、鱼虾任我们取用。但山的另一边是神的领域，我们无权窥探，直至时间的尽头。

"长老们在撒谎。就像欺骗了当年的我一样，他们也欺骗了如今的你们。

"山的另一边不但有丰沃的草原牧场，还有和我们一样的男女老少，以及他们用千年辛劳积累起来的辉煌城邦。

"在跋涉中，我找到了更美好的家园，找到了更令人向往的应许之地。跟着我，让我带你们踏上那条康庄大道，去见证神明无处不在的微笑。"

他的话音刚落，人群中便爆发出一阵阵撕心裂肺的惊吼。"亵渎！这是对神圣的亵渎！"长老们失声大叫，"他疯了，竟敢嘲弄这千年来的律法！他罪有应得！他死有余辜！"

于是，村民们捡起一块块沉重的石头，砸向游子，让他在痛苦中咽下了最后一口气。

他的尸体被抛下悬崖，成了最有力的警示——祖宗的智慧不可质疑。

不久之后，旱灾降临。潺潺的智慧之源枯竭了，牲畜接

美好的家园

连着干渴而死。田里的庄稼枯萎了，无知山谷中饿殍遍地。然而，长老们并不灰心。他们说古书有记，黑暗之后必是光明。况且，他们已经老了，并不需要太多的吃食。再之后，冬天来了，山谷里更显破败凋零。

可怕的冬天

半数以上的村民在绝望中死去，活着的人把唯一的希望寄托到山的另一边。可律法不许，村民们该何从何去？

终于，绝望把勇气赋予了因恐惧而逆来顺受的人们，并促使他们向权威发起了一次最激烈的抗争。那些所谓的长老被推到一旁，他们一边抱怨着自己的命运不济，一边诅咒着后辈们的忘恩负义。只是，当最后一辆马车即将驶出山谷时，他们竟抛弃了自己的坚持，强迫车夫带着他们一同逃离。

未知的旅程，就在这一刻，开始。

由于多年前游子所说的路径已模糊不清，他们一路上忍饥挨饿，几经艰辛。直至找到第一座用石子堆起来的标记，才总算迎来了黑暗后的光明。

幸亏游子有先见之明，早早地在一望无际的丛林和乱石中烧出一条康庄大道，否则村民们还不知要吃多少苦头，才能找到游子口中美好的绿色家园。

面对此情此景，村民们沉默地面面相觑。

"他说的都是对的。长老们欺骗了我们。""他的尸首还在悬崖下腐烂，长老们却坐在我们的车里，念叨着老掉牙的调子。""他救了我们，我们却害死了他。""如果当年我们知道真相的话，就不会……唉……"

历劫重生的人们决定在这里定居，他们解下马具，把牛羊圈进圈里，然后慢慢地建造起自己的房子，规划好自己的土地，又一次过上了幸福快乐的日子。

数年以后，村民们决定把游子的遗骸迎回，并为这位勇敢的智者建墓立碑。

怀揣着这样的念想，一支肃穆的队伍再次回到了早已荒废的山谷中。可怜悬崖下白骨累累，唯独游子的尸骸遍寻不见——也许它早已被胡狼拖入了自己的洞穴。

纪念石碑

不得已，人们只好在那座拯救了他们的石头路标上再竖起一块小石碑，以感谢游子把村民引向了新的自由，而这位敢于向未知和恐惧挑战的先驱也因此被子孙们世代追忆。

这样的故事，在过去并不罕见，如今也时有发生，但我们衷心希望，它不会再出现在我们的将来。

目 录 · Contents

PART Ⅲ **文艺复兴时期**

PART Ⅳ **近代新篇章**

PART I

古希腊古罗马时期

在这个变化无常的世界里，当种族、气候、经济和政治达到一个理想或接近理想的状态时，高级文明就会以一种突如其来并看似顺理成章的方式出现。

第一章　无知的暴虐

公元 527 年，弗拉维·查士丁尼[1] 成为东罗马帝国的主宰。这位出身塞尔维亚农民家庭的国王来自斯科普里[2]，在一战后期，这里曾经是兵家必争的铁路枢纽之地。不知是不是成长环境使然，查士丁尼对书本教育向来嗤之以鼻。当政之后，他一声令下，查禁了历史悠久的雅典学院[3]，同时关闭了境内仅存的一座埃及神庙。这可不是一座普通的神庙啊！它坐落在离尼罗河大瀑布不远的一个名为菲莱的小岛上。自新教徒入侵尼罗河河谷后，从前那些非洲、希腊、罗马的诸神们早已销声匿迹，只有这座神庙，和那自人们记事起便一直供奉着的伊希斯女神[4] 依然灵光不灭，生生不息，

---

[1]　弗拉维·查士丁尼（Flavius Petrus Sabbatius Justinianus）：东罗马帝国皇帝，史称查士丁尼大帝（527 年—565 年在位）。在位期间下令纂成《查士丁尼法典》等四部法典（总称《民法大全》），为罗马法的重要典籍。——译者注

[2]　斯科普里（Skopje）：马其顿共和国的首都。斯科普里在古罗马时期的名称是斯库皮。——译者注

[3]　雅典学院：由柏拉图创办于公元前 385 年左右，至公元 529 年被查士丁尼大帝封闭为止，前后延续将近千年之久。——译者注

[4]　伊希斯（Isis）：古埃及的主神之一，也是最原始的女神。深受古埃及人民的崇拜。——译者注

与日益壮大的基督教信仰分庭抗礼。它不但又延续了往后数百年的香火，还为为数不多的祭司们提供了解读埃及象形文字的唯一场所，让他们能继续研究那被大部分法老子民所忘却的古老学说——直至公元六世纪，直至那该死的查士丁尼统治了东罗马帝国。

正是这样一个目不识丁的"皇帝陛下"，把唯一的埃及神庙和与它毗邻的学校变成了国家财产，把庙里的雕塑和神像一件不落地送了君士坦丁堡的博物馆，把学识渊博的祭司和象形文字书写匠通通关进了暗无天日的监牢。当最后一个掌握象形文字秘密的学者在饥寒交迫中死去之时，这古老的语言便成了人类再也无法轻易触及的失落文明。

倘若查士丁尼当初手下留情，哪怕只是饶过那些象形文字学者的性命，后世的史学家们也不至于为理解象形文字而呕心沥血却不得其法至此。然而，历史没有如果。虽然凭借着商博良[1]的天赋我们能再次拼写出古老的埃及词汇，但对这字里行间的传世之义，我们却仍然不明就里。

可怕的是，这样的事情在古代社会里几乎比比皆是，不胜枚举。

就像那些蓄着大胡子的巴比伦人，他们曾在那一片刻满宗教教条的砖石遗迹中，虔诚地高呼：谁解神意！他们曾日以继夜地向诸神祈祷，力图传达和解释神灵的法律，甚至把这神圣的旨意镌刻在圣城的花岗岩柱上。他们是如此的虚怀若谷，又是如此的残暴无度。他们一边鼓励教士们学习至高天[2]的知识，探索世上的海洋和陆地，一边又因为某些现在看来微不足道的宗教礼仪，对违背者施以最骇人听闻的刑罚。

他们究竟是怎么想的？他们对神明怀着怎样的敬意？他们为何要如此行事？时至今日，我们依旧无从得知。

---

[1] 商博良（Jean-François Champollion）：法国历史学家、语言学家，是第一位识破古埃及象形文字结构并破译罗塞塔石碑的学者，被誉为"埃及学之父"。——译者注

[2] 至高天（Supreme Heaven）：古希伯莱人将天分成了十层，第十层就是至高天。——译者注

为了解开象形文字的秘密，我们远征尼尼微[1]，用心解读那自西奈沙漠[2]破土而出，绵延几英里的楔形文字石碑；为了找到并敲开神圣的智慧之门，我们走遍美索不达米亚[3]和埃及各地，把汗水挥洒在所过之境。

我们一直在真相的门前徘徊。终于，一个偶然的机会，我们发现原来那智慧的宝库从未消失，我们虽然没能在阿卡德[4]或孟斐斯[5]发现她的踪迹，却在丛林的深处，在异教徒寺庙层层遮蔽的木柱之下，窥见她迎接我们的双臂。

为了掠夺，我们的祖先开始接触他们口中的"野人"和"蛮族"。可以想象，那肯定不是什么愉快的会面。在没有摸清白人的真实意图之前，土著们便急冲冲地高举着长矛弓箭，用自己的方式欢迎陌生人的来访。结果，白人的回应是火枪加大炮。从此以后，平心静气开诚布公地进行交流的机会变得微乎其微。

在白人眼里，野人除了会对鳄鱼和枯树顶礼膜拜以外一无是处，他们藏污纳垢，游手好闲，若有什么厄灾更是他们罪有应得。

到了 18 世纪，这样的僵局出现了转机。多愁善感的卢梭用婆娑的泪眼观察世界，那细腻的思绪感染了同时代的人群，大家不禁纷纷掏出手绢含泪回应。其中，关于野人的一切成了他们最喜欢的谈资。尽管他们中谁也没见过野人，但在他们看来，野人不过是恶劣生存环境下不幸的牺牲

---

[1] 尼尼微（Nineveh）：西亚古城，是早期亚述、中期亚述的重镇和亚述帝国都城，最早由古代胡里特人建立。——译者注

[2] 西奈沙漠（the desert of Sinai）：在埃及和巴勒斯坦之间的旷野，犹太人曾在此处度过40 年。——译者注

[3] 美索不达米亚平原（Mesopotamia）：古希腊对两河流域的称谓，意为"两条河流之间的地方"，这两条河指的是幼发拉底河和底格里斯河。——译者注

[4] 阿卡德（Akkad）：闪米特语族的分支于公元前 3000 年结束游牧生活，在美索不达米亚南部建立了名为阿卡德的城邦国家。——译者注

[5] 孟斐斯（Memphis）：世界上最古老的城市之一，有 4700 多年的历史，是古埃及中古王朝时期首都。——译者注

品，他们身上闪现着人类各种原始的美德，而这些美德在白人世界里，已被三千年文明所带来的腐败蚕食殆尽。

如今，通过调查，我们对此有了更全面的了解。其实我们研究土著就像研究某种稀有的动物，从本质上说，并没有太大的差距。人们总说一分耕耘一分收获，但若非上帝的恩典，此刻的我们也会跟土著一样，在恶劣的生存环境下挣扎求存。通过对土著的观察，我们逐渐了解到在尼罗河河谷和美索不达米亚半岛上崛起的早期社会形态；通过对部落文明的深入研究，我们得以窥见人类在五千年岁月中点滴形成的奇特天性，尽管这些天性如今已被深深地隐藏在以礼仪和习俗编织而成的薄纱之下。

也许，这并不是什么令人自豪的发现。但若换个角度细想，我们既然能摆脱环境的束缚，完成那么多原以为不可能的任务，难道就不能对落后的异族兄弟采取更加宽容的态度，从而将人类的发展再向前推进一步？

这不是一本人类学手册，这是一本献给宽容的书。但宽容是一个很大的命题，一不小心就会偏离；而一旦偏离，我们真正想探讨的主题就会分

东西方的会面

崩离析。所以，请允许我以半页的篇幅阐述一下我对宽容明确的定义。

语言是人类最具欺骗性的发明之一，所有词语的定义总会因人而异。因此做学问的人，应谦卑地参考并听取权威书籍的定义，因为它已被大多数使用该语言的人所认可。我的选择便是《大不列颠百科全书》。书中第二十六章第 1052 页写道：宽容，来自拉丁语"忍受"一词，意思是允许别人自由地行动或作出判断，耐心且毫无偏见地容忍与自己的观点或公认的观点不一致的意见。

也许宽容还有别的定义，但考虑到本书的主题，我更愿意以此为引，重新回到关于野人的话题，并向您揭示宽容在有记载以来最早的社会形态中存在的痕迹。

人们普遍认为原始社会结构简单，原始人所使用的语言不过是几声意味不明的呢喃，原始人原有的一定程度上的自由，也在世界变得"复杂"时慢慢消失。然而过去五十年，行走在中非、极地地区和波利尼西亚[1]的探险家、传教士和医生在调查当地土著生活时发现，这是普罗大众对原始人的误解。事实上，原始社会的组成极其复杂，原始语言比俄语和阿拉伯语有着更多时态和格的变化。对未知的心怀不安，不但使原始人成为现实的奴隶，甚至还要屈服于过去与未来。他们是如此的卑微、不幸，只能在恐惧中求生，最后在战栗中死去。

另外，一说起原始人，大家脑海里都会出现这样一幅画面：一大群勇敢的印第安人尽情驰骋在一望无际的大草原上，追逐着野牛，为他们的战利品竟日狂欢。可事实并不是这样。

那么，问题来了？原始人究竟是怎样生活的呢？

我看过很多描写奇迹的故事，却鲜有听闻人类在大自然中挣扎求存的事迹。我很想知道，作为手无寸铁的哺乳动物，人类到底是如何抵御无处

---

[1] 波利尼西亚（Polynesia）：太平洋三大岛群之一，处于大洋洲，意为"多岛群岛"。——译者注

不在的细菌，如何战胜无情的捕食者，如何适应无常的气候变化，最终成为万物的主宰。碍于篇幅，我就不在此展开叙述。不过可以肯定的是，这不是一个人能单枪匹马完成的任务。为了繁衍，个体不得不试着联合，学会融入，形成部族。原始社会的最高信条即是压倒一切的求生欲望。原始人的生存环境太恶劣，只要能够活下去，其他一切皆可弃。个人利益不值一提，部落安全至关重要。为了保证部落组织的稳定，所有个体都必须远离冒险和未知，因为在人类发展的初期，可见的世界太小，不可见的世界太大，原始人遇到的问题比我们想象的更为复杂而艰巨。

想要深入了解原始人，或者说土著，我们切记他们与我们大不相同，只缘原始人根本不明白我们口中的因果正误。举个例子：要是哪天不小心碰到了毒藤，我肯定先责备自己的大意，然后派人请医生过来，并且让孩子们尽快把那鬼东西清理干净。了解事物的属性，知道事情的因果关系让我能快速作出判断——皮疹是由毒藤引起的，医生开的药能给皮肤止痒，砍掉毒藤是为了避免类似的事情再次发生。可原始人不会那样想，他们无法在毒藤和引起皮疹这两件事上建立正确的因果关系。在他们生活的世界里，过去、现在和未来盘根错节，纠缠不清——死去的部落首领变成神明，过世的邻居兄弟化为鬼魂，虽然视之不见，他们却依然与活着的人在一起，同吃同睡，如影随形。面对这样特殊的同伴，究竟是要讨好取悦还是要保持距离？谁也说不清。一旦作出了错误的选择，便会立马遭到报应；而即便是诚心礼待，也不见得能让鬼神们皆大欢喜。活着的人最后还是会因为惧怕神明的报复而惶惶不可终日。所以当不幸发生时，原始人的第一反应不是去找事情起因，而是直接把它归结是鬼神的显灵。他们不会看着手臂上的皮疹大喊"该死的毒藤"，只会低声嘟囔着"这是天谴，这是我得罪了神的证明"。就算他想起来要去找卖草药的，也不会去买治疗的膏药，反而是要去讨上一张威力无穷且能安抚逝者愤怒的灵符。至于那些害他遭罪的毒藤，他根本不会费心去处理。倘若某个白人实在看不下去，一把火把它烧了，他还会骂别人无端找事儿。

由此可见，在原始人的认知里，一切因果皆由看不见的力量操纵。要统领这样的原始人，就必须制定一套能平息鬼神之怒的律法，并且让所有人无条件绝对服从。

原始人坚信这样的律法是存在的——由他们的祖先创立，在他们的部落里实施，靠他们的儿孙承袭。每一代人最神圣的职责，就是把律法的条陈原封不动、完美无缺地传给后世。

当然，从我们的角度来看，这样的做法十分无稽，社会进步需要持续不断的发展和改进。不过话说回来，"社会进步"是近年来才形成的概念，生活在原始社会里的人满足于已拥有的一切，因为没有接触过更广袤的世界，他们根本不觉得需要改变。

也许有人会问，假设上述一切为真，原始人又会用什么手段防止律法和社会形态的变更？答案很简单，只要抓住那些不把神明的旨意当一回事，执意违拗祖宗规矩的人，来个杀一儆百即可。说白了，这就是严刑和独裁。

尽管我觉得野人和土著最不懂得宽容，但我也明白，在那样恶劣的生存环境里，专制与独裁实属情非得已，因此，这句话并没有侮辱他们的意思。为了保护族群的安全，为了稳定族人的情绪，统治者不允许任何人以任何形式干涉现有的制度，否则就是置部落存亡于不顾，置千万人的性命于不顾。

大致了解土著专制和独裁的原因后，又会引出另一个发人深思的问题。仅凭为数不多的人力，土人该如何执行部落里口口相传的复杂规定？要知道，在我们的世界里，哪怕是推行一条最普通的法律，都要花费上千万警察和士兵巨大的精力。同样，答案也很简单。原始人先是罗列出不能用严刑或暴力解决的问题，然后再给这些问题烙上一个名为"禁忌"的封印——是不是比我们聪明多了？

禁忌并不是原始人心血来潮发明的概念，它代表着部落长年累月积累的经验。这种概念曾帮助非洲和波利尼西亚的土人省去了不少群体管理上

禁忌

的麻烦。禁忌一词最初从澳大利亚传入，现代人对此并不陌生。跟原始社会一样，我们的世界里也存在各种各样的禁忌，有很多我们不能随便说的话和不能随意做的事，例如在吃饭时不能以刚刚做完的手术当作闲聊的话题；喝咖啡时不能把小勺子留在咖啡杯里。只是这些禁忌更多地是强调一种礼节上的忌讳，并不会牵扯到个人命运的层面上去。然而，于原始人而言，禁忌对生存至关重要。在他们的法规里，逝者超然于物外，是希伯来语中"神圣"的存在，因此在世之人不得肆意置喙，否则将面临被处死或比死还痛苦的刑罚，以及部落里每个人的唾骂。

　　时至今日，我们已无法肯定，究竟是神职人员创造了禁忌，还是禁忌造就了神职人员的诞生。但从时间上考虑，由于风俗比宗教更为源远流长，禁忌也很可能早在觋[1]与巫出现前便存在了。而后者的群体自形成之

---

[1] 觋：古代从事巫术的专职人员中，男性叫作觋，女性叫作巫。——译者注

日起，就已是禁忌这一概念最坚定的支持者。他们以巧妙的手法把禁忌推广到原始人生活的方方面面，使之成为史前时代典型的"禁止"标志。

巴比伦和埃及开始有历史记载时，还正处于发展阶段，禁忌在人们的生活中举足轻重。不过，他们的禁忌并不像之后在新西兰土著中发现的那样直接和专制，反而是一种带有劝世意味的戒律，用以约束人们的行为，就像基督徒熟悉的"十诫"一样。

当然，就算有所不同，这也不是宽容。在这些国家早期的历史中，就算偶尔发现一些疑似宽容的痕迹，说到底也不过是无知导致的漠不关心。事实上，我们看到的情况是，没有一个国王或神职人员愿意真正"允许别人自由地行动或作出判断"，或曾经"耐心且毫无偏见地容忍与自己的观点或公认的观点不一致的意见"，而这，恰恰是我们现今社会所追寻的。

有关史前的故事就先说到这里吧，毕竟我写这本书的原意并不在于研究所谓的"古代历史"。为宽容而战是人类渐渐发展出自我意识后才开始的，而打响这第一战的，是希腊人。

第二章　希腊人

在地中海的一角，巴尔干半岛[1]的南端，有一个神奇的地方。它在近两个世纪的时间里，孕育并催生了适用于整个现代世界的基础架构，其中包括政治、文学、戏剧、雕塑、化学、物理等等。这在当时究竟是如何做到的？多少年来，人们百思不得其解，有些哲学家甚至用一生的精力去探索这个谜团。

与化学家、物理学家、天文学家或医学家不同，历史学家看起来总是有点愤世嫉俗，他们不屑于寻找传说中的"历史规律"，也不认为研究蝌蚪、细菌或流星的方法能直接套用在对人类历史的研究上。

也许是我错了，但我相信，这样的规律是存在的——尽管迄今为止我们依然所知甚微。人类在探索"历史规律"这一命题时不够仔细，只顾着积累事实，却忘了披沙拣金，让智慧的精华显现出其真正的价值。

初次涉足这个新的研究领域，不免诚惶诚恐，且容我暂借科学家们的

---

[1] 巴尔干半岛（Balkan）：欧洲东南隅位于亚得里亚海和黑海之间的陆地，详细的范围依照定义不同有许多种说法。——译者注

一席名言，为您阐述我对历史规律的理解。根据现代科学的解释，当所有物理和化学成分达到一个理想比例并孕育出第一个生命细胞时，区别于无机物的有机生命体便诞生了。上述科学原理若套用到历史上去，就会得到以下相似的解释：

在这个变化无常的世界里，当种族、气候、经济和政治达到一个理想或接近理想的状态时，高级文明就会以一种突如其来并看似顺理成章的方式出现。

围绕这个解释，我举几个例子。

首先，高级文明不可能出现在智力低下的穴居土著群体中——即便那是天堂的圣洞。

试想，若伦勃朗[1]、巴赫[2]或普拉克西特列斯[3]出生在乌佩尼维克岛[4]的冰窟里，一天到晚只晓得盯着冰面等着猎海豹，怎么可能描绘出美丽的油画，谱写出动人的旋律，创造出惟妙惟肖的雕像？再有，若达尔文不得不在兰开夏郡[5]的工厂里辛苦谋生，他哪还有时间细细研究物种的起源和进

---

[1] 伦勃朗 (Rembrandt Harmenszoon van Rijn)：欧洲17世纪最伟大的画家之一，也是荷兰历史上最伟大的画家。——译者注

[2] 巴赫 (Johann Sebastian Bach)：巴洛克时期的德国作曲家，杰出的管风琴、小提琴、大键琴演奏家。巴赫被普遍认为是音乐史上最重要的作曲家之一，并被尊称为"西方近代音乐之父"，也是西方文化史上最重要的人物之一。——译者注

[3] 普拉克西特列斯 (Praxiteles)：生平不详，古希腊古典后期杰出的雕塑家。代表作品有《牧羊神》《赫耳墨斯和小酒神》《尼多斯的阿芙洛蒂忒》等。——译者注

[4] 乌佩尼维克岛 (Upernivik Island)：格陵兰西北部的岛屿，岛屿长约30公里、宽约23.2公里，面积540平方公里。乌佩尼维克岛地势多山，岛上最高点海拔2,105米，岛上无人居住。——译者注

[5] 兰开夏郡 (Lancashire)：英国英格兰西北部的郡，西临爱尔兰海，是英国工业革命的发源地。——译者注

化？若亚历山大·贝尔[1]只是一个被随意买卖的奴隶，在俄国一个偏僻村子里服役，他又该如何发明电话？

古埃及是第一个高级文明的发祥地，那里虽然气候宜人，可当地土著却体质偏弱且进取心不强，政治和经济条件更是一团糟。巴比伦和亚述[2]也一样。后来迁徙至两河流域[3]生活的闪族人[4]倒是身材魁梧，精力充沛，当地气候也比较稳定，但要说到政治和经济环境，那实在叫人灰心。

再看看巴勒斯坦。气候环境差强人意，但农业落后，所谓的买卖贸易也仅存于往来亚洲和非洲的商队沿线上。而且，巴勒斯坦的政治完全操纵在耶路撒冷寺庙的祭司手中，给个体发展带来了巨大的阻力。

腓尼基[5]的气候倒是无可挑剔，土著居民身强体壮，贸易环境十分理想。只一点：腓尼基的经济体系严重失衡，国家全部的财富被一小撮船主占据，他们以森严的商业垄断制度保护自己的利益。推罗[6]、西顿[7]的政府早就沦为少数富人手中的提线木偶，任他们差使。穷苦的人民连想做点合法小生意的念头都不许有，渐渐地，他们变得灰心丧气，冷漠无情。最终，腓尼基与迦太基[8]一样，为统治者的鼠目寸光和自私贪婪付出了灭亡

---

[1] 亚历山大·贝尔（Alexander Graham Bell）：美国发明家和企业家。他获得了世界上第一台可用的电话机的专利权，创建了贝尔电话公司（AT&T 公司的前身）。——译者注

[2] 亚述（Assyria）：古代西亚奴隶制国家。位于底格里斯河中游。由闪米特族人与亚述人建立。——译者注

[3] 两河流域（Mesopotamia）：即美索不达米亚地区，意为"（两条）河流之间的地方"，这两条河指的是幼发拉底河（Euphrates）和底格里斯河（Tigris）。

[4] 闪族人（Semitic）：也称闪米特人或塞姆人，起源于阿拉伯半岛，传说为圣经中挪亚的后代。阿拉伯人、犹太人都是闪族人。——译者注

[5] 腓尼基（Phoenicia）：大约相当于今黎巴嫩地域。——译者注

[6] 推罗（Tyre）：古代腓尼基人的城市，现在则是黎巴嫩的第四大城，也是该国主要的港口之一。——译者注

[7] 西顿（Sidon）：又名赛达，是腓尼基人的主要城市之一，和推罗齐名。现在是黎巴嫩南部省的一座城市，位于地中海海岸。——译者注

[8] 迦太基（Carthage）：意为"新的城市"，坐落于非洲北海岸（今突尼斯），与罗马隔海相望。——译者注

的代价。

由此可见，早期的文明总是缺少些必要的成功因素，以致无法再前进一步。

终于，在公元前5世纪，希腊迎来了奇迹般的完美的平衡；可惜这样的奇迹并没有出现在希腊本土，且只在爱琴海彼岸的殖民地维持了很短的一段时间。

希腊

我曾在另一本书中介绍过一些具有桥梁作用的著名岛屿，从尚未有文字记载时开始，就有来自埃及、巴比伦和克里特岛 [1] 的商人在这些连接亚欧大陆的岛屿上通商或交流东西方文化，他们的足迹遍布小亚细亚 [2] 西部海岸一个被称为爱奥尼亚 [3] 的狭长地带。

在特洛伊战争爆发前的几百年，希腊大陆上的部落征服了这片长140多千米，宽仅有15千米的岛屿，并先后在此建立了殖民城邦。其中最广

---

[1] 克里特岛（Crete）：位于地中海北部，是希腊的第一大岛，是诸多希腊神话的发源地，也是希腊文化和西方文明的摇篮。——译者注

[2] 小亚细亚（Asia Minor）：又名安纳托利亚（Anatolia），是亚洲西南部的一个半岛。——译者注

[3] 爱奥尼亚（Ionia）：古希腊工商业和文化中心之一，其北端约位于今天的伊兹密尔，南部到哈利卡尔那索斯以北，此外还包括希奥岛和萨摩斯岛。——译者注

为人知的有以弗所[1]、福基斯[2]、厄里特赖和米利都[3]。在这些城邦里，臻于完美和成熟的社会平衡促使文明高度发展，后世文明虽也有能与之匹敌的，却再不见有哪个能掩其锋芒。这样完美和成熟的社会平衡究竟是如何实现的呢？

首先，居住在殖民城邦里的，都是希腊各部落里最活跃且富有野心的人；其次，代表殖民主利益的政府鼓励个人充分发挥才能，穿梭在新老世界间，通过在亚欧大陆间的通商为殖民城邦积累大量财富。

对于以经商为主的殖民城邦而言，气候的影响几乎可以忽略不计，而这也是我没有刻意再说明的原因。除非冰封港口或洪水肆虐，否则城里的居民对天气变化不会有太大感受，无论在晴天或是雨天，他们依旧建船、卸货，不辞劳苦。

除了通商，爱奥尼亚的气候对知识阶层的发展也极为有利。在书籍和图书馆出现之前，知识的传播只能靠耳听口说，城邦的供水泵周围自然就成为了最早的社会活动中心，以及最古老的大学的所在地。

在米利都，一年 365 天，人们可能有 350 天坐在水井周围。早期的爱奥尼亚教授们充分利用了此地的气候优势，他们成了所有未来科学发展的先驱。

泰勒斯[4]是西方思想史上第一个有名字记载下来的思想家，被称为"科学和哲学之祖"。但我们翻遍文献却发现，他身世成谜。当然，这不等

---

[1]　以弗所（Ephesus）：基督教早期最重要的城市之一，以弗所在古代安纳托利亚（Anatolia）是一座爱奥尼亚（Ionia）希腊城市，在公元前 10 世纪由雅典殖民者建立。——译者注

[2]　福基斯（Phocaea）：希腊中部的历史地理区，东滨爱琴海，是重要的小麦、油橄榄、葡萄产区。——译者注

[3]　米利都（Miletus）：位于安纳托利亚西海岸线上的一座古希腊城邦，靠近米安得尔河口，是爱奥尼亚十二城邦之一。——译者注

[4]　泰勒斯（Thales）：古希腊时期的思想家、数学家、科学家、哲学家，希腊最早的哲学学派米利都学派创始人。是史上第一位数学家，希腊七贤之一，西方思想史上第一个有名字记载下来的思想家，被称为"科学和哲学之祖"。——译者注

商业城市

于说他有着那么一段抢了银行或杀了家人，然后从无名之地逃到米利都的不光彩过去。只是当时的人们都不清楚他的来历，也无法像人类学家那样能准确分辨出他是皮奥夏人、腓尼基人、北欧人还是闪族人。

由此推断，当年这座坐落于米安得尔河口的古老城市作为世界的中心是多么赫赫有名。它的人民来自五湖四海——就像如今的纽约，却从不因彼此外貌不一而心存芥蒂，也从不刻意过问新来者的家底身世。泰勒斯在数学和哲学方面的贡献很多，由于篇幅有限，我就不逐一列举了。但是有一点不得不提，泰勒斯曾提倡对新思想采取开放包容的态度，这种哲学风气一度在爱奥尼亚十分盛行。就在希腊殖民城邦文明高度发展的同时，罗马还只是一个边远的小商镇，在某条连名字都叫不出来的泥泞小河旁营营役役，犹太人依旧被囚禁在亚述的地界上，欧洲的北部和西部除了狼嗥鬼叫，一片荒野上人迹罕至。

　　为了梳理出高级文明发展的原因，我们必须先了解希腊各部落在横渡爱琴海，意图攻占富庶之城特洛伊期间发生的改变。当年那些闻名遐迩的英雄背后所代表的其实是文明发展的初级阶段，他们就像一个个四肢过度发达的小孩，把生命看作一场漫长而光荣的比赛，满脑子角斗、赛跑等诸如此类的竞技，并为此感到兴奋莫名。或许，若不是要维持生计，现在也会有不少人喜欢这样的活动与刺激。

　　这些血气方刚的英雄对待神明，跟对待日常生活中所有严肃的问题一样，简单而直接。奥林匹斯山上的诸神自公元前 10 世纪起一直统治着

希腊传说

古希腊，具有跟凡人无异的形象。至于后来，凡人在什么时间，什么地点，以何种方式与所信仰的诸神分道扬镳，则始终是个谜，一直以来没有谁能说得清。幸运的是，远在云端的神祇并没有舍弃那些生活在地面上的臣民，他们从未间断过对凡人的关心，这使得希腊的宗教充满了独特的魅力。

每个希腊小孩都听过这样的床头故事：宙斯是拥有强大力量的众神之王，他蓄着长胡子，不高兴时会挥舞起他的武器招来满天雷电，整个世界顿时犹如末日降临。而当孩子们稍大一些，开始自己阅读那些古老的传说时便会发现，看似可怕的神明们也有着不少的缺点。他们就像家庭晚会里的特邀来宾，总是给看不顺眼的人下绊子，也总喜欢掺和到凡人的撕扯中去。由于各为其友，尘世中每一次你争我夺，也必然会在天国诸神间引起轩然大波。

尽管沾染着许多人类特有的陋习，宙斯却仍然不失为一个强大的统治者，一个伟大的神明。为了安全起见最好不要招惹他，但这并不意味着他高不可攀。相反他是一个"通情达理"之人，只要方法得当，想接近他并非难事——至于什么样的方法得当，不妨请教一下现代华尔街的说客们。宙斯极富幽默感，天国里的任何变化在他眼里都不过是小事一桩。

这样的神明也许看起来不够威武，但实际"相处"起来却有不少好处。正因为神明皆有不足，古希腊从不制定森严的宗教律法，规定凡人必须相信什么或否定什么，也从不让祭司们用严刑推行所谓的教条。宽松的宗教信仰制度使全国各地的人们都可以按照自己的喜恶来定义自己的宗教思想和伦理概念。

与远在拉科尼亚湾[1]小村子里的阿索庇人相比，塞萨人虽与奥林匹斯山诸神毗邻而居，但对待神明们的态度却一向有些不恭不敬。与之相似的还有雅典人，他们自恃有雅典娜女神的庇佑，便对她的父亲宙斯放肆无

---

[1] 拉科尼亚湾（Gulf of Laconia）：爱奥尼亚海南部深水海湾。——译者注

礼。阿卡狄亚人虽居住在远离通商要道的山谷里，却始终坚守着朴质的信仰，他们讨厌以轻浮的态度处理跟宗教有关的大事。至于福基斯的居民，因有利可图，他们便把阿波罗奉为天国中最伟大的神，然后不断地从前往德尔菲[1]朝圣的人身上捞好处。他们声称，不远千里而来的人只要腰包里还有一两个德拉克马[2]，都应该去给阿波罗进贡。

犹太人因只信奉一个上帝而与其他民族日渐分离，他们迁移到耶路撒冷发展自己的宗教势力，并使之成为所有人心中无法超越的圣城，从而保证了基督教在往后一千多年里的生生不息。希腊人既不像犹太人般对宗教虔诚，也无法确立起像耶路撒冷那样统一发展的圣城。雅典和斯巴达长年的内战，说到底就是希腊首都的所属之争，但因实力相当，最后只是徒劳无功。

从另一方面来说，独立思考的精神也只有在个性强烈的希腊人手上，才能发扬光大。

《伊利亚特》[3]和《奥德赛》[4]曾一度被称作是"希腊人的圣经"。但其实它们只是普通读物，与《圣经》没有一点相似之处，也从来不是神职人员心中的"圣书"。这两本书讲述了英雄们惊心动魄的冒险故事。这些名噪一时的英雄们——按希腊人的说法，便是他们的祖先。书中也穿插了不少宗教的桥段，因为就像我之前所说的，奥林匹斯山上的诸神，无一例外地，都热衷于掺和到凡人的你争我斗中去。他们顾不上其他的正经事，只一心欣赏着在自己版图上亘古罕见的大比拼。

希腊人从不深究荷马的著作是否是直接或间接地受到宙斯或雅典娜或阿波罗的感召才写成的。他们只知道，他的史诗是如此优美，故事是如此

---

[1] 德尔菲（Delphi）：古希腊神秘之地，也是古代"世界的中心"。——译注者

[2] 德拉克马（Drachm）：希腊的主要货币。——译注者

[3] 《伊利亚特》（Iliad）：希腊最早一部史诗《荷马史诗》的一部分，相传是由盲诗人荷马（Homer）所作，是重要的古希腊文学作品，也是整个西方的经典之一。——译者注

[4] 《奥德赛》（Odyssey）：又译《奥狄赛》《奥德修纪》或《奥德赛漂流记》，是古希腊最重要的两部史诗之一，与另一部史诗《伊利亚特》一起统称为《荷马史诗》。——译者注

精彩，不但能陪伴人们度过漫长的冬夜，还能让孩子们为自己的民族而倍感自豪。

而这，就足够了。

在希腊的城邦里，到处充满了独立思考和精神自由的气息，来自世界各地的船只散发出来的海腥味混合着东方绸缎的色彩斑斓，让人不禁耳目一新。人们衣食无忧，大街小巷里回荡着高高低低的欢声笑语。就在这样一座城市里，泰勒斯诞生了。他在这里辛勤劳作，在这里传播知识，最后在这里告别人世。也许他探索出来的结论与当时很多人的见解都有着很大的分歧，但那只能说明，他思想学说之深奥先进，并非寻常学者所能企及。泰勒斯之于米利都人，正如爱因斯坦之于纽约客。若要问纽约人：听说过爱因斯坦吗？他们十有八九会回答：当然，就是那个留着长发叼着烟，没事儿拉拉小提琴的家伙嘛。我记得他还写过一个人从火车这头走到那头的故事，就登在星期日的报纸上。正是这个叼着烟斗拉着小提琴的怪人抓住了稍纵即逝的真理之光，最终推翻了——或者至少说修正了过去六千年形成的科学定论。然而，这并未能引起千百万懒散随意的纽约客的注意。他们对数学的兴趣，远远不及他们对喜欢的击球手试图摆脱万有引力时所引起的争论感兴趣。

在这样的前提下，就连古代史教科书在介绍泰勒斯时，也不会很具体，只是笼统地概括一句：泰勒斯（公元前 640 年 – 公元前 546 年），出生于米利都，是现代科学的奠基者。若当年米利都有媒体，我甚至可以想象《米利都报》上会刊登的大标题："本地毕业生发现了真正意义上的科学"。

如今，我们已不可能得知泰勒斯究竟是从什么时候，在什么地方，以何种方式超越前人独自探索的，但是有一点可以肯定，他并非生活在知识匮乏的真空世界里，他的知识也不是天马行空的产物。早在公元前 7 世纪，人们已经开始涉足许多新的科学领域，也留下了大量数学、物理学和天文学的资料供后世参考。

哲学家

　　这边泰勒斯还在不断学习，那边巴比伦的占星师已经在瞭望夜空。同时，埃及的建筑师已学会通过精密的计算，把两块重达百万吨的花岗岩放入金字塔的中心，制作成墓室上方的屋顶；而尼罗河谷的数学家也研究出了太阳运动的规律，准确地预测出旱季和雨季的来临，为农民提供日历，使农业生产更有效率。

　　在当时，虽然科学已为许多曾经的不解之谜提供了答案，但依然有不少人把自然界的力量视为神明意志的直接表现。神明掌管着季节更迭，星球运动，潮起潮落，就像政府官员们在农业部、邮电局和财政厅里工作一样。泰勒斯虽然反对这样的观点，却跟大部分受过良好教育的学者一样，懒得一个个解释或者公开争辩。如果泰勒斯看到海边的水果贩子因日食异象吓得跪倒在地，不断地祈求宙斯之名，他也只会一笑而过，并不会费心安慰他说，这不过是自然现象，只需懂得些天体运动的规律，就算是孩子也能准确预测出在公元前 585 年 5 月 28 日的某个时间点，月球会刚好运动到太阳与地球中间，届时米利都会因月亮的投影而有几分钟不见天日。

　　事实正如泰勒斯所言，这次著名的日食发生在公元前 585 年 5 月 28 日的下午，波斯和吕底亚 [1] 两国军队正在战场上厮杀，忽然，巨大的月影

[1]　吕底亚（Lydian）：小亚细亚中西部一古国（公元前 1300 年或更早—公元前 546 年），濒临爱琴海，位于今天土耳其的西北部。——译者注

笼罩大地，仿佛黄昏提前降临，受惊的交战双方不得不鸣金收兵。坊间传说，这就像几年前耶和华在亚雅仑山谷施行的神迹一样，为了让吕底亚人获得胜利，神明特意熄灭了天国之光。只有泰勒斯心里明白，这不过是以讹传讹。

泰勒斯对待科学的态度正是他过人而伟大之处。他敢于把一切自然现象看作是自然法则的结果和自然意志的具体表现，并且认为这丝毫不会依天神的喜恶而改变。在他看来，不管那天发生了什么事——是以弗所街上狗打架也好，是哈利卡尔那索斯[1]里举行了婚礼也罢，日食照样会如期而至。

天文学家

泰勒斯通过科学观察，得出了一个符合逻辑的推论。他认为，世间万物是在普遍却必然的自然法则支配下诞生的，而从创世之初便存在并从四面八方包围着世界的水，就是最合适可行的载体。从某种程度上来说，他的推测是正确的。

虽然当时希腊人已从腓尼基人那里学会了使用字母，泰勒斯也极有可能曾经把他的思想整理成书，但遗憾的是，这些亲笔文稿未能流传后世，我们只能通过同时代著作中的只言片语，了解他的思想和学识。顺带

---

[1] 哈利卡尔那索斯（Halicarnassus）：小亚细亚西部卡里亚（今属土耳其）的都城。——译者注

一提，与众多早期哲学家一样，泰勒斯也是一个商人，也会与来自地中海各个角落的人打交道。这些哲学家虽自诩为"智慧的恋人"，却从不敢忘记这样一个事实：智慧源于生活，若单是"为智慧而智慧"，便正如"为艺术而艺术"或"为食而吃"一样，不但可笑且贻害无穷。他们认为，人类不管是好的、坏的或普通的，皆是万物的灵长。他们不靠先入为主的臆测，而是耐心地研究人这种奇特又难以捉摸的动物，还原人的本来面目。这样的朴实无华比夸夸其谈更容易让哲学家与其他人和睦相处，从而扩大自己的影响力和知名度。他们甚少要求人们严守清规戒律，却以自身为榜样向人们证明，只要正确了解了自然界的力量，就能获得真正的幸福，获得灵魂深处的安宁。哲学家以宽广的胸怀博得民众的好感，这使得他们有充分的自由去研究、探索和调查，甚至深入到神明掌管的领域中，一窥真相。泰勒斯作为哲学家的先驱者，更是为此献出了才华洋溢的一生。尽管他重新解构了希腊人眼中的世界，又分别调查了每一个细枝末节，还曾公开对一直以来被大部分人视为理所当然的事情提出了反诘，但幸运的是，他并没有因此获罪，还是平安地走完一生。

也许当年有人指责过他的观点为异端邪说，事到如今我们已无法考证，但在有记载的文献中，我们发现，在泰斯勒开辟的道路上，追随者无数。譬如克拉佐美尼人阿那克萨戈拉 [1]。他 36 岁时从小亚细亚来到雅典，在希腊的几座城邦里当过家庭教师，对天文学颇有研究。他曾在授课时指出，太阳并非如众人所想，是一架由天神驾驭的马车；它实际上是一个比整个希腊还要大上一千万倍的赤红色的大火球。

他的言论并没有给他惹祸，天国也没有因为他的放肆降下雷火。于是他把自己的理论推进一步，大胆提出，月球的表面覆盖着山脉和山谷；再后来他甚至暗示地球上存在着一种"原物质"，它诞生于洪荒之初，是万物的起源与归宿。不管是对阿那克萨戈拉还是他之后的科学家来说，生命

---

[1] 阿那克萨戈拉（Anaxagoras）：古希腊哲学家、原子唯物论的思想先驱。——译者注

的起源始终是一个危险的探索领域，因为那涉及到普通人最熟悉的事情。一般人可以不在乎哲学家如何称呼太阳和月亮，毕竟它们远在天边；但若有人敢说什么世间万物都是从一种叫"原物质"的东西中慢慢成长起来的，那问题可就大了。因为按照传说，是天神丢卡利翁 [1] 和皮拉把小石子变成人，世界才在大洪水后重新兴旺起来的。希腊所有的孩子自童年起便对此深信不疑，否认传说的真实性不啻于破坏现存社会的安宁，也会使孩子们对长辈所说的话心存疑虑，这可怎么行？于是，阿那克萨戈拉受到了"雅典家长会"的联合抵制。

如果这是在君主制或共和制的早期，城邦的统治者尚且有足够的力量保护一名教授"奇怪"学说的老师，使他免受无知者的迫害与歧视。但那时的雅典，民主制和个性自由已成熟至极，人人都有表达意见的权利，加上为阿那克萨戈拉辩护的正是他的得意门生伯里克利 [2]，于是，民众夹带着对伯里克利的不满，把起诉阿那克萨戈拉看作是反对旧独裁统治的政治运动标志。

在那之前，一个在人口稠密的郊区当行政长官的，名叫狄俄菲忒斯的教士曾提出并通过了这样一条法律，它规定，凡有不相信现有宗教信仰及对神明持不同意见者，应即刻检举。而基于这条规定，阿那克萨戈拉被投入监狱。幸好，城邦中开明的风气始终占了优势，阿那克萨戈拉只缴了些许罚款便平安获释。后来他迁居到小亚细亚的拉普塞基 [3]，于公元前 428 年

---

[1] 丢卡利翁 (Deucalion)：西方神话中的人物，传说为普罗米修斯 (Prometheus) 和克吕墨涅 (Clymene) 之子，皮拉 (Pyrrla) 的丈夫。宙斯对潘多拉向凡人释放出来的烦恼与折磨并不感到满足，于是他决定用一场大洪水来毁灭他们，以此作为对凡人不敬诸神及其邪恶多端的惩罚。洪水之后，幸存者只有丢卡利翁和皮拉。后来，他们在神的允许下，一边走一边向身后扔石头，从而创造出新的人类。——译注者

[2] 伯里克利 (Pericles)：古希腊奴隶主民主政治的杰出的代表者，古代世界著名的政治家之一。——译者注

[3] 拉普塞基 (Lampsacus)：土耳其的城镇，主要经济活动有农业、渔业和旅游业。——译者注

与世长辞。斯人虽逝，但他的盛名却永垂青史。

这件事表明，官方的横蛮并不能阻止科学理论的发展。尽管阿那克萨戈拉被迫离开，他的思想学说却一直影响着未来。两百年后，亚里士多德吸收了阿那克萨戈拉的思想，并在此基础上提出了自己的科学主张。而在经历了一千年漫长黑暗的岁月后，亚里士多德的主张又启蒙了伊本·路西德[1]——一名世称阿维洛伊的阿拉伯医学家。他一边在西班牙南部摩尔地区[2]的大学中大力传播亚里士多德的学说，一边把理论和自己的观察结合起来，写下了许多著作。很快，这些书稿便翻越了比利牛斯山[3]，传入了巴黎和布洛涅[4]的大学，并被翻译成拉丁语、法语和英语。西欧人和北欧人对书中的知识如饥似渴，如今它们就像九九乘法表一样，已成为科学入门书中不可或缺的一部分。

让我们把目光回到阿那克萨戈拉身上。在他那次审判后，又经过整整一代人的争取，希腊科学家终于可以教授与民间迷信相异的知识。然而到了公元前 5 世纪末，类似的事情竟又重演了一次。

这次的受害者是普罗泰戈拉[5]，一个流浪教师。他来自希腊北部爱奥尼亚殖民城邦中的阿布德拉[6]。作为德谟克利特[7]的出生地，人们对该地区的评价总有点褒贬不一。德谟克利特是独具创见的"微笑哲学家"，他提

---

[1] 伊本·路西德（Abu al-Walid Muhammad ibn-Ahmad）：阿拉伯中世纪哲学家、自然科学家、医学家和法学家。拉丁名阿维洛伊（Averroës），在欧洲中世纪以"亚里士多德注释者"闻名。——译者注

[2] 摩尔地区（Moorish）：中世纪时期伊比利亚半岛（今西班牙和葡萄牙）、西西里岛、马耳他、马格里布和西非的穆斯林聚居地。——译者注

[3] 比利牛斯山（Pyrenees）：位于欧洲西南部，东起于地中海，西止于大西洋，分隔欧洲大陆与伊比利亚半岛，是法国与西班牙的天然国界。——译者注

[4] 布洛涅（Boulogne）：位于法国北部英吉利海峡沿岸加来海峡省港口的城市。——译者注

[5] 普罗泰戈拉（Protagoras）：约公元前 490 或前 480 年至公元前 420 或前 410 年，公元前 5 世纪希腊哲学家，智者派的主要代表人物。——译者注

[6] 阿布德拉（Abdera）：古希腊海滨城市。——译者注

[7] 德谟克利特（Democritus）：约公元前 460 年至公元前 370 年，古希腊伟大的唯物主义哲学家，原子唯物论学说的创始人之一。——译者注

出：有价值的社会应该以最小痛苦为代价，给绝大多数人提供最大的幸福。结果，他被视为激进分子，受到官方严密的监视。

普罗泰戈拉

普罗泰戈拉深受德谟克利特思想的影响，他来到雅典，经过几年的钻研，提出"人是万物的尺度"。他认为人生苦短，人们不应花时间去研究神是否存在，而应该动用全部的精力使生命变得更美好，更愉快。这一观点无疑击中要害，比以往任何文字和语言都更能动摇人们的信仰。这个学说问世之时，正是雅典与斯巴达交战胜败攸关之际，人民长期遭受失败和瘟疫的折磨，早已不堪一击。很明显，在这个时候再对神明之力提出质疑，激起诸神之怒实为不智。于是，普罗泰戈拉因"不敬神"被控，并且按照法庭的要求，他必须收回之前的言论。

若那时伯里克利还在世，一定会尽力保护他。普罗泰戈拉虽然是科学家，却无意为自己的主张殉道，无奈之下，只好远走他方。不幸的是，在前往西西里岛[1]的途中，他的船遇难了，从此杳无音信。

---

[1] 西西里岛（Sicily）：地中海最大和人口最稠密的岛，它属于意大利，位于亚平宁半岛的西南。——译者注

还有一个惨遭雅典人无情迫害的是狄雅戈拉斯[1]。其实他并不是一个哲学家，而是一个青年作家。就因为没有得到上帝的眷顾输了一场官司，便开始怨恨神明。这种不满经过长期发酵，使他的思想发生了变化。他开始在希腊北部各地奔走，大声痛斥当地人最尊崇的"奥迹"[2]。结果，他以亵渎神明的罪名被判处死刑。临刑前夕，这个可怜人好不容易找到机会逃到科林斯[3]，却依然故我，继续诅咒奥林匹斯山上的神明，最后因气急攻心而丢了性命。

希腊人的不容异说的偏见在随后的历史中越演越烈，其中最臭名昭著的要数法庭对苏格拉底的死刑判决。对此我们有详尽的记录。每当谈论起世界文明的停滞不前或希腊文明的不进反退时，人们总会以苏格拉底的不幸为例来佐证雅典人的冥顽不灵。如今，经过翔实的考察和研究，我们对苏格拉底，以及他的生前身后之事有了更深刻的理解。这位街头演说家虽然有点招人厌烦，却才华横溢，他用追求学问的一生致敬公元前5世纪在希腊盛行的思想自由精神。因为当时的老百姓还相信神明的存在，于是苏格拉底便自称神的使者，能预示以何事不当为。虽然大家不能完全理解他所谓的"灵迹"[4]，却知道他对常人视作神圣的东西嗤之以鼻，对传统习俗置之不理。最后，当政者以莫须有的罪名处死了这位饱学之士。

苏格拉底的父亲是一位雕刻匠，他子女众多却收入菲薄。因为没有办法负担两千元一节的课程，苏格拉底从小没接受过正规的学校教育。但在年少的苏格拉底看来，追求纯粹的真理和研究无用的科学现象简直是浪费时间和精力；他认为一个人最重要的是培育自我的信念：不懂几何学没关系，叫不出彗星或行星的名字也不碍事，反正这些外在的东西于个人灵魂

---

[1] 狄雅戈拉斯 (Diagoras)：公元前5世纪的希腊哲学家，被称为"第一个无神论者"。——译者注

[2] 奥迹 (Holy Mysteries)：带有神秘主义色彩的教会机密部分。——译者注

[3] 科林斯 (Corinth)：位于伯罗奔尼撒半岛 (Peloponissos) 的东北，临科林斯湾，是希腊本土和伯罗奔尼撒半岛的连接点。——译者注

[4] 灵迹 (Daemon)：通常指帝王的德政、圣贤的功绩或神明显灵的事迹。——译者注

的提升无益。

这个塌鼻梁、不修边幅的小个子白天在街头巷尾与无业游民争辩，晚上回家听妻子唠叨。苏格拉底一生清贫，对谋生之事不甚在意。为了养活一大家子，他的妻子不得不帮人洗衣以帮补家计。他曾多次参加远征，也曾多次上阵杀敌；他做过雅典公民大会[1]的议员，也是不少著名学者的老师。为了自己的信仰，他宁可慷慨赴死。

为了了解事情的起因，首先我们必须清楚，在苏格拉底为人类的知识进步作出艰苦卓绝的努力时，雅典的政治状况是什么样子的。苏格拉底被处死时已年逾七十，终其一生他都在告诫人们莫要虚度年华，浪费生命——把过多的时间花在空洞的快乐和虚无的胜利上没有意义，为了满足短暂的虚荣和一己的私欲而挥霍神明的恩赐更是不智。他坚信人具有崇高的命运。他的理论打破了

苏格拉底

旧哲学体系的界限，甚至比普罗泰戈拉走得更远。普罗泰戈拉说"人是万物的尺度"，苏格拉底则教导人们，"每个人心中的自我才是衡量万物的标尺，塑造命运的不是神明，而是我们自己"。

负责审判苏格拉底的是雅典五百人议事会[2]成员。他们大多是苏格拉底的政敌们精心安排的人选，其中还包括不少学者。面对这些居心叵测的

---

[1] 公民大会（Ecclesia）：古希腊城邦的最高权力机关。——译者注

[2] 五百人议事会：又译作五百人会议，是古希腊城邦雅典的民主政制的核心，职责是落实公民大会的决策，是一个总司一切事务的行政组织。——译者注

法官，苏格拉底发表了一席通俗易懂又鼓舞人心的演讲。

他说："世人无权随意左右或强行夺去他人信仰的自由和思考的权利。人只要坚守善本，即使没有朋友的认同，没有家庭或物质的支持，也足以俯仰无悔于天地。然善本乃世之大道，只能通过反复深入的研究才能悟明，因此世人应拥有自由讨论所有问题的权利，且不受政府或权威的干预。"

遗憾的是，这是在最不合适的场合上发表的最不合时宜的言论。早在伯罗奔尼撒半岛战争[1]爆发之初，雅典社会的贫富差距日益扩大，主仆关系也有些剑拔弩张。苏格拉底作为一个"温和分子"，既看到了双方各自的利弊，又尝试着找到折衷的方案让大部分理智的民众满意，这自然得不到任何一方的好感，不过当时争吵的双方势均力敌，一时间也腾不出手来对付他。

到了公元前 403 年，贵族失势，民主派控制了希腊全境，苏格拉底便大难临头了。他的朋友预见到了他的结局，纷纷劝他尽早逃离。苏格拉底平生树敌众多，同时也交友广阔。在大半个世纪里，他以丰富的学识针砭时弊。对于那些自认为是社会支柱的，苏格拉底热衷于撕下他们的伪装，并将其思想骗术公诸于世。久而久之，他的名字在希腊家喻户晓，甚至于他在上午才说到的一些趣事，晚上就成了街头巷尾的谈资。还有人把他的经历编成了戏剧。直至他被捕入狱，关于他的一切全希腊上下已是无人不知。那些在审判中起主导作用的人——例如那个不识字却因为通晓神意而卖力叫嚣的粮油贩子——深信他们是在为社会尽职，为城市除掉一个只会教给奴隶懒惰、罪孽和不满的"学术界"的危险分子。

颇为有趣的是，即使在那样的情况下，苏格拉底仍满怀激情地舌战群儒，让大部分法官越听越想放他一马，但前提是，他得改掉那喜欢争辩和

---

[1] 伯罗奔尼撒半岛战争 (Peloponnesian war)：公元前 431 年—公元前 422 年，斯巴达同雅典为争夺霸权而展开的战争。最后以双方和谈并签署《尼西阿斯和约》终结。——译者注

说教的坏毛病，并承诺此后不再干涉别人享乐或无休止地给人提问题。

苏格拉底拒绝了。

"恕难从命！"他回答道："只要我的良知还在敦促我向前，只要那微弱的心声还在提醒我把理智之道展现于人前，我便会继续提问、说教、争辩，把一切倾囊相授，无惧人言。"

至此，法庭已别无他法，只好判处苏格拉底死刑。按雅典法律规定，每年一度前往提

苏格拉底之死

洛岛[1]朝拜的圣船还没返航前不能行刑，于是苏格拉底被缓刑三十天。整整一个月里，苏格拉底没表现出丝毫焦虑，只一心钻研改进他的逻辑体系。他本有机会逃跑，但最终还是选择笑着留下。他说他已履行了自己的职责，含辛茹苦；现在他累了，只想静静地等待属于他的归宿。临刑时，他还在和友人交谈，教导他们分明是非，劝诫他们莫要沉迷于物质享受，要重视精神修养。

接着他饮下鸩毒，躺在床上，让一切争辩伴随着他最后一口呼吸，尘埃落定。

苏格拉底之死让他的学生们心有余悸，他们一度离开过去的活动场所默默度日；而在风波稍有平息后，他们又回到了老地方，继续公开讲学。

---

[1] 提洛岛（Delos）：爱琴海上的一个岛屿，在爱琴海古代历史上一度是宗教、政治和商业中心。——译者注

正因为他们的努力，在苏格拉底死后的十多年里，他的思想被越来越多的人所熟知。

苏格拉底事件发生时，雅典正处于一个非常艰苦的过渡期。5 年前，为争夺希腊霸主地位而打响的伯罗奔尼撒半岛战争结束了——雅典人一败涂地，斯巴达人取得了最后的胜利。这是粗野对文明的逆袭，所以好景不长也是意料中事。斯巴达人没有值得后世传颂的只言片语，对人类文明的贡献也只仅限于一些如今被沿用到绿茵场上的攻防技巧。他们以为，只要推倒了雅典的城墙，摧毁了雅典的舰队，就可以一劳永逸，不曾想雅典人的智慧与天资远不止于此。伯罗奔尼撒半岛战争结束十年后，古老的比雷埃夫斯港[1]再一次云集了来自世界各地的船只，雅典的海军将领再一次整顿起希腊联合舰队，并随时准备为正义身先士卒。

虽然伯里克利的努力没有得到同代人的认同，但雅典在他的影响下成为了世界文明的中心，就像现代巴黎。罗马、西班牙和非洲的有钱人家都希望把孩子送去雅典学习，哪怕只是在雅典卫城[2]附近的学校里逛一圈，也能叫他们受宠若惊，欢喜莫名。

今天的我们也许会觉得不可思议，但在古代社会里，生存的确被看作是至关重要的头等大事。早期的基督教视一切异教文明为敌，其中对罗马人和希腊人最为不齿。罗马人和希腊人被视为丧尽天良之辈，对莫名其妙的诸神随意膜拜，平时不是大吃大喝就是醉舞狂歌，为了满足嗜血的欲望还会在战场上大肆残杀无辜的日耳曼人、法兰克人和达契亚[3]人。

不可否认，确实有很多不法商人和战争贩子活跃在希腊和罗马，他们把苏格拉底当年在法官面前精辟阐述的伦理道德抛诸脑后，用尽手段积攒

---

[1] 比雷埃夫斯港（Piraeus）：位于希腊东南部，为希腊最大港口。——译者注

[2] 雅典卫城（Acropolis）：始建于公元前 580 年，是希腊最杰出的古建筑群，是综合性的公共建筑，为宗教政治的中心地。——译者注

[3] 达契亚（Dacia）：罗马尼亚的古代国家，位于多瑙河下游和喀尔巴阡山一带。古代罗马人称当地居民为达契亚人。——译者注

起万贯家财。这些人不过因为财雄势大，平民百姓们不得不忍气吞声，他们在社会上毫无威信，因此并不能代表当时的社会文明。

我们曾在考古时挖掘出埃帕弗洛迪图斯[1]的庄园。这个家伙帮着尼禄[2]把罗马及其殖民地洗劫一空，然后用这笔不义之财给自己建造了一座拥有40个房间的豪华宫殿。望着这片曾经辉煌的废墟，我们不禁摇头叹息："好一个酒池肉林。"只有当我们坐下来静读埃帕弗洛迪图斯的奴仆爱比克泰德[3]的著作时，才能隐约感觉到仿佛在与一个高尚的灵魂交流。

我知道，人们关起门来总爱说些别人家的蜚短流长，这种习惯放到国与国之间亦然。但请别忘了，两千年前的希腊，既有小人势利如埃帕弗洛迪图斯；也存在伟人，睿智如爱比克泰德，他追求生活尽善尽美的愿望与如今的我们别无二致。

当然，关于尽善尽美的定义，古今理解不一。那时的尽善尽美并没有加上东方人的补充，完全是西方人的一面之辞。我们的祖先虽然"野蛮"，却也慢慢总结出生活中的感悟，并把对美好的追求定为最崇高的目的。也正是他们把这种追求发展成一种哲学，教导世人只要谨记持心公正，远离酒色财气，保持身体健康和收支平衡，便能知足常乐。西方人对前世今生没有太多认知，他们仅仅把自己视作有智慧的哺乳动物，了不起就是"万物的灵长"。虽然他们言必称"吾神"，但这类词汇说到底跟现代生活中的"原子"、"电子"、"乙醚"没什么不同。在他们看来，万物的起源必须有一个说法，于是爱比克泰德口中的宙斯变得跟欧几里得解题时会用到的字母 X 和 Y 一样，可以含义无穷，也可以微不足道。

---

[1] 埃帕弗洛迪图斯 (Epaphroditus)：古罗马帝王尼禄的秘书。——译者注

[2] 尼禄 (Nero Claudius Drusus Germanicus)：公元 37 年—68 年，古罗马帝国的皇帝。他是古罗马帝国朱里亚·克劳狄王朝的最后一任皇帝，也是古罗马乃至欧洲历史上有名的暴君，世称"嗜血的尼禄"。——译者注

[3] 爱比克泰德 (Epictetus)：古罗马最著名的斯多葛学派哲学家之一。出生于古罗马东部弗里吉亚的一个奴隶家庭，童年时被卖到罗马为奴，后师从斯多葛哲学家鲁佛斯，并获自由。——译者注

古代人们最感兴趣的，除了生活就是艺术。他们根据苏格拉底提倡的分析法去研究生活中的森罗万象，并取得了瞩目的成果。当然，其中也有对追求完美的精神世界过于执着而走极端的，但人非圣贤，孰能无过。在众多古代哲学家中，柏拉图是唯一一位出于对完美精神世界的向往而提出不宽容思想的人。众所周知，这位年轻的雅典小伙是苏格拉底最心爱的弟子，也是他的言行记录者。他把苏格拉底说过的话以及他的思想灵感，汇集成册编成对话，可以当之无愧地被称作"苏格拉底全书"。

同时，他开始撰写一系列才华横溢的文章，用以诠释老师学说中某些晦涩难解的论调。他一生致力于传道授业，把雅典人的公平正义传遍人间。柏拉图在为人类文明做贡献时是如此全力以赴，又是如此投入忘我，简直可以媲美圣保禄[1]。不过，圣保禄的一生极为惊险，他从北到南，从西到东，把上帝的福音传播到地中海的各个角落；而柏拉图只需静静地坐在花园的椅子上，等着世界各地的人来拜见即可。他之所以能如此行事，全得感谢他显赫的出身和丰厚的独立财产。

柏拉图是地道的雅典人，他的母亲是梭伦[2]的至亲。而且到了法定的年龄，他还可以继承一笔财产，足够他丰衣足食。柏拉图辩才出众，凡有幸在柏拉图学院听过他上课的人，无不心甘情愿跋山涉水来到爱琴海，来表达对他的爱戴。在其他方面，年轻的柏拉图跟当时大部分小伙子的经历相似：他当过兵，但对军事毫无兴趣；参加过户外运动，是摔跤和赛跑的好手，却从未榜上留名；喜欢到处旅行，也曾横越爱琴海，沿着他那大名鼎鼎的外祖父梭伦的踪迹，在埃及北部游历。然而他这次回雅典后就再没

---

[1] 圣保禄（St. Paul）：原名扫禄·大数，早期基督教领袖之一，被天主教封为使徒。——译者注

[2] 梭伦（Solon）：（公元前 638 年—公元前 559 年）出身于没落的贵族，古希腊时期雅典城邦著名的改革家、政治家，是古代雅典的政治家、立法者、诗人，古希腊七贤之一。梭伦在前 594 年出任雅典城邦的第一任执政官，制定法律，进行改革，史称"梭伦改革"。——译者注

踏出过国境。他买下了雅典郊区基菲索斯河 [1] 河畔一座风景宜人的花园，并在花园中一个绿树成荫的角落里教授他的学说，一待就是 50 年之久，"柏拉图学园"因此得名。

柏拉图学园

柏拉图开始是一个数学家，后来渐渐转而专攻政治领域，并为后世的政治发展奠定了理论基础。作为一个坚定的乐观主义者，他相信人类的进化是平稳且不间断的。他告诉世人，生命是从低级向高级缓慢上升的过程，世界会从美好的实体发展出完善的制度，再从完善的制度中孕育出完美的精神思想。柏拉图的这一想法听着头头是道，但当他尝试将此转化成具体原则，为理想中的共和国提供理论基础时，对公平正义的过分执着使

[1] 基菲索斯河（Cephissus）：希腊共和国阿提卡大区雅典平原上的一支常年河流，经雅典市中心，最终流入爱琴海萨洛尼克湾。——译者注

他看不见这在现实实施中的不可行性。他所主张的理想国一向被纸上谈兵的乌托邦建设者们奉为圭臬，但在这个柏拉图式的国度里，不管是过去还是现在，都存在着很多没落贵族独有的偏见。这些人收入不菲，生活富裕，成天周旋在政治圈里，对草根阶层极为鄙视，唯恐别人不知道自己的"地位"以及那只有"上流社会"才享有的特权。

柏拉图的著作在西欧中世纪学者间倍受推崇，但不幸的是，这些饱学之士似乎是故意忘记了历史背景的不同，硬把柏拉图勾画理想国时的政治环境，与他们当时生活的 12 世纪、13 世纪对等起来，把举世闻名的共和国打造成向宽容宣战的可怕武器。

按基督教的定义，柏拉图根本不是一个信仰虔诚的人。他对祖先们敬重的神明深恶痛绝，认为他们不过是一帮来自马其顿的乡巴佬，粗俗不堪；而诸神在特洛伊战争爆发前后的恶行更是被他视作奇耻大辱。成年后，坐在花园的树荫里年复一年地听着城邦间无休止的争吵，他心里的恼怒也像当年对诸神的嫌恶一样，与日俱增却无法排遣。直至亲眼目睹了旧民主理想的破产，他才慢慢明白，宗教对于一般平民来说是必不可少的，否则理想中的共和国就会陷入无政府主义的混乱中。因此，他坚持理想社会中的立法机构必须制定出针对所有人的行为准则，无论是普通百姓还是奴隶，无一例外都要遵从，否则就会被判处流放、监禁甚至是死刑。这听起来像是对心灵解放和宽容精神的全盘否定——明明不久前，苏格拉底还在为之英勇奋斗，但其实这就是柏拉图的本意。

为什么他的世界观会发生这样的改变？其实原因也不难理解。当时，各自为政的城邦并存时代已经名存实亡，马其顿帝国的中央集权统治很快就会横扫整个希腊半岛，从马里查河[1]一路延伸到印度河畔。柏拉图无法接受这样的变化，为了逃避丑陋的现实，他只好躲进自己臆想的国度里。

---

[1] 马里查河（Maritsa）：在巴尔干半岛东南部。源出保加利亚里拉山，注入爱琴海。——译者注

而就在希腊半岛上古老而难以驾驭的民主城邦就要失守落入征服者手里之时，一位旷古烁今的伟大思想家在雅典诞生了。他的出现震惊了当时及后世整个世界，使所有人由衷地怀缅古希腊的辉煌。那就是亚里士多德，一个来自斯塔基拉 [1] 的神童。他在那个时代已通晓许多不为人知的事理，为人类知识的宝库增添了许多珍贵的藏品。他的著作就像一湾智慧的源泉，让此后整整五十代的欧洲人和亚洲人无需经受绞尽脑汁搜肠刮肚之苦，便能从中尽情汲取丰富的知识。

亚里士多德在 18 岁时离开了家乡马其顿，前往雅典柏拉图学院进修。毕业后，他一边四处游历一边开坛讲学。公元前 336 年，他再次回到雅典，在毗邻阿波罗神庙的一座花园里创办了属于自己的学堂，吸引着来自世界各地的学生。这就是闻名遐迩的"吕克昂学园" [2]。

奇怪的是，雅典的百姓并不乐于见到创办学园这样的事情。这也难怪，因为那时的希腊城邦已不再是传统的商业重地，稍有作为的人都纷纷迁居至亚历山大港、马赛或其他西南城市，剩下的人不是一文不名就是懒惰成性。而这些人恰恰是老一辈平民中最迂腐守旧的一支。他们既让希腊无比璀璨，也让这个灾难深重的共和国备受摧残。他们不喜欢柏拉图学园里的一切，对他的得意门生更是没有一点好感。只是他们没想到，这位"臭名昭著"的亚里士多德竟在老师过世十年后重返旧地，继续教授那些仍然不为人们所接受的，关于世界起源的知识，还说什么神明并非全知全能。对此，守旧派们煞有介事地摇起头来，低声谴责他把自己的城邦变成了一个思想混乱，毫无信仰可言的地方。

守旧派们并非不想把他赶出国境，只是他们不得不克制自己。因为这位眼睛近视却身体健壮的绅士以博览群书和衣着讲究而闻名，他是当时政治圈里声名显赫的人物，可不是雇一两个流氓恶棍就能轻易打发的无名小

---

[1] 斯塔基拉（Stagira）：是古代色雷斯地区的城市，这座城市是希腊的殖民地。——译者注
[2] 吕克昂学园（Lyceus）：古希腊亚里士多德于公元前 335 年在雅典所创办的学校。——译者注

亚里士多德

子。亚里士多德是马其顿宫廷御医的儿子，他从小和皇子们一起接受教育，一结束学业，便被聘请为皇储的家庭教师。整整八年时间里，他每天都与年轻的亚历山大大帝[1]形影不离，并与这位有史以来最强大的统治者结下了深厚的友谊。在亚历山大前往印度前线督战期间，掌管希腊各省的城主更是对他关怀倍至，生怕这位皇帝陛下的好友受了伤害或委屈。

可惜好景不长，亚历山大大帝在 33 岁英年早逝。他驾崩的消息一传到雅典，亚里士多德马上命悬一线。他想起了苏格拉底的悲剧，不愿重蹈他的厄运。于是他也学柏拉图那样，开始谨慎地避免把哲学和现实政治混为一谈。只不过他对政府民主形式的厌恶和对平民掌权的不信任众所周知，所以当雅典人怒气冲天地把马其顿的军队赶出国境时，他不得不即刻横渡埃维亚湾[2]，逃亡到加而西斯。然而，就在他离开人世的几个月后，马其顿人平定了叛乱，再次征服了希腊。

事隔多年，如今想再找到亚里士多德不敬神的证据谈何容易。不过按

---

[1] 亚历山大大帝 (Alexander the Great)：公元前 356 年 7 月 20 日—公元前 323 年 6 月 22 日，即亚历山大三世，马其顿帝国国王，亚历山大帝国国王，生于古马其顿王国首都佩拉，世界古代史上著名的军事家和政治家。——译者注

[2] 埃维亚湾 (Gulf of Euboea)：希腊爱琴海西部的海湾，介于埃维亚岛和希腊大陆之间。——译者注

常理推断，在一个充斥着业余演说家的国度里，他的遭遇肯定跟政治脱不了关系。与其说他错在散布了骇人听闻的异端邪说导致雅典可能会遭受宙斯严厉的惩罚，还不如说他错在对少数深怀偏见的地方政客不够尊敬。不过，这已经不重要了，因为各自为政的城邦制已时日无多。此后不久，罗马人继承了亚历山大在欧洲的扩张版图，把希腊变成了其众多行省中的一个。

至此，口角之争终于告一段落，因为罗马人看待很多事情的心态甚至比黄金时期的希腊人还要宽容许多。罗马的臣民享有极大的思考自由，只有一点例外：不能对某些基于政治利益而设定的原则提出质疑，因为罗马就是仰仗这些原则，使统治政权从史前时期开始便一直保持繁荣安定。

同是理想，伯里克利的追随者所推崇的与西塞罗[1]及其同辈人所怀抱的总有些微妙的差别。希腊思想体系的贤者们经过数世纪的冥思苦想和认真实践，好不容易总结出一些以宽容精神为基础的学说，罗马人却嗤之以鼻。他们对理论问题漠不关心，只对实用的东西感兴趣。他们自认行动派，瞧不起只会高谈阔论的人。

如果你想花一下午的时间，坐在老橡树下，与罗马人就政府的统治理念或月亮对潮汐的影响交换意见，那未尝不可；但若你想得到罗马人青睐，就必须把所说的一切付诸实践。因为在罗马人看来，理论、歌舞、饮食、雕塑、科学那一类玩艺儿，有希腊人或其他外国佬摆弄就够了，正统的罗马人应该重视更实用的东西，例如全力以赴管理好日益扩大的领土。他们征召新兵并使之训练有素，一面巩固边防，一面巡查西班牙和保加利亚间的交通要道。此外，他们还会花费大量精力，来维持数百个不同部族间的和平。

如此看来，罗马人的伟大毋庸置疑。他们通过严谨的工序创建了一个

---

[1] 西塞罗（Marcus Tullius Cicero）：古罗马著名政治家、演说家、雄辩家、法学家和哲学家。——译者注

对立的宗教

庞大的统治体系，这个体系以不同的形式一直延续至今。这是个了不起的创举。那时的臣民只要缴纳必要的赋税，尊重罗马统治者定下的为数不多的行为准则，便可以享受广泛的自由。他们可以随心所欲地选择自己想相信的事情，也可以随心所欲的选择想膜拜的神明，只要是自己的选择，怎么样都没关系。只是，不管信仰如何，在这个红男绿女混居的大帝国里，所有人都必须永远谨记，"罗马和平"的实现有赖于公正地实践这样一条原则，即"待人宽，律己严"。任何人在任何情况下不得以任何理由干涉他人的事情，即使自己所信仰的神明被无心冒犯了，也不能叫嚣着让政府给你出头，因为正如提比略[1]在一次庆典仪式上说的那样："神明若觉得自己被亵渎了，自然会自己讨回公道。"

有了皇帝陛下的这句话，法庭就有理由拒绝处理所有这类型的案子了，甚至可以要求人们不要把涉及个人见解的问题带进法庭。譬如说若卡帕多西亚[2]商人决定在歌罗西[3]人的地盘里落户，那么他们就有权在当地筑起神庙继续信仰自己的神明，反之亦然。宗教信仰的自由不因种族或地方

---

[1] 提比略（Tiberius）：公元前 42 年—公元 37 年，罗马帝国的第二位皇帝。——译者注

[2] 卡帕多西亚（Cappadocia）：地区名。位于土耳其中部，以其奇特的岩石构造、岩洞和半隐居人群的历史遗迹而闻名。——译者注

[3] 歌罗西（Colossae）：古代小亚细亚地区的一座城市，故址在今土耳其西南部。——译者注

的不同而有所偏差。

有很多人猜测，罗马人之所以能如此宽容，主要是因为他们"平等地"轻视所有拉丁姆[1]地区以外的原始部族，不管是歌罗西人还是卡帕多西亚人，罗马人对他们的鄙夷都是"一视同仁"的。是有这个可能，但不可否认，罗马自由宽容的宗教信仰制度成功地延续了五百年，欧洲、亚洲和非洲绝大部分地区，无论文明开化与否都在实施，罗马也因此总结出一条独特的治国方针，即以最少的摩擦为代价换取最大的实际成果。

罗马的皇帝陛下们都希望自己的统治能千秋万世，但天下无不散之筵席，尤其是依靠武力建立起来的帝国，想长治久安简直是难于登天。罗马是征服了世界，但同时也为自身的毁灭埋下了伏笔：为了守护这片从爱尔兰延伸至里海的殖民领土，无数年轻战士在远征的过程中客死异乡；帝国把所有精力都浪费在庞大而复杂的版图管理上。最终，恶果出现了。仅凭一国之力想统治世界，这个不可能的任务将罗马的人力物力消耗殆尽。更可怕的是，人们逐渐厌倦生活，甚至失去了活下去的动力。

罗马人已得到了一切，城乡住房，游艇马车，奴隶仆人，应有尽有。他们已尝遍世间的佳酿，览尽绿水青山，看惯了从巴塞罗那[2]到底比斯[3]的各色娇娘。世上所有著作都已收归进他们的图书馆，人间最美丽的绘画装点着他们的墙。就餐的人有最优美的音乐相伴，适龄儿童有最出色的老师教导，能探索到最丰富的知识宝藏。于是，当所有的佳肴都失去了味道，所有的图书都变得乏善可陈，所有的美女都不再妖媚诱人，就连生存本身都成了一种负担，为求解脱很多人宁可轻生。众人空虚的心灵只剩下最后一种安慰，那就是对未知和无形世界的遐想。

---

[1] 拉丁姆（Latium）：古地区名。在今意大利中西部拉齐奥区，以居住拉丁人得名。——译者注

[2] 巴塞罗那（Barcelona）：西班牙第二大城市，位于伊比利斯半岛东北部，濒临地中海。——译者注

[3] 底比斯（Thebes）：希腊城市名，与雅典、斯巴达并称希腊三大主要城邦。——译者注

可叹诸神在多年前就已过气，稍有头脑的罗马人都不会再相信童谣里唱的主神宙斯或爱神维纳斯。在这样的环境下，罗马社会里陆续出现了新的哲学体系，包括伊壁鸠鲁主义 [1]、斯多葛主义 [2] 和犬儒主义 [3]。这些哲学体系宣扬仁爱忠贞，克己利人。对此，芝诺 [4]、伊壁鸠鲁 [5]、爱比克泰德和普鲁塔克 [6] 在书里都有详尽的解释，他们的著作在街头转角的书店里比比皆是，只是这些理念听着动人，却不切实际。而且就算这种带有浓厚哲学色彩的"宗教"生拉硬扯地把宗教思想和对追求高尚充实生活的愿望结合起来，也只能取悦一小部分人——一小部分早已受过名师指点的上流豪门。所以从长远来看，这种纯理性的教义根本不能满足罗马人的需求——普通百姓对这样冠冕堂皇的教义嗤之以鼻，他们开始渴望一种可以作为精神食粮的"情结"。虽然他们明白古代的神明不过是祖宗们无知的产物，但从理论上来说，他们还达不到学者们的层次，敢否认所有神明的存在。到头来，他们跟所有一知半解的人一样，表面上一本正经地供奉着官方认可的神明，背地里却为了追寻"真正的幸福"而加入到宗教行会里。在过去的两个世纪里，这种宗教行会在台伯河畔的古城中受到热烈的欢迎。

"行会"一词源于希腊，原意是"同侪"。行会里的男男女女必须"守

---

[1] 伊壁鸠鲁主义 (Epicureanism)：又叫享乐主义，是一个哲学思想，认为享乐是人类最重要的追求。——译者注

[2] 斯多葛主义 (Stoicism)：又称斯多葛学派，是古希腊的四大哲学学派之一，也是古希腊流行时间最长的哲学学派之一。学派强调顺从天命，要安于自己在社会中所处的地位，要恬淡寡欲，只有这样才能得到幸福。——译者注

[3] 犬儒主义 (Cynicism)：古希腊四大学派之一，认为人要摆脱世俗的利益而追求唯一值得拥有的善。——译者注

[4] 芝诺 (Zeno of Elea)：约公元前 490 年至公元前 425 年，古希腊数学、哲学家，另以芝诺悖论著称，即提出的一系列关于运动的不可分性的哲学悖论。——译者注

[5] 伊壁鸠鲁 (Epicurus)：公元前 341 年—公元前 270 年，古希腊哲学家，无神论者，被认为是西方第一个无神论哲学家，伊壁鸠鲁学派的创始人。——译者注

[6] 普鲁塔克 (Plutarch)：约公元 46 年至 120 年，罗马帝国时代的希腊作家、哲学家、历史学家，以《比较列传》一书闻名后世。他的作品在文艺复兴时期大受欢迎，蒙田对他推崇备至，莎士比亚不少剧作都取材于他的记载。——译者注

口如瓶"，共同保护着行会里最神圣的秘密。这些秘密只有行会核心成员知道，它会像一纸强力的符咒把"同侪们"紧紧地联系在一起。在公元 1 世纪时，行会只是一种崇拜形式或者一种教派。打个不恰当的比喻，如果一个希腊人或罗马人不再信仰长老会 [1] 转而加入基督教科学会 [2] 时，他会说自己"换了个行会"。因为在当时，"教堂""教会"和"贵族院"都是较新的词汇，鲜为人知。如果你对这个问题特别感兴趣，想知道这些行会在当时罗马发展的情形，不妨趁着周六去买一份报纸看看——任何一份都行。报纸里起码有四五栏的内容，都在介绍十多个从印度或波斯或瑞典或中国等国家引进的新教义、新组织，它们都宣称能给人们指明通向健康、富有和灵魂永生的途径。

当时的罗马作为世界的中心跟现代大部分都市一样，充斥着许多本土和外来的宗教。虽然推崇信仰自由，有些"行会"还是逼得罗马统治者不得不插手。从小亚细亚北部青藤覆盖的山坡上诞生了母神崇拜，弗里吉亚人 [3] 信仰女神西布莉 [4]，视其为众神之母，以尽情享乐表达对她的喜爱。这种放浪形骸的生活方式使罗马当局不得不使用武力关闭母神庙，甚至制定法律禁止该教派的传播，避免百姓受其毒害，只一味沉溺于酒精或做出其他更糟糕的事情。

埃及这个吊诡和神秘的古老国度也曾孕育出一大堆荒诞不经的神明，

---

[1] 长老会 (Presbyterian church)：基督教新教的主要派别之一，创立于 16 世纪。——译者注

[2] 基督教科学会 (Christian Science church)：基督复原教派衍生的旁支，其教义深信疾病可以透过信仰、祈祷和领悟而治愈。——译者注

[3] 弗里吉亚人 (Phrygians)：古代居住在小亚细亚中西部弗里吉亚地区以及巴尔干半岛上的一个民族。——译者注

[4] 西布莉 (Cybele)：起源于小亚细亚弗里吉亚一带，是古代地中海地区崇奉的女神，被认为是众神之母。——译者注

包括奥西里斯 [1]、塞拉匹斯 [2] 和伊希斯等。罗马人对这些神明就像对阿波罗、德墨忒尔 [3] 和赫尔墨斯 [4] 一样熟悉。至于希腊人，他们在若干个世纪前就已经把抽象真理和行为准则的雏形奉献于世，如今又为坚持偶像崇拜的异国人民创造出由远近驰名的阿提斯 [5]、狄俄尼索斯 [6]、俄耳甫斯 [7] 和阿多尼斯 [8] 等诸神所组成的宗教行会。虽然这些神明的道德修养多有缺陷，却不妨碍他们备受欢迎。

由于混迹意大利海岸长达一千多年，腓尼基商人所信仰的主神巴力 [9] 及他的妻子阿斯塔蒂 [10] 也渐渐在罗马人的圈子里颇有盛名。巴力是耶和华的死敌，而他的妻子阿斯塔蒂在地中海地区第一大神的争夺战中，一直被公认为是迦太基城的守护神。虽然争斗失利后，她的庙宇在亚洲和非洲相继被毁，但所罗门 [11] 晚年时期不顾臣民反对，把供奉这位女神的"高坛"竖立在了耶路撒冷的中心，使她俨然以基督教圣人的身份，又重新回到了欧洲腹地。

---

[1] 奥西里斯 (Osiris)：埃及最重要的九大神明"九神"之一。他生前是一个开明的国王，死后是地界主宰和死亡判官。他还是复活、降雨和植物之神，被称为"丰饶之神"。他是文明的赐予者，冥界之王，执行人死后是否可得到永生的审判。——译者注

[2] 塞拉匹斯 (Serapis)：来生与肥沃生产力之神，同时也是医生与烦恼解决者。——译者注

[3] 德墨忒尔 (Demeter)：希腊神话中司掌农业的谷物女神，亦被称为丰饶女神，为奥林匹斯十二主神之一。——译者注

[4] 赫尔墨斯 (Hermes)：希腊神话中的商业之神、旅者之神，是众神的使者，也是希腊奥林匹斯十二主神之一。

[5] 阿提斯 (Attis)：大地女神丘贝雷的儿子以及情人。——译者注

[6] 狄俄尼索斯 (Dionysus)：古希腊神话中的酒神，与古罗马人信奉的巴克斯相对应。——译者注

[7] 俄耳甫斯 (Orpheus)：希腊传说中著名的诗人与歌手。他的父亲是阿罗波。——译者注

[8] 阿多尼斯 (Adonis)：每年死而复生，永远年轻容颜不老的植物之神。——译者注

[9] 巴力 (Baal)：迦南宗教里保护神的头衔，相当于犹太教神祇耶和华，是"我主"的意思。——译者注

[10] 阿斯塔蒂 (Astarte)：对腓尼基人而言，她是土地丰饶和人口生育的象征，是美和生育之女神。——译者注

[11] 所罗门 (Solomon)：犹太人，古代以色列王国第三位国王。——译者注

最后，还有一位神明不得不提。他的名字在军队中享有盛名，从莱茵河出海口到底格里斯河的发源地，在一整条罗马的战斗锋线上，很多残砖败瓦之下，都有他破碎的雕像。

他就是伟大的密特拉神[1]。

据说密特拉神来自亚洲，专司光明、空气和真理，在里海低地风靡一时。后来我们的祖先占领了里海低地那片牧草丰盛、土地肥沃的平原，把家安顿在山峰峡谷中，建成日后人所共知的欧洲。那时的人们相信，人间一切美好皆是密特拉天神的赐予，若没有他强大的神意支持，地上的统治者就无法施展手中的权力。天神周身有天火照耀，有时，他会将一缕荣光降临到身居要职者的身上，作为恩赐的证明。虽然他早已离去，名字也被忘记，唯有这则比教会问世还早一千年的古老传说，时刻提醒着我们中世纪圣人头上光环的来历。

虽然密特拉曾享信众香火多年，但他的一生兴衰至今还无法彻底理清。这原因有很多，其中一个莫过于早期基督教的传教士对他恨之入骨——其程度比对其他宗教行会有过之而无不及。由于坚信这个印度神祇是他们信仰的死敌，他们竭尽一切之能事，毁掉一切与天神有关的东西，叫后世之人无法追忆。密特拉教派曾风靡罗马500年，其地位足可媲美在当代美国盛行的卫理公会[2]和长老会，但就是这样一个历史悠久的教派，在基督徒的大清洗下，却连一座庙宇一纸记载都没能留下。

幸好当时还没发明炸药，还有些残存的建筑没被夷平，通过从亚洲诸国收集到的资料和在废墟上的仔细探查，我们好不容易知道了些密特拉天神的轶事以及他准确的生平。话说很多很多年前，密特拉神秘地自石中脱胎而出。附近的几个牧羊人看到了他的诞生，纷纷跑过来膜拜。他们聚集在密特拉神的摇篮前，用各式礼物逗他开心。天神自孩提时代开始就经历

---

[1] 密特拉（Mithras）：古老的印度神祇，被认为是所有被创造物中的最强大者。——译者注

[2] 卫理公会（Methodism）：基督教新教卫斯理宗的美以美会、坚理会和美普会合并而成的基督教教会。——译者注

了形形色色的惊奇冒险，不禁让人想起希腊孩子心目中的英雄赫拉克勒斯 [1] 以及他的事迹。只是赫拉克勒斯太过好战，密特拉则更愿意与人为善。有一次密特拉与太阳神比赛摔跤，虽然他大获全胜却还是谦虚地说是承蒙太阳神相让，从此太阳神跟他亲如手足，形影不离。

又有一次，罪恶之神阿里曼 [2] 降下一场大旱灾，试图毁灭全人类，密特拉一箭射穿了一块岩石，大水汹涌而出，重新滋润干裂的大地。而后，阿里曼又想降下一场大洪灾以达到其卑鄙的目的。密特拉一得知这个消息，马上告诉了一个人，让他赶紧造一艘大船，把亲朋好友，家禽牲畜全都带上。因为他的帮助，人类再次免遭灭顶之灾。为了拯救世界，密特拉殚精竭虑，最后升入天国，掌管评定公义之职，直到永远。

想要加入密特拉教的候选人必须通过一项复杂的试练，然后象征性地进一些面包和红酒，来纪念密特拉和太阳神当年一起享用的著名晚餐。接着，候选人要在水源之前接受洗礼。之后当然还有别的仪式，但毕竟这个教派已消失了 1500 多年，我们已无法得知更多的细节。

在密特拉教里，所有信徒的地位都是绝对平等的。他们聚在烛光明亮的圣坛前一起虔诚祷告，一起吟诵赞诗；在每年的 12 月 25 日他们一起为密特拉大神庆祝生日；在每周的第一天，为感谢天神的恩典，他们会放下手上的工作稍事休息。时至今日，我们仍称之为"星期天"。密特拉派信徒死后，尸体要整齐地摆放在一起，等待审判日的降临，好让善人得到公正的报答，让恶人在永恒的业火中赎清自己的罪孽。

这些宗教行会之所以能够兴起，密特拉教之所以能在罗马军队中盛行，主要是因为罗马帝国统治者有意加强人们对宗教的兴趣。事实上，在建国之初的几个世纪里，他们就一直马不停蹄地寻找能够满足百姓精神世界的东西。

---

[1] 赫拉克勒斯（Hercules）：希腊神话中最伟大的英雄，又名海格力斯，在罗马神话中名为赫丘利。——译者注

[2] 阿里曼（Ahriman）：恶界的最高神，黑暗与死亡的大君。——译者注

公元 47 年，一叶扁舟离开腓尼基，驶向通往欧洲各国的起点城市佩尔格 [1]。乘客中有两个没有携带行李的人，他们的名字是圣保禄和巴拿巴 [2]。他们都是犹太人，其中圣保禄还是罗马的公民，他通晓其他非犹太族人的智慧。

这是一次注定永垂青史的旅程，基督教已准备好征服世界。

---

[1] 佩尔格（Perga）：公元前 1500 年小亚细亚东部和叙利亚北部一个赫梯人的聚居地。

[2] 巴拿巴（Barnabas）：天主教称为巴尔纳伯，是《圣经·新约》中记载的一个早期犹太人基督徒，亦称他为使徒。他和使徒保罗合作完成了一系列的传教行程，推动基督教的广传。——译者注

第三章 桎梏的开端

人们常以基督教在西方世界的快速传播来证明其神圣性，对此我不予置评，不过早期基督教传教士的成功，与其说是因为他们的教义，还不如说是因为罗马人民正不满于当时生活的水深火热。

在这里，我先给各位读者勾勒出一个罗马生活的侧面：在士兵、政客、富商、科学家等幸运儿的世界里，他们居住在坎帕尼亚[1] 的层峦叠嶂中，落户在那不勒斯湾[2] 的温柔水畔，一边饱览着拉特兰山区的美景，一边享受着幸福文明的生活。

然而，这并不是罗马的全部。在城郊多如牛毛的贫民窟里，哪有一点能让诗人欢呼太平盛世，让演说家把屋大维比作主神朱庇特[3] 的繁荣景象？放眼过去，全是一排排凄凉惨淡的平房，那里面人头攒动，臭气熏

---

[1] 坎帕尼亚（Campania）：地处意大利南部。——译者注

[2] 那不勒斯湾（Bay of Naples）：一称 "那波利湾"。地中海所属第勒尼安海东岸的半圆形小海湾。位于意大利那不勒斯西南的米塞诺岬与坎帕内拉角之间。——译者注

[3] 朱庇特（Jupiter）：罗马神话中的主神。罗马统治希腊后将宙斯之名改变成为朱庇特。——译者注

天。贫苦大众的生活只剩下周而复始的饥饿、辛劳和痛苦。在这些百姓心里，只有一个朴实的木匠 [1] 讲的故事是真实可信的。他住在大海彼岸的小村落里，用自己的双手谋生，热心关怀贫苦受辱之人，却因此被他嗜血成性，贪得无厌的敌人害死了。穷困的罗马人当然听过密特拉、伊希斯和阿斯塔蒂的大名，但这些神早在千百年前就已经远离人群，只偶尔出现在祖先留下的只言片语里。

可是拿撒勒的约书亚，基督，也就是希腊传教士口中的救世主不一样，他不久之前还活在人世，而且当时有不少人听说过他。在提比略皇帝当政时期去过叙利亚南部的人，兴许还听过他的演讲；角落面包店的老板和邻街的水果贩子会告诉你，就在亚壁古道 [2] 旁阴暗的小花园里，他们曾跟一个叫彼得的人搭过话；来自迦百农 [3] 小村庄的渔夫若曾在那个可怕下午行经各各他 [4]，更是有可能目睹了基督被罗马士兵钉死在十字架上的整个过程。

为了弄明白新信仰突然开始流行的原因，我们必须先谨记以上所说的事例。因为正是这种亲身接触，这些直接而亲密的私人感情，使基督教拥有远高于其他信仰的优越性。基督的一切言行无不是对世人的博爱，以及对各国深受压迫、丧失权利的人们的同情。他的话是否与后人所传颂的词汇一致倒是无关紧要，奴隶们听在耳里，自然心有灵犀。他们在基督对光辉未来所许下的诺言前兴奋不已，庆幸着自己有生以来第一次看到了希望

---

[1] 这里指的是拿勒撒的基督。——译者注

[2] 亚壁古道（Appian Way）：罗马帝国的战略要道。从公元前 312 年开始，为罗马帝国的扩大发挥了重要作用。——译者注

[3] 迦百农（Capernaum）：圣经中的地名，濒临加利利海，在西布伦和拿弗他利的边界上，今已成废墟。据称耶稣开始传道时，即迁居此地。——译者注

[4] 各各他（Golgotha）：又称各各他山，是罗马统治以色列的时期一座比较偏远的山，据《圣经·新约全书》中的《四福音书》记载，神的儿子主耶稣基督就曾被钉在十字架上，而这十字架就是在各各他山上。多年来，"各各他"这个名称和十字架一直是耶稣基督被害的标志。——译者注

的光芒。他们终于盼来了能使他们得到救赎的话。在强权面前，他们不再卑贱可耻；他们是受慈父宠爱的孩子，将来要把世界一切继承，包括那一直被深宅大院里的主子们独占的喜乐与欢欣。新信仰的力量由此产生。基督教是首个宣扬人人机会均等的宗教。

对现代人来说，基督教是一种生活和思考的方式，一种心灵上的体验；但对当时的人们而言，基督教的兴起则更是一则喜讯，一则会使人普天同庆，奔走相告，甚至重新燃起生活激情的好消息。史书中，除非是特殊事迹，否则很少会有普通人心路历程的记载，无论是自由人还是奴隶。只有当人们按民族、行会、教派、军队、兄弟会或同盟等形式联合起来，服从统一的调度，积累起足够的财富，或为征服其他国家发动战争时，才能赢得史学家们的注意和重视。正因如此，尽管我们对早期基督教会了如指掌，却对它真正创始人的事迹知之甚少——多可惜啊，明明基督教早期的发展在任何史书里都不失为最有趣的题材。

就这样，基督教在古老帝国的废墟上拔地而起。它的背后交织着两股对立的利益力量：一边是由耶稣亲自教导的对慈善与博爱的无限包容；一边是根深蒂固的狭隘地方主义。在后者的束缚下，耶稣的同乡从一开始便与世界其他地方的人貌合神离。这种地方主义结合了罗马人的高效和朱迪亚[1]人的专横，是一种压抑思想的恐怖的统治手段——虽然行之有效，却于理难容。

为了理清这两股势力对基督教的影响，我们必须再一次回到圣保禄年代和耶稣遇难后的头50年，看看究竟发生了什么事。首先，我们得牢牢记住这样一个事实：基督教的兴起始于一场自犹太教内部发起的纯民族主义改革运动。而这场运动带来的威胁针对的不是别人，正是犹太人土地上的统治者。

---

[1] 朱迪亚（Judean）：古代巴勒斯坦南部地区，包括今以色列南部及约旦西南部。耶稣在世时，它是由希律王室所统治的王国，也是罗马帝国叙利亚行省的一部分。——译者注

当权的法利赛人[1]非常清楚这一点。耶稣在世时，他们就十分害怕他的宣讲，认为那严重威胁到当时建立在武力压迫基础上的精神垄断。为了偷生，他们被迫在慌乱中抢占先机，在罗马当局还没来得及插手前，便把基督当作祭品送上了绞刑台。谁也不知道假如当时耶稣大难不死，会采取什么应对之计。罹难之时，他还没有能力把信徒组织成一个教派，也没有留下一字半句教导追随者应该以何为继。

值得玩味的是，这样半途而废的结局却成了后世的福音。不立文字使追随者们无需囿于教规条陈，反而能更自由地遵循基督的精神。试想要是教徒们不得不按照一本书上的规定去行事，那么他们势必会把所有的精力用在理论，甚至是一个句号一个分号的研究上。倘若事情真演变至此，那么除了少数学者外，平民大众将对新信仰不再感兴趣，而基督教也会重蹈其他宗教的覆辙，从煞费苦心的文字纲领为开始，以理论家的争吵不休和政府当局的赶尽杀绝而告终。

在 2000 年后的今天，我们不难发现基督教对罗马帝国的打击。我们只是很好奇，既然它对国家安全的威胁就像匈奴人或哥特人[2]入侵一样，为什么罗马当局不采取实质性的行动来镇压呢？统治者们不可能不知道耶稣的言论在家奴间引起的骚动，也不可能没听见女人们喋喋不休地说什么天国之王即将重临大地，就连老人家们都在一本正经地预言世界将会在一团火球中毁灭。

说实话，凡夫俗子们为某个新兴宗教英雄欢喜若狂的情形，这不是第一起，当然也不可能是最后一例。因此，统治当局只会密切注视着它的发展动态，以确保它没有扰乱到帝国的安泰。况且，在监视的过程中，政府并没有找到能够诉诸武力的把柄。作为一个新的宗教行会，基督教不曾跟政府作对，也十分懂得进退。例如，起初有几个奴隶期望打着上帝慈爱和

---

[1] 法利赛人（Pharisees）：一个犹太人宗派，曾在耶稣的时代很流行，但过于强调摩西律法的细节而不注重道理。——译者注

[2] 哥特人（Goths）：也译作哥德人，是东日耳曼人部落的一支分支部族。——译者注

世间博爱的旗号推翻主仆间的旧式关系。闻此，圣保禄赶忙解释，所谓的天国是看不见摸不着的非现世，现世之人若想在天国获得好报，必须先心甘情愿地承受现世的一切苦难。同样，当为人妻者搬出基督的理论，高呼女性解放，男女平等，并以此与罗马法典里规定的婚姻束缚作抗争时，圣保禄也会跳出来，用一连串似是而非的道理恳求他亲爱的姐妹同侪们不要走向极端，以免保守的异教徒对教会心生疑惑。他说服她们莫要再对这种半奴隶状态满腹牢骚，毕竟自亚当和夏娃被逐出伊甸园时起，逆来顺受就是女人们该守的本分。基督教所做的一切无不体现出对法律和政府的毕恭毕敬，因而当权者也乐意让基督教传教士频繁地来往东西，反正他们的说教对统治有百利而无一害。

但是，一如历史中反复出现的情况那样，平头百姓的宽容精神总是逊色于他们的政府。他们贫困潦倒，却并非情操高尚，不愿为五斗米折腰。相反，他们几个世纪以来一直沉迷于恣意豪饮和打架滋事，毫无长进。在基督教传播初期，这些罗马市民只当是好玩，所以总是愿意聚集起来，全神贯注地倾听这群面容肃穆的男男女女所讲述的，关于耶稣基督像普通罪犯一样不光彩地死在十字架上的神奇故事，然后他们会像完成使命般，为投掷石块泥土的流氓高声祈祷。

但罗马的神职人员无法对这样的发展坐视不理。

当时政府有指定的国教，国教在每年特定的时节会安排隆重的祭典。为表支持，人们多少要捐些香油钱。而这些香油钱实际上是装进国教神职人员的腰包里的，因此，若人们不再信仰国教，反倒去支持一个默默无名的新兴行会，便等于是断了教士们的口粮，这当然会使他们恼羞成怒。于是，教士们开始谩骂那些不敬旧神的异教徒，指责他们数典忘祖，愚昧地错信外国救世主。与此同时，在罗马的城市里，有另外一群人也同样憎恨着基督教。他们披着神职人员或神明代理人的外衣，内里却是十足的骗子；他们年复一年地挥霍着从罗马中产阶级手上骗来的钱财，过着脑满肠肥的奢侈生活。倘若基督教跟他们一样，为自己提供的所谓"天启"定价收费，那他们也只会视之为竞争对手，不会有如此滔天的怒气——生意毕竟是生意，偶尔让别人分一杯羹也未尝不可。坏就坏在基督教竟敢无视行规，不但不要报酬，反而把自己的东西送给别人——给饥饿的人送吃的，把无家可归的人请到家里——还分文不取。太过分了。这基督教背后定是有什么黑色收入，否则他们不会这样做。

不得不提的是，这时的罗马已今非昔比。它成了来自帝国各地成千上万失去财产的农民的临时栖身之所。这些不被待见的蚁民只懂得顺波逐流，对与众不同的人十分反感，对只想过正派节制生活的人存有戒心。在他们看来，能时常坐在一起喝酒聊天，或者偶尔帮人付个酒钱的都是佳友善邻，而那些自命清高，不愿涉足斗兽场，看到战俘被拉到卡比托利欧山 [1] 游街却不欢呼的，都是普通人的公敌。

公元 64 年，一场大火烧毁了罗马贫民的居住地。这导致了人们第一次开始对基督教徒发起有组织的攻击。起初有传闻说纵火的人是尼禄皇帝，是他在喝得醉醺醺时下令烧毁都城旁的贫民窟，以便按照他的想法重建城市。后来人群里传出了别的声音，说大火是犹太人和基督徒放的，因为他们总是说将有大火球从天而降把邪恶的世界烧为灰烬。这一说法很快引来附和。有老妇人说她曾经听过基督徒跟死人对话；又有人说基督徒专门拐骗小孩，然后把他们的喉咙割开，将他们的血涂抹在阴森古怪的祭坛上。这些卑鄙的勾当之所以一直没被发现，是因为基督徒很狡猾，早早地买通了负责执法的地方官。这次他们既被逮了个现形，便由不得他们再借故抵赖，必须使之为其罪恶行径接受惩罚。

我们无从得知有多少虔诚的教徒被私刑处死，也许受害者中还包括圣彼得 [2] 和圣保禄，因为打那之后，便再也没有了他们的消息。这是一场席

---

[1] 卡比托利欧山 (Capitoline Hill)：又译坎皮多里奥山，是意大利罗马七座山丘之一，也是最高的一座，为罗马建城之初重要的宗教与政治中心，介于古罗马广场与战神广场之间。——译者注

[2] 圣彼得 (St. Peter)：早期基督教领袖人物之一、耶稣十二门徒之一。——译者注

卷全城的怒气发泄，其结果却并未使民众满意。牺牲者面对死亡时无惧无畏的凛然是对新信仰最好的宣传，也是对死去的基督徒最庄严的致敬。一个基督徒倒下了，却有千千万万个新信仰的追随者站了起来。公元 68 年，尼禄皇帝自杀身亡。这是他在短暂而无用的一生里做的唯一一件体面的事。之后，基督徒马上重返故土，一切又依旧如初。

后来，罗马当局又有了新发现，他们开始怀疑，基督徒跟犹太人其实并不一样。也难怪他们后知后觉，若不是借助近百年来的研究，现在的我们也不知道，原来犹太人的会堂是一个情报中转站，通过它，新信仰才得以传遍天下。另外，耶稣本身是犹太人，他一丝不苟地履行着祖宗规矩，只对犹太听众进行宣讲。只有一次，他短暂地离开了故乡，但当时那个使他不得不暂别家园的使命却是与犹太同胞一起完成的，目的也只是为了犹太民族。普通罗马人根本无法从他的言行间分辨出基督徒与犹太人的区别。

由此可推断，耶稣想做的事情其实很简单。他清楚地看到了祖宗行会里的陋习与弊病，于是他大声疾呼，希望通过斗争实现有效的改革。但说到底他的改革只针对内部，他从来没有想过自己会成为一门新信仰的创始人。假如当时有人提议他借此机会创立新宗教，搞不好还会被他斥责荒唐可笑。不过，与其他时代的改革者相似，耶稣也很快陷入了不可调和的矛盾中。从这方面来说，他的英年早逝未必是一件坏事，起码他不会遭遇和马丁·路德等改革者一样的命运，经历跟他们一样茫然无助的心情——本只想着为"内部"办点好事，却突然发现自己成为了组织"外部"一个新团体的头领。

在耶稣逝世多年后，基督教（这个名字是很久之后才确立的）仅仅是众多犹太小教派之一，只在耶路撒冷、朱迪亚和加利利 [1] 的村落有几个支

---

[1] 加利利（Galilee）：巴勒斯坦北部地区。西到地中海沿岸平原，东到约旦河谷地，南到耶兹里勒谷地。为一地形崎岖的高地。——译者注

持者，这个教派也从未踏出过叙利亚省的小圈子。

犹太血统的罗马公民盖乌斯·朱利叶斯·保禄首先发现了这个新宗教征服世界的可能。他饱受磨难的一生使我们意识到，当时的犹太基督教徒是如何激烈地反对把本宗教义推向世界的。他们只愿在本国享受统治地位，也只允许本族人加入。他们痛恨教徒如圣保禄之流——明明是犹太人，却想用教义拯救非犹太人的灵魂。保禄最后一次到耶路撒冷时，幸好有罗马公民身份的保护，否则那些义愤填膺的族人们肯定要他尝尝当年耶稣所受的痛苦。而罗马政府之所以要派出半个营的罗马士兵保护保禄，把他带到港口城市再陪他乘船回到罗马，无非是想押他接受莫须有的审判，然后好找个由头把他杀了。

他过世后没几年，他担忧了一辈子，也不断预言会发生的事情，终于还是发生了。耶路撒冷被罗马人摧毁了。耶和华神庙的旧址上建起了罗马主神朱庇特的新殿；耶路撒冷被更名为爱利亚·加比多连（Aelia Capitoline）；朱迪亚变成了罗马叙利亚-巴勒斯坦行省的一部分。当地居民或被杀或流放，反正在废墟方圆数英里，不允许犹太人居住。

这座圣城曾给犹太基督教徒带来过无数灾难，如今终于化为乌有。在这之后的若干个世纪内，时常有些自称为"穷士"的人出现在朱迪亚地区偏僻的殖民地里，他们以极大的耐心终日祷告，诚心地等待即将来临的世界末日。这些人便是耶路撒冷犹太基督教的余党。我们经常可以在公元5、6世纪的书中看到他们的影子。因为远离文明社会，他们发展出一套自成一派的怪诞教义，以仇恨圣保禄为最高宗旨。到了公元7世纪左右，这些所谓的拿撒勒[1]派或伊便尼派[2]便在伊斯兰教的赶尽杀绝下销声匿迹了。而就算他们能再苟延残喘几百年，也始终无法逃离被彻底铲除的

---

[1] 拿撒勒（Nazarenes）：又译纳匝勒，现今以色列的北部城市，位于历史上的加利利地区。——译者注

[2] 伊便尼派（Ebionites）：伊便尼在希伯来文中意为"穷苦人"，故又称"穷人派"，公元1—4世纪活跃于巴勒斯坦，倾向犹太基督教派。——译者注

悲剧。

罗马把东南西北集于一个大的政治联盟下，从而使世界统一宗教的诞生变成可能。基督教开宗明义、简单易懂，且反映了普罗大众的诉求，所以能在与犹太教、密特拉教等教派的角力中成为最后的赢家。但令人遗憾的是，这个新信仰没有摈弃自己身上一些明显与宗旨背道而驰的缺点。那叶扁舟曾载着圣保禄和巴拿巴从中东走到欧洲，给人们带来的仁慈与希望。可是另一个家伙也偷偷地溜了上船。它戴着神圣高洁的面纱，掩盖的却是残忍与仇恨的嘴脸。它的名字是：宗教的横蛮。

第四章　诸神的黄昏

　　早期的教会是一个很简单的组织。随着时间推移，人们渐渐意识到世界末日并非迫在眉睫，最后的审判也没有在耶稣遇难后接踵而至，基督教徒还要长年在泪谷里挣扎求生，于是，人们开始想要建立一套明确的的管理体系。

　　最初的基督徒全是犹太人，他们的聚会通常安排在犹太会堂里。后来出现了大量非犹太基督教徒，因为犹太基督教徒和非犹太基督教徒之间多有摩擦，于是后者就选择向别人借房子，或者干脆到露天场所和废弃的采石场上聚会，以便可以容纳更多虔诚或对新信仰好奇的信徒。还有，以前基督教徒的聚会一般是在安息日，但同样是由于犹太基督教徒和非犹太基督徒之间的感情日趋恶化，非犹太基督教徒决定放弃安息日，把集会的时间改为耶稣复活的星期天。

　　庄严的聚会承载着大众的认同以及他们对整个活动的热情。这里没有千篇一律的宣讲和说教，也没有传教士。任何人只要觉得内心被圣火激励，都有权站起来跟大家剖白内心对信仰的证明。只不过——按照圣保禄的描述——教会里兄弟姐妹们的直言不讳有时候会让他不禁为教会的前途感到担忧。值得一提的是，当时的基督教徒大多是没受过什么教育的平民百姓，他们的诚心毋庸置疑，但发言时总会因过于激动而像疯子般大吼大叫。教会顶得住迫害，却受不了其他人背后的冷嘲热讽。不得已，圣保禄、圣彼得以及他们的继承者只好使出浑身解数维持秩序，以平息信徒们由宗教热情引起的骚动。

起初这样的努力收效甚微，因为规章制度显然与基督教宣扬的自由民主格格不入。不过后来人们还是考虑到实际情况，同意集会按照固定的仪式进行。为了照顾席间犹太基督徒的心情，集会通常会以一首赞美诗开始，接着，全体教徒会高唱专门为罗马和希腊的礼拜者谱写的新歌。只有倾注了耶稣一生哲学思想的著名祷文是预先拟好的宣讲，其他的布道都像几个世纪以来的一样，全是即兴自发，因此登台说教的大多是真正有感而发的教徒。

随着集会次数的增多，对秘密团体总怀有戒心的政府当局开始出面干涉，于是基督教会决定推举出适当的人选，代表教会跟外界周旋。就此，圣保禄曾着重强调过领导才能的重要性。他说那些他在中东和希腊走访过的小行会就像惊涛骇浪中的小船，只有聪明绝顶的舵手才能带领它闯过汹涌的沧海。

深有同感的信徒们再一次聚集起来，选出男女执事 [1]。这些执事是整个团体的"仆人"，不但要照顾好病者与穷人（这是早期基督教徒最关心的事情），管理好集体财产，还要料理好所有日常琐事。后来，教会的成员越来越多，教内的事务越来越繁杂，执事的工作不能再单单依靠兼职。于是教徒们又推举出几位有经验有名望的人担任专职执事。他们就是希腊语中的"长老"，也就是我们口中的"神父"。

又过了些年，每个村庄和城市都有了基督教的教堂，所有人都需遵循

---

[1] 执事（deacon）：希腊语中"仆人"的意思，后来在教会内部的官阶中以"神的仆人"为原意成为比较低级的神职名称。——译者注

的共同政策在这时显得非常必要。于是教徒们又推举出"监督者"，即主教来监督整个教区，并代表教区跟罗马政府打交道。

很快，帝国各个主要城市里都设置了主教之位，担任者大多是在安提俄克[1]、君士坦丁堡、耶路撒冷、迦太基、罗马、亚历山大城、雅典等行省中手握民生和军队大权的当政之人。

制度刚设立时，主教们掌管着耶稣曾涉足的大部分地方，那里见证了耶稣的成长、受难、死去和备受敬仰。然而，自耶路撒冷被毁，期待世界末日来临和锡安[2]胜利的一代人从地球上消失以后，可怜的老主教只能在狼藉的神殿里，从德高望众变得一文不值。而他在耶路撒冷等地作为信徒首领的职位也自然而然地被那个居住在文明之都，守卫西方圣徒保禄和彼得当年殉教之地的"总监"所顶替了。这个"总监"是谁？他就是罗马教皇。

为了表达对神职人员的尊敬和喜爱，人们也会把主教称作"神父"或"圣父"，罗马教皇也不例外。然而，随着几个世纪以来罗马统治的加深，"圣父"一词渐渐变成了罗马大主教的专属。在人们心目中，"圣父"即教皇，就算不加以补充，也绝对不会被错认成是君士坦丁堡或迦太基教区的主教。这很正常，就像现在我们在报纸上看到"总统"一词时，就算没有加上"美国"作为限定，也明白这里指的就是政府首脑，不会因为"总统"一词具有多种含义，而将此曲解成宾夕法尼亚的铁路局局长、哈佛大学校长或国际联盟主席。

公元258年，"教皇"这个称呼第一次出现在正式公文里。那时罗马还是强盛的帝都，主教的势力在皇帝眼中完全不值一提。但自此往后三百年，罗马的君主却屡受外忧内患的威胁，不得不着手寻找更为安全的家

---

[1] 安提俄克（Antioch）：罗马帝国的第三大重要城市，基督徒首次在这个城镇得到了认可，圣保罗也是在此进行的第一次说教。——译者注

[2] 锡安（Zion）：在犹太教的圣典里，锡安是耶和华居住之地，是耶和华立大卫为王的地方。泛指天国。——译者注

园。最后，他们在国土的另一端找到了一座城市，城市之名来源于传说中的英雄拜扎斯，据说特洛伊战争结束不久，拜扎斯曾经在此登陆，于是后人把此地命名为拜占庭。拜占庭占据了亚欧大陆间的水道，扼守从黑海到地中海的贸易要道，掌控着世界数一数二的商业中心，雅典人和斯巴达人曾为之拼杀不休。

拜占庭在亚历山大时代以前一直是独立自主的地区，后来被马其顿吞并，再后来被罗马接收，成为其行省之一。经过 1000 多年的发展和财富累积，拜占庭的金角湾 [1] 云集了来自上百个国家的船只，它也因此被选为新的帝国中心。这对原帝都的居民而言不啻于晴天霹雳。他们只能眼睁睁地看着曾经辉煌的皇宫日渐凋零，政府机关陆续迁移到博斯普鲁斯海峡之滨，自己的处境一日不如一日，任西歌特人、汪达尔人 [2] 和其他奇奇怪怪的野蛮人摆布，最后甚至要遵照千里之外的法律行事。

耐人寻味的是，历史长河中的任何事情都是此消彼长的。皇帝走了，留下来的教皇就成为了都城里最威名显赫的人。想来也是，作为常被压制的神职人员，怎么可能轻易放过这样千载难逢的时机？他们像精明能干的政治家一样，利用教会的影响与声望，吸引了大量意大利的博学之才。他们俨然把自己视作永恒信念的代表，因此不用操之过急，以免忙中出错，得不偿失。他们一步一步，潜移默化，然后看准机会，出其不意。神职人员所作的一切努力都是为了一个目的，他们也只会向这个目标坚忍不拔地前进，那就是宣扬上帝的荣光，使上帝意志的凡世代表——教会，拥有更强大的力量。从历史上来看，他们当时的努力确实卓有成效。

在野蛮部落横扫欧洲大陆时，所有一切——不管是帝国的围墙还是千百个像古巴比伦平原般历史悠久的体制，都在风卷残云般的冲击下玉石俱焚，烟消云散；只有教会始终坚如磐石，在各个时代，尤其是中世纪，

---

[1]　金角湾 (Golden Horn)：世界首屈一指的优良天然港口之一，拜占庭帝国和奥斯曼帝国的海军和海洋运输活动曾经集中于此。——译者注

[2]　汪达尔人 (Vandals)：古代日耳曼人部落的一支。——译者注

犹如中流砥柱，力挽狂澜。

教会虽然获得了最后的胜利，但却也为此付出了巨大的代价。

基督教徒原是布衣白丁，后来却荣登庙堂之上；基督教原以抗议政府起家，后来却因"圣父"自命能通神，每个凡人都不得不无条件地服从他的话语；而原先带有浓重变革色彩的教义，也在100年的发展过程中，变成了神权政治的工具。与此相比，古老的犹太国似乎更温和自由，居民们的生活也更无忧无虑。

基督教的改变既符合逻辑又不可避免，下面请容我逐一说明。

大多数去罗马旅游的人都会去参观罗马斗兽场。在那饱经风霜的围墙里，人们可以看到一片圣地，数千名基督教徒曾经在这里倒下，成为罗马专制的牺牲品。虽然那确实是对新信仰追随者的迫害，但实质上却与宗教的横蛮无关。这些迫害全是出于政治原因。基督教作为一个宗教行会，本应也可以在罗马大地上享受最广泛的自由。但当某些基督徒公开宣称自己因为宗教信仰而不肯服兵役，或在国家受到外国侵略时还吹嘘什么和平主义，甚至不分场合地公然诋毁自己国家的法律时，他们就已不只是基督教徒了，他们成了国家的敌人，自然得以死谢罪。基督徒认为自己是遵照神圣的教义行事，也尝试着阐述自己的道德本质，但政府的执法人员只觉得一头雾水，难以理解。罗马的法官到底不过是一介凡夫俗子，听着那些家长里短的鸡毛蒜皮之事，他也觉得十分无趣。长年的经验告诉他，面对神学争论法官应立场超然，况且皇帝也经常在敕令中告诫公职人员，对付新教派要老练圆滑，于是，他试图以理服人。可当全部争论都指向原则问题之时，情况就变得像秀才遇上兵一样。结果，长官们不得不面临这样的决断：是以国家赋予的权力判犯人无罪释放，还是为维护法律的尊严对犯人实施严刑峻法？不巧的是，监禁和折磨对基督徒完全没有震慑力，因为他们坚信死亡是永生的开始，只有离开这个邪恶的凡世才能享受天国的欢喜。于是，基督徒与政府当局之间痛苦而漫长的游击战爆发了。我们没有具体的受害者数据，但从公元 3 世纪奥利金 [1] 神父的话中可以看出些端倪。他家里的几个亲戚在亚历山大城遭到迫害并被杀死。按照他的说法，"真正为宗教殉道的基督教徒其实有据可查"。另一方面，我们也不禁好奇，基督教既然屡遭迫害，又怎么能存续下来？尤其在研究基督教圣贤生平时，每一页故事都是那样的鲜血淋漓。

其实，无论我给出什么样的数据，都有可能被指控为居心叵测的骗子，所以我无意多说，且留读者自行斟酌。大家只要回顾一下罗马皇帝德西乌斯 [2] 在公元 249 年到 251 年，以及瓦莱里安 [3] 在公元 253 年到 260 年的统治，便能较为清晰地看到在迫害最猖獗之时罗马专制的本质。

话说回来，就连睿智开明如马可·奥勒留 [4] 皇帝都不得不承认自己在处理基督徒问题上的无能，那么身在边远小区的芝麻小官所面临的困难就更可想而知了。基督徒不能也不愿意服从帝国为保全自身而制定的几项原则性法令，为了履行自己的职责，官员们要么昧着良心背弃自己的就职誓词，要么只能处死恰好也是基督徒的亲朋好友。与此同时，基督徒完全不被异教徒的假意关怀与劝说所迷惑，继续稳步扩大自己的影响力。

公元 4 世纪后期，罗马皇帝格拉提安 [5] 应元老院里基督徒的要求，把

[1] 奥利金 (Origen)：又译俄利根，是古代东方教会最为著名的教父，亚历山大学派的主要代表。早期东西方教会众教父中最有影响的一位。他的思想为后世基督教神学奠定了深厚的基础。——译者注

[2] 德西乌斯 (Gaius Messius Quintus Decius)：（公元 201 年—251 年）罗马帝国皇帝。本是普通元老，因帮助阿拉伯人菲利普巩固政权，并在巴尔干击退了哥特王朝奥斯特罗哥塔的入侵而飞黄腾达。后被部下拥立为帝。——译者注

[3] 瓦莱里安 (Valerian)：又译瓦勒良，是罗马帝国的皇帝，公元 253 年—260 年在位。——译者注

[4] 马可·奥勒留 (Marcus Aurelius)：罗马皇帝，同时也是一个很有造诣的思想家，有以希腊文写成的著作《沉思录》传世，是著名的"帝王哲学家"，他向往和平，也具有非凡的军事领导才干。——译者注

[5] 格拉提安 (Flavius Gratianus)：罗马帝国西部的皇帝瓦伦提尼安一世的长子，8 岁被其父立为奥古斯都（共治者），由诗人德西穆斯·马格努斯·奥索尼乌斯进行教育。公元 375 年，继任西罗马帝国皇帝。——译者注

会伤害到基督徒感情的异教徒塑像搬走。一令之下，在凯撒大帝所建立的宫殿里矗立已逾 400 年之久的胜利女神像从此远走他乡。虽然也有几个元老表示不满，但始终无补于事，甚至还有人因此惨遭流放。这时，远近闻名的爱国者叙马库斯[1] 马上挥笔写下一函，给政府呈上折衷方案。

他问道："为什么异教徒和基督徒不能和平相处呢？说到底，我们都是世间的过客，居住在同一片大地上，仰望着同样的星空。由每个人自己选择通往最终真理的道路又有什么关系？生命就是一道解不完的谜题，答案永远没有唯一。"

当然他并不是唯一一个深知这个道理，并且发现古罗马传统开明的宗教政策正在受到威胁的人。在胜利女神被搬离罗马之时，拜占庭的两个基督教派别之间爆发了激烈的内讧，并且引发了以宽容为题的最为博学深刻的讨论。此次讨论由哲学家瑟米斯蒂厄斯（Themistius）发起，他是一个作家，同时对祖先信奉的上帝忠诚不渝。可当瓦伦斯[2] 皇帝在正统与非正统基督徒论战中偏袒一方时，他清醒地发现，必须让皇帝重新意识到自己真正的职责。

他说："在美德之国里，任何统治者都休想在那里施展权威，更别说要控制宗教自由。压迫与强制只能带来建立在欺骗之上的伪善与皈依。因此，统治者还是应该对一切信仰加以宽容，从而防止公众冲突。况且，宽容乃神圣之道，多种信仰共存也是上帝乐见的发展。上帝自有方法辨明人类对理解天机的渴望，也欣赏人类向他展现的形形色色的崇拜。他既喜欢基督徒的礼仪，也喜欢来自希腊人或埃及人的祭品。"

这确实是金玉良言，可惜却没人愿听。

---

[1] 叙马库斯（Quintus Aurelius Symmachus）：古罗马政治家、演说家以及文学家。——译者注

[2] 瓦伦斯（Flavivs lvlivs Valens）：公元 328 年—378 年，罗马帝国东部皇帝（公元 364 年—378 年在位）。——译者注

古代世界连同它的思想和理想都已经过时了，任何企图颠覆历史的行为都注定失败。生活在不断进步，进步则意味着磨难。旧有的社会秩序迅速土崩瓦解。唯利是图的军队受雇于外国势力，屡屡在边境发动叛乱，使英格兰和其他边沿地区相继落入蛮族之手。

在最后的灾难爆发时，数世纪以来一直把从事国家公职当作发挥才能最佳机会的年青人发现，除了投向教会才能获得晋升外已无路可走。身为西班牙的基督主教，可以僭越地方总督的权力；身为基督教作者，只要全心投入研究神学就能获得读者的广泛关注；身为基督教外交官，只要愿意在君士坦丁堡的皇庭里为罗马教皇护航，或愿意冒险到高卢或斯堪的纳维亚博得部落酋长们的好感，就可以步步高升；而要是有幸成为基督财务大臣，还可以掌管那一片满地黄金的领地，就像拉特兰宫曾经的拥有者一样，成为意大利最大的地主和最富有的人。

我们在过去 5 年里已经看多了类似的事情，譬如说 1914 年之前，野心勃勃的欧洲年青人不想从事手工劳作，都只想在政府部门或海陆两军谋得一官半职。他们中的某些人把持法庭要职，掌管财政，还有些在殖民地当总督或军事司令。他们不奢望富可敌国，只求身上的官衔能赋予他们巨大的社会威望，再通过自己的聪明勤奋及诚实专注的工作，赢得美满且备受尊敬的晚年生活。后来，战争把旧社会封建结构的残渣余孽荡涤殆净，下层阶级因此掌握了政权。从前的官员有些已经年迈，虽然无法改变以往的生活方式，但好歹可以变卖自己的勋章，又享受了好几年后才死去。而那些刚刚涉世的，尽管不适应也不得不顺应潮流。虽然他们从小接受的教育使他们对生意场上的事不屑一顾，但是眼前的选择只剩两个，办公室或者贫民窟。愿意为信念饿肚皮的人毕竟不多，动乱后没过几年，大多数政府要员和军官们都不情不愿地开始下海。要知道十年前，他们对经商甚至没有一丁点概念。由于这些人家里世代从事行政工作，对人事的管理可谓驾轻就熟，所以在新的职业生涯里他们遇到的困难较少，也比预期获得更多的富足与欢乐。

回到前题，现代年轻人对商业的定位，就如同对待 1600 年前的教会。当时的年轻人总是把自己视作赫拉克勒斯，或罗慕路斯 [1]，或特洛伊战争英雄的后裔，想要他们服从于一个来自农奴家庭的朴实牧师并不容易。然而，就是这样一个出身低微的牧师可以给予这些年轻人梦寐以求的东西。因此，只要双方都足够的聪明，就不难发现对方的优点，从而和睦相处，各取所需。这也是历史发展中又一条奇妙的规律：表面差别越大，本质越是一致。

自人类社会形成之日起就衍生了一条不可避免的法则：少数的精英统治着大部分的平民。精英一方代表着力量和管理，平民一方则代表着软弱和屈从。根据时代的不同，他们也有各自对应的命名，例如：君主集权与民主制，国王与奴隶，教徒与农民，骑士与无产阶级。这条操纵人类发展的神秘法则无论在哪个国度，实行起来都异曲同工，丝毫不受时间地点的限制。同时，它的表现形式千奇百怪：或高呼人道关怀，或鼓吹忠于上帝，或以谦卑的姿态说着要造福大众的渴望。但这只是它拙劣的伪装，用以掩盖其中最严酷的真理：生存乃人类第一要义。我们都知道，人类只是哺乳动物中的一员，但有些人不愿意承认这样的事实，甚至对这样的论调十分反感。他们说这是"愤世嫉俗""实利主义"。他们一直把历史当成动听的神话故事，但事实并非如此。历史其实就是一门科学，与别的事物一样会受到自然法则的制约。这些人要是连这个都抵触，说不定还会质疑九九乘法表或平行线定理。

从这一点出发，我奉劝他们还是应该顺势而行。因为只有这样，历史才能真正有利于人类，不至于沦为那些利用种族偏见、部落蛮横和平民无知来谋利的人手中的工具。若有谁怀疑我的说法，不妨回顾一下我写在前面几章的横跨几个世纪的历史；也不妨仔细研究一下公元 4 世纪前那些著

---

[1] 罗慕路斯（Romulus）：在罗马传说与神话中，罗慕路斯与雷穆斯是是一对双生子。他是罗马城的建造者，同时也是古罗马王政时代的首位国王。——译者注

逃离罪恶的世界

名的教会头目的生平。无一例外的，他们都出身于古老的异教徒社会，都在希腊哲学校园里接受过教育，后来也都一样在不得不选择职业时转向基督教会。当然其中有些是真的受了新信仰的吸引，诚心诚意地接纳基督的教义，但更多的却是以晋升为目的，把自己对皇帝的忠诚捧至天父的手中。幸好教会也通情达理，它不会过分细究人们突然信奉基督教的动机，反而会认真地为每个人安排前途。向往凡俗利益的，教会便提供机会使之在政界和商界大显身手；向往潜心修道的，教会便利用一切资源使之逃离拥挤不堪的城市，去追寻对他们的灵魂永安而言至关重要的个人圣境。

一开始，这种侍奉上帝，深思冥想的生活显得十分惬意。在教会建立初的几个世纪里，对远离权力中心的信徒只有简单的约束。但当教会独立于帝国成为了世界主宰和强大的政治组织，又在意大利、法国和非洲等地拥有大片领地后，世外桃源般的隐居生活便一去不返。善男信女们十分怀念过去致力于慈善和祷告的"好日子"，因为他们觉得那才是真正的基督徒应该做的事情。于是，为了追求心灵上的幸福，他们开始使用一些人为的方法创造条件，让以往美好的局面重现。

这场为争取修道院式隐居生活而发起的运动起源于中东，对之后1000年的政治经济发展产生了巨大的影响，教会也因此而装备了一支忠诚有力的突击队，用以随时镇压异教徒和教会叛徒。当然，这个结果是意料之中的。

位于地中海东岸的国家拥有古老的文明，但社会发展却屡遭瓶颈，使人民不得不为生活殚精竭虑。自尼罗河河谷初有人类定居之日起，单在埃及就有数十种自成一派的文明此起彼伏，以不同的方式循环往复。同样的情形也发生在底格里斯河和幼发拉底河间的平原地带。古老寺庙和宫殿的废墟数以千计，比比皆是，仿佛在嘲笑着人类生活的空虚和人类努力的毫无意义。也许欧洲的年轻人会接纳基督教，很重要的一个原因是它代表了一种对生活的渴望，一种能使人类重新焕发出精力与热情的期盼。然而，在埃及和叙利亚，人们对自己的宗教生活有着不一样的看法。对他们来说，宗教能帮助他们摆脱生活中的诅咒，迎来盼望已久的解脱。怀抱着对永生幸福的向往，他们逃离回忆中白骨皑皑的停尸场，躲进沙漠，只与悲伤和上帝做伴，不再理会尘世的喧嚣。出于某些难以解释的原因，改革似乎对士兵有着特殊的号召力。也许是因为他们较常人更直接地看到了文明野蛮恐怖的一面，也许是因为他们深知没有规矩则不成方圆的道理。为教会而战的勇士中，最厉害的要数查理五世军中的一名上尉。他曾在君士坦丁大帝御前当过列兵，也是第一个把修道者组织起来并建成团体的人。他是埃及人，名字叫帕科缪[1]。帕科缪在服完兵役后，加入到由同是埃及人的圣安东尼[2]所领导的一小撮隐修者当中，远离城市，与沙漠中的豺狼和平共处。然而，"独修"的生活容易引起精神上的走火入魔，导致部分修道者做出过激的举动，如爬到古老的石柱顶上或钻进阴森的坟墓里打坐。这样的事情在异教徒听来十分可笑，但对于真正虔诚的基督信徒来说却只觉得悲哀。有鉴于此，帕科缪决定把修道运动建立在一个更为实际的基础上。也正因为这样，他成为了宗教秩序的奠基人。

从那时起（公元 4 世纪中叶），居住在一起的修士们都得服从同一个

---

[1] 帕科缪（Pachomius）：团修式修道生活创始人。——译注者

[2] 圣安东尼（St. Anthony the Great）：约公元 251 年—356 年，罗马帝国时期的埃及基督徒，基督徒隐修生活的先驱，也是沙漠教父的著名领袖。——译者注

长官的命令。他就是团修组织的"最高统领"，对不同的修道院院长有任命权。他们把林立的修道院视作上帝在凡世的堡垒。在帕科缪于公元346年去世前，他的修道院思想被亚历山大城主教阿塔纳修[1] 从埃及带到罗马。于是成千上万的人开始借机逃离罪孽深重、欲壑难填的现实世界。不过欧洲的气候和欧洲人的本性使帕科缪不得不稍稍修改团修组织的蓝图。首先，在冰天雪地的欧洲，饥寒交迫的滋味可不像在尼罗河河谷时那样容易忍受；其次，中东思想中用来表现上帝神圣的泥土和其他"邋遢之物"非但不能给予欧洲人启迪，反而会使他们感到恶心。当时，有些意大利人和法国人不禁会反思："早期教会为了做善事那样的奋不顾身，最后又得到了什么呢？难道凭这几千个宗教狂热分子在深山老林中的禁欲苦修，就能使寡妇、孤儿和病人从中受益？"

西方人的实用思维促使修道院体系变得更为合理，而这要归功于一位住在亚平宁半岛上的努尔西亚人。他的名字是本狄尼克，世称圣本笃[2]。年少时，他被父母送去罗马求学，后因痛感这座城市的荒淫无度，逃到阿布鲁齐[3] 的苏比亚科村（Subiaco），躲进一座属于尼禄时代，如今却破败不堪的古老行宫里。

在那儿，他与世隔绝地隐居了三年。其间，他的美名传遍乡间，而其他隐修者听说后也蜂拥而至，人数之多，几乎可以组建十几座修道院。于是本狄尼克离开窑洞，成为欧洲修道院规章的制定者。从他制定的章程中隐约还可看到罗马血统之人所特有的痕迹。修道院里的僧侣必须发誓遵守他所立下的规矩，且不能游手好闲，每天除了侍奉上帝和冥思祈祷外，还

---

[1] 阿塔纳修（Athanasius）：是东方教会的教父之一。在世时，是埃及亚历山大城的主教。——译者注

[2] 圣本笃（Saint Benedict of Nursia）：公元480年—547年，又译圣本狄尼克，意大利天主教教士、圣徒，本笃会的创建者。他被誉为西方修道院制度的创立者，于1220年被封为圣徒。是天主教会重要圣人之一。——译者注

[3] 阿布鲁齐（Abruzzi）：意大利中部地区，濒临亚得里亚海。大部分为山区，包括亚平宁山脉的最高峰科诺峰。——译者注

要到田野里耕耘。有因年纪太大无法下田的，也必须尽心教导年轻修士，使之成为合格的基督徒和于社会有益的公民。这些教育者们兢兢业业，孜孜不倦，使本笃会修道院的教育一枝独秀达千年之久，甚至在中世纪大部分时间里一直都是才能超群的青年求学的首选。作为回报，负责教育的僧侣们得到了体面的衣服，丰富可口的食物，整洁干爽的床铺，在别人忙于劳动或祷告之际，他们还能多睡上两三个小时。

从历史的角度而言，这样的规定最重要的改变在于，僧侣不再是一味逃离现实世界和社会义务，只为灵魂永生做准备的凡夫俗子，他们是上帝的仆人，因此必须要咬牙挺过漫长而痛苦的试炼期，使自己尊贵的身份变得名副其实，继而在传播上帝荣耀和天国乐土的过程中，发挥出直接积极的作用。

针对欧洲不信教的人们所进行的初步传教工作已基本完成。不过，要想巩固信徒们的成果，就必须得到当地居民和市政官员们有组织的支持。于是僧侣们扛起铁锹，拿起斧头，捧着经书，远至德国、斯堪的纳维亚、俄国和冰岛等不毛之地，在那里耕耘、收获、布道、办学，第一次为遥远的土地带来了大多数人只能道听途说的文明之音。

教会的最高执行首脑——罗马教皇正是用这种方法激发起人类各式各样的精神力量的。

务实主义者可以得到诸多机会名扬天下，正如理想主义者可以在静静的丛林中坐拥晚霞。只要你是基督徒，你的努力就必定有回报。这样的力量，积累起来甚至大到连皇帝和国王都无法忽视，否则就江山不保。

基督教取得最终胜利的方法也很有意思，而它也证明了基督教的胜利具有一定的必然性，并非如一般人所认为的，只是宗教狂热在瞬间爆发的结果。

对基督教徒最后的迫害发生在戴克里先[1]皇帝时代。奇怪的是，在一群靠禁卫军之力上位的皇帝中，戴克里先本不是最差的一个，可他却饱受人类学家的非议。其实，他只是对基础经济概念一窍不通而已。戴克里先发现自己的帝国正在四分五裂，他一生戎马，坚信罗马致命的弱点正是它的军事体制。因为按照规定，郊区的边防任务必须由当地士兵执行，可这些士兵早已斗志尽失，如今不过是一介悠闲自得的农民，把白菜胡萝卜卖给那些理应远远拒于国境之外的蛮族。

戴克里先无法改变祖宗留下来的古老制度，为解燃眉之急，他建立起一支由年轻战士组成的新型野战军，就算有外族入侵，也能迅速在数周内赶至帝国的任何角落。这个主意倒是不错，只是所有的军事改革都有一样的通病，那就是花销十分庞大，需要额外征税以填补落差。老百姓的群情激愤可想而知，他们已经家徒四壁，再要加税的话，就活不下去了。皇帝陛下对臣民的不理解感到痛心，于是干脆把生杀大权交给税官，但还是得不到预期的收益。因为百姓们辛苦劳作了一年，到头来却一贫如洗，于是他们都灰心丧气地丢弃一切，蜂拥至城里乞讨。面对这种情形，皇帝一不做二不休，又颁布了一条法令，从即日起，所有商界、政界、手工业界的职位都必须世袭。也就是说，不管你愿不愿意，官员的儿子就要做官，面包师傅的小孩即便有音乐天赋也只能继续与面粉打交道，水手的儿子即便一上船就晕也得在甲板上漂泊一生。打零工的虽然没有固定职业的要求，却至死不得离开出生地一步，与一般奴隶无异。由此可见，当时罗马的统治已经变成了中东式的专制主义。

戴克里先的做法固然不对，但作为一名自信心极强的统治者，他不可能也不愿意容忍一小部分人只随着自己的喜恶去遵守或反对国家法令，尤其是在国家安全已岌岌可危之时，这些基督徒竟还只知在皇权的庇护下作

---

[1] 戴克里先（Gaius Aurelius Valerius Diocletianus）：公元 250 年—312 年，原名狄奥克莱斯，罗马帝国皇帝，于公元 284 年 11 月 20 日至 305 年 5 月 1 日在位。——译者注

壁上观。

　　早期基督徒从未留下过什么著作，因为他们的教义说世界有可能在下一刻就灰飞烟灭，既然再优美的文学作品也不可能敌过十年光阴，甚至一下子就会被天火焚尽，为什么还要浪费精力呢？可惜，他们的预言没有变成现实，在一百年漫长的等待中，基督的故事被添枝加叶地口口相传，大部分情节已经改头换面，使虔诚的信徒们无所适从。于是，他们决定把耶稣的传说和圣徒们的信件原稿编写成卷，这就是《新约》。

　　《新约》中有一个章节叫《启示录》，其中描写了"七山之城"的概况以及关于它未来的预言。这个"七山之城"自罗慕路斯时代起便是罗马的别称，但书写这个章节的匿名作者却硬要把它说成是罪孽深重的巴比伦城。政府官员们当然不可能轻易被糊弄过去，尤其那作者还用"娼妓的家

七山之城

乡""世界的万恶之源"等诸多不敬之词形容书中的城市，甚至说那里到处都沾有圣人和烈士的鲜血，是所有魔鬼和恶灵的栖身之地。

这些大逆不道的言论可以解释成是宗教狂热的胡言乱语——也许他不过是想起50年来死于迫害的同伴们，一时怒急攻心，有感而发而已。但问题是，宣读这些字句也是教会庄严的礼拜仪式之一，诵读的声音每周都会在基督徒的聚会中响起。从旁观者角度来看，这无疑代表着基督徒对罗马城的痛心疾首。当然，我并非要质疑基督徒的想法及其合理性，只是觉得人们不能因为戴克里先没有产生同样的共鸣而责备他。而且，这还不是故事的全部，因为基督徒的关系，罗马人对一个之前闻所未闻的名词越来越熟悉，那就是"异教徒"。一开始，"异教徒"只用来代指那些选择相信别的某些"教派"或"行会"的人，但渐渐地，它的意思扩大到，只要没有按照教会权威规定信仰"正确合理，真实正统"之教义的，都是"异教徒"，都是圣徒口中"异端谬误，虚假错误"的人。表面上，当时的罗马人就算信仰旧神也不会遭到迫害，但实际上，他们已被隔离在基督教徒的世界之外，更别说想要传播自己的信仰了。同时，基督徒还在《新约》里公然诋毁罗马皇帝，说"信奉异端邪说最是可恶，犹如通奸、猥亵、淫荡、崇拜偶像、滥用巫术、愤怒、争斗、凶杀、叛乱和酗酒，简直令人发指"。《启示录》里多的是比这更粗俗的批评，但基于礼貌，我们就点到为止吧。

所有这些引发了摩擦和误解，继而形成迫害。又一次，罗马的监狱里塞满了基督囚徒；又一次，大量基督徒在刽子手的刀下血流成河，然而结果还是一无所获。最后，戴克里先在绝望中放弃了皇位，退隐至位于达尔马提亚海岸 [1] 附近的家乡索罗那 [2]，专心致志地在自家后院从事起更有趣的消遣——种植卷心菜。

---

[1] 达尔马提亚海岸（Dalmatian coast）：克罗地亚东南部和南斯拉夫南部沿海。——译者注
[2] 索罗那（Salonae）：现今克罗地亚的索林。——译者注

他的继承人上任后，发现无法单以武力铲除基督教，于是便挖空心思地想通过收买讨好，赢得敌人的好感。公元313年，君士坦丁大帝首次以官方名义承认了基督教会的合法性。

如果说要从皇帝、国王、教皇、总统、市长或其他享有高位的头目中，评选出"最具历史影响力的人物"，那上述的这位君士坦丁大帝便值得我们仔细研究。这个野蛮的塞尔维亚人挥舞着长矛，活跃在

君士坦丁大帝

从英格兰的约克郡[1]到博斯普鲁斯海峡[2]那边的拜占庭的各个欧洲战场上。他杀死了自己的妻子、姐夫、七岁的侄子和其他一些地位低贱的亲戚，而在与毕生劲敌马克森提乌斯[3]作战时，为得到基督徒的支持，他开始信奉基督教，并因此博了个"摩西再世"的美名，甚至在亚美尼亚[4]和俄国的教廷里被奉为圣人。虽然他表面上侍奉上帝，内里却是个不折不扣的野

---

[1] 约克郡（Yorkshire）：英格兰东北部的一个郡，是英国的"纺织之乡"以及重要的文化、农业之乡。——译者注

[2] 博斯普鲁斯海峡（Strait of Bosporus）：又称伊斯坦布尔海峡，是沟通黑海和马尔马拉海的一条狭窄水道。——译者注

[3] 马克森提乌斯（Maxentius）：公元278年—312年，罗马皇帝，公元306年10月28日—312年10月28日在位。马克森提乌斯统治期间，在意大利和非洲推行暴虐统治，不得人心。公元312年，君士坦丁大帝率军攻入意大利，马克森提乌斯在罗马郊区的米尔维安桥之战中兵败被杀。——译者注

[4] 亚美尼亚（Armenia）：一个位于欧洲东部外高加索地区的共和制国家，是东欧的一部分。——译者注

蛮人，还会用蒸煮过的祭祀用的羊内脏卜算未来。然而这些行为都被无视了，原因就是他颁布了《米兰敕令》，保证了"可敬"的基督臣民拥有"自由表达思想及集会"的权利。

就像我在之前章节提到的，4世纪初叶的教会头目都是很现实的政治家，他们费尽心思，终于让皇帝签下这样一个具有纪念意义的法令，使基督教从弱小的行会一跃成为国教。然而，成功的背后却有着不为人知的龌龊交易，主教们知道，君士坦丁大帝的后裔也知道。尽管他们舌灿莲花地想把事情圆过去，但事实就是事实。内斯特主教曾对罗马皇帝狄奥多西一世[1]说道："交给我吧，强大的统治者，把教会的敌人交给我，我给你天堂。和我一起，把反对我们教义的人打倒，我们也将和你一起，消灭你的敌人。"

在过去2000年里，帝国和教会类似的交易不胜枚举。但只有这一次，这绝无仅有的一次，使基督教从此大权在握，所向披靡。

---

[1] 狄奥多西一世（Theodusius Ⅰ）：约公元346年至395年，罗马帝国皇帝，公元379年—395年在位，392年统治整个罗马帝国。他是最后一位统治统一罗马帝国的君主。——译者注

第五章 囚 禁

　　在有关古代世界的一切行将消逝之际，一位杰出的人物在历史舞台上粉墨登场。虽然他的英年早逝令人遗憾，但他的一生无愧于"圣徒"的称号。他就是生于公元331年，君士坦丁大帝的侄子尤利安[1]皇帝。公元337年，著名的君士坦丁大帝驾崩，他的三个儿子立马像饿狼般扑到皇权的争夺上。为了不让别人有机可乘，他们下令杀死了住在首都及周边的皇亲，尤利安的父亲也未能幸免于难。可怜他早年才丧母，现在又丧父，六岁便成了无依无靠的孤儿。幸好，他还有一个异母兄长分担他的痛苦，虽然兄长体弱多病，但好歹两个小孩从小一起生活一起学习。他们的老师是待人和睦友善，为人却庸庸碌碌的优西比乌斯[2]主教，他们接受的教育大多是信仰基督的好处。后来，他们长大了，为免树大招风，大家决定把他们送到更远一点的小亚细亚村庄去。在那里，生活虽然索

----

[1] 尤利安（Flavius Claudius Iulianus）：公元331年—363年，君士坦丁王朝的罗马皇帝，公元361年—363年在位。他是罗马帝国最后一位多神信仰的皇帝，并努力推动多项行政改革。——译者注

[2] 优西比乌斯（Eusebius of Caesarea）：早期基督教神学家，教会史家。——译者注

然无趣，但在与当地朴实的卡帕多西亚人接触的过程中，尤利安学习到更多的知识，知道了更多有关祖先信仰的天神的故事。孩子们在村庄里根本不可能掌管什么要职，所以当尤利安说想专心做学问时，皇帝没问什么就同意了。

他首先来到了尼科米底亚[1]，世界上少数几个还在继续教授古希腊哲学的地方之一。渐渐地，他的脑袋里装满了文学和科学的奥秘，没有地方能够容纳他从优西比乌斯主教那儿学到的东西了。接着，他获准到了雅典，在苏格拉底、柏拉图和亚里士多德呆过的圣地继续进修。然而此时他的异母兄长却突然被暗杀了，原因是君士坦丁大帝唯一还在世的儿子君士坦提乌斯二世[2]"突然"意识到，尤利安这个少年哲学家和他的兄长，是他仅存的两位男性皇亲。尤利安的兄长死后，皇帝亲切地邀请尤利安回宫，还把自己的妹妹海伦娜许配给他，然后把他丢到高卢的前线上，让他带兵抵御蛮族的入侵。事实证明，尤利安从希腊老师身上学到了比动嘴皮子更实用的知识。公元 357 年，尤利安在斯特拉斯堡[3]击退了一直蹂躏着法国的阿勒曼尼人[4]，接着巧用计谋，把从默兹河[5]到莱茵河的大片领土划入自己的势力范围。战后，尤利安住进巴黎，把喜爱的作家的书收集起来塞满自己的私人图书馆。尽管他平时不苟言笑，这次也不禁喜形于色。

胜利的消息很快传到了首都，皇帝却没有因此而感到欢欣鼓舞；相反，他们制定了周密的计划，意图铲除这个皇位的竞争对手——谁叫他这

---

[1] 尼科米底亚 (Nicomedia)：即现在的土耳其城市伊兹密特。——译者注

[2] 君士坦提乌斯二世 (Constantius)：罗马帝国君士坦丁王朝皇帝，也是君士坦丁一世之子。君士坦丁一世过世，他的三个儿子，即君士坦丁二世、君士坦提乌斯二世和君士坦斯一世同时继位，并瓜分了帝国。——译者注

[3] 斯特拉斯堡 (Strasbourg)：法国东北部城市，法国第七大城市和最大的边境城市。——译者注

[4] 阿勒曼尼人 (Alamanni)：日耳曼人中的一支。——译者注

[5] 默兹河 (Meuse)：在法国境内，穿过圣米耶勒和凡尔登之间险峻的深谷，大部分河道可以通航，是西欧较重要的水路之一。——译者注

样出风头？！

这时，尤利安在军中的崇高威望成了他的救命稻草。士兵们一听说皇帝表面上客气地宣尤利安总司令回城，实际是想置他于死地时马上义愤填膺。他们果断地闯入尤利安的宫殿，拥立他为王，并宣称要是尤利安不"就范"，他们就先下手为强杀死他。

尤利安不笨，他当然明白士兵们的意思，于是借势欣然称帝。

利用罗马一直保存良好的道路条件，尤利安以迅雷不及掩耳之势，抢先把部队从法国中部开到博斯普鲁斯海峡边。当他准备攻进首都时，消息传来——他的堂兄君士坦提乌斯二世归天了。

就这样，基督教眼中的异教徒又一次统治了整个西方世界。

说来也奇怪，尤利安明明如此睿智，却也相信过去消失的东西能借助

荒废的寺庙

某种力量重现于世。为了回到伯里克利时代，重建雅典卫城的废墟；为了复苏雅典当年的风气，让人们住进荒芜的学园，让教授穿上过时的长袍，让彼此用 5 世纪前就消失的语言交流。这怎么可能？然而这正是尤利安力图达到的目的。在他执政的短短两年里，尤利安致力于重新建立希腊时期的古老科学，却被他的臣民嗤之以鼻；他想重新唤起人们研究世界的热情，目不识丁的僧人却说所有值得了解的东西都已被概括在基督教的圣书里，无意义的学习和调查只会导致信任缺失，罪孽徒增；他想重新塑造人们对生活的向往，人们却只关心那些奇怪的鬼神辛秘。就算是比尤利安皇帝意志坚定的统治者，也难免会因四面楚歌而被逼入绝境。有一段时间，他甚至乞求祖先显灵，赐予他指引。安提俄克的基督暴徒把石子和泥土丢向他，愚蠢的僧侣企图激怒他，好把自己变成宗教逼迫的受害者，然而，皇帝却迟迟不肯下狠手，只一再告诫手下的官员："不要造成任何牺牲。"

公元 363 年，一支慈悲的波斯之箭 [1] 结束了这场奇怪的拉扯。对于古代历史上最后也是最伟大的异教徒统治者来说，这未必不是最好的结局。如果他活得再长久一些，如果他对宗教的宽容继续遭遇基督徒的挑战，如果他内心对愚蠢之人的厌恶不断累加，那他也许终将变成当时最专制蛮横之人。因为重伤躺在病床上的他如今只会觉得庆幸，在自己的统治下，没有一个人因为与他意见相左而被处死。可惜，他的基督臣民们却以永恒的仇视报答他的仁慈。他们大肆散播谣言，说皇帝是被麾下一名基督徒军团的士兵杀死的；接着又以精心炮制的赞词歌颂凶手；最后甚至骄傲地谈起尤利安在临终前是怎样承认了自己的失败，又是怎么拜服在基督的权力之下。为了诽谤这位一生勤俭克行，全心全意为臣民谋取

---

[1] 波斯之箭：公元 363 年 6 月 26 日尤利安远征波斯，罗马与波斯部队在马兰加附近相遇，这是一场规模巨大的会战。由于气候炎热，尤利安未着护甲即上马援助己方的后卫部队。突然，从敌方投射出来的一阵掷矢与箭雨中，有根标枪划破尤利安的手臂表皮，贯穿肋骨，刺入他的肝脏致其死亡。——译者注

幸福的正人君子，基督教徒们可谓挖空了心思，几乎把能想到的贬义词用了个干净。

尤利安皇帝才入土为安，基督教的主教们便迫不及待地自封为帝国名副其实的统治者，开始扫荡欧洲、亚洲和非洲的各个角落，摧毁一切反对势力。瓦伦提尼安和瓦伦斯[1] 两兄弟在执政的公元 364 年至 378 年间通过了一项法令，规定禁止任何罗马人为旧神进行牲畜祭祀。这无异于是断了异教祭司的生计，逼他们不得不另谋出路。其实这样的禁令也还算是轻的，狄奥多西一世颁布的法律不但要求所有臣民接受基督教的教义，还把基督教的形式限制在天主教普世宗教[2] 上。他们把自己标榜为天主教的庇护者，帮助大主教们垄断人民的精神世界。

根据法律，所有坚持"错误观点"的人，所有坚持"异端邪说"的人，所有还继续信仰"可耻的异教教义"之人，都会被扣上不遵守规定的罪名，或被流放或被处以极刑。从那以后，旧世界越来越快地

异见者

---

[1] 瓦伦提尼安 (Flavius Valentinianus) 和瓦伦斯：格拉提安之子，尤利安死后弗拉维乌斯·克劳狄乌斯·约维安努斯被推举为帝，但在位仅 8 个月就因食物中毒死去。接着瓦伦提尼安和瓦伦斯一道被推举为罗马帝国皇帝。即位之后，瓦伦提尼安和瓦伦斯平分了罗马帝国。——译者注

[2] 天主教普世宗教 (Catholic Church)：语源为"天下为公"，基督宗教三大宗派之一。——译者注

走向最终的灭亡。在意大利、高卢、西班牙和英格兰，异教徒的寺院不是被工匠们拆成石块，用来建造新的桥梁、街巷、城墙和水道，就是被基督徒们占领并重建成聚集的会场。从共和国建立时便陆续矗立在寺院里的成千上万座金银神像，或被没收或被偷盗，少量残存的也惨遭破坏，不复当年光鲜。600 多年来，亚历山大城的塞拉皮雍神庙[1]深受希腊人、罗马人和埃及人崇拜，如今却被夷为平地。虽然自亚历山大大帝时代起就闻名于世的大学仍留在故地，也继续为来自地中海各个角落的学生教授和讲解古代哲学思想，但基督教徒始终不肯放弃对它的攻击。亚历山大城的主教虽没有下令关闭学园，却允许教区里僧侣们随意行事。他们闯入教室，以私刑处死了最后一位柏拉图学派的老师希帕提娅[2]，将她大卸八块，还嬉笑着让流浪狗抢食她的尸体。

罗马的情形更糟。基督僧侣们关闭了朱庇特神庙，把古罗马信仰的经典《西拉比预言书》（Sibylline books）付之一炬，使整个首都变成一片废墟。在高卢，当权的图尔市[3]的主教宣布罗马旧神是基督教义中魔鬼的前身，所以旧神的宫殿必须全数消失。至于一些边远的乡下，有时村民们会奋起保护祖先及自己世代敬畏的天神，但这很快便会引来军队的镇压，他们用战斧和绞架替教会平息"撒旦的叛乱"。对希腊的破坏倒是别的地方来得更缓慢些，但也始终熬不过公元 394 年。当时，无间断地延续了 1170 年的奥林匹克运动会被视作对基督教的不敬而被禁止。整个希腊核心精神的体现尚且如此，就更别提其他活动和仪式了。接着，希腊的哲学家们被驱逐出境。查士丁尼皇帝一声令下，不但关闭了雅典学院，没收了学院的财政，还把学院最后七位教授驱逐出境，使之不得不逃往波斯。

---

[1] 塞拉皮雍神庙（Serapeum）：用以敬拜埃及夜神塞拉皮斯的神庙，也是亚历山大图书馆的子图书馆。——译者注

[2] 希帕提娅（Hypatia）：公元 370 年—415 年，希腊化古埃及学者，是当时名重一时、广受欢迎的女性哲学家、数学家、天文学家、占星学家以及教师，她居住在希腊化时代古埃及的亚历山大城，对该城的知识社群做出了极大贡献。——译者注

[3] 图尔市（Tours）：法国中西部城市。——译者注

幸好波斯国王库思老一世[1]友好地接待了他们，让他们过上了世外桃源式的晚年生活，闲暇之余还可以玩一玩新颖神奇的印度游戏——国际象棋。

到了公元5世纪前期，克里索斯托主教[2]毫不夸张地宣称，古代作者和古代哲学家所写的书已全部被销毁，一本不剩。而西塞罗、苏格拉底、维吉尔[3]、荷马以及被无数虔诚基督徒恨

新世界帝国

之入骨的数学家、天文学家的著作也只能相继被束之高阁，要再过六百年才有机会重见光明。在那之前，人们只能任由神学家的摆布，战战兢兢地对待文学艺术。

这样一边倒可不是好现象。基督教虽然战胜了异教徒，却没能摆脱困境。想要制服一心想力保祖宗旧神的高卢和卢西塔尼亚[4]百姓还是容易的，

---

[1] 库思老一世 (Khosrau I)：波斯萨珊王朝最伟大的皇帝，公元531年—579年在位。——译者注

[2] 克里索斯托主教 (Chrysostomus)：君士坦丁堡牧首、君士坦丁堡宗主教、新罗马主教，所辖教区位于伊斯坦布尔的前身君士坦丁堡。——译者注

[3] 维吉尔 (Publius Vergilius Maro)：古罗马诗人，在欧洲文学发展史中占据关键地位。——译者注

[4] 卢西塔尼亚 (Ostrogoth)：罗马帝国的一个行省，是今日葡萄牙及西班牙西部的一部分。——译者注

毕竟律法都是站在基督徒这一边。麻烦的是，亚历山大城的两大主教——阿里乌斯[1]和死对头阿塔纳修就上帝基督的真实身份意见不一。于是，东哥特人、阿勒曼人和朗戈巴第人[2]因为各有偏帮而争得面红耳赤；朗戈巴第人和法兰克人在"基督与上帝是否身份一致，或只是背景相似"的问题上，吵得不可开交；汪达尔人和撒克逊人为了证明涅斯托耳[3]口中的"圣母玛利亚"是"基督的母亲"还是"上帝的母亲"而剑拔弩张；勃艮第人[4]和弗里斯兰人[5]对"耶稣是否拥有半人半神二重性"一事各执己见，几乎撕破了脸。这些四肢发达头脑简单的野蛮人虽然曲解了基督教义，却依然是教会最坚定的朋友和支持者，所以不能依一般戒律将他们革出教会，也不能用地狱之火加以恫吓，只能本着仁爱和献身精神，把他们引回正道，教他们明确教旨，真正地认识到什么是对，什么是错。

后来，人们对信仰有了更高的要求，希望所有的一切都有一个统一的说法，于是便促成了著名的普教会议[6]，也称大公会议。该会议自公元 4 世纪中叶起不定时召开，旨在决定哪些教义对，哪些教义错；哪些是金石名言，哪些是异端邪说。

公元 325 年，第一届大公会议于尼西亚[7]一个离特洛伊不远的小镇上召开。第二次的会议时间是 56 年后，地点改成了君士坦丁堡。公元 431 年，第三次会议在以弗所举行。随后，会议的地点连续几年定在卡尔西

---

[1] 阿里乌斯（Athenasius）：亚历山大城的基督教牧师。其争论的焦点就是圣三一理论。——译者注

[2] 朗戈巴第人（Longobardi）：生活在塞姆侬人地区西北的民族。

[3] 涅斯托耳（Nestor）：希腊神话中的皮洛斯国王。

[4] 勃艮第人（Burgundy）：属于东日耳曼民族的部落。——译者注

[5] 弗里斯兰人（Frisian）：古代位于现今荷兰及德国靠近北海南部地区的一族人，属于日耳曼人的一支。——译者注

[6] 普教会议（Oecumenical）：也称大公会议，是传统基督教中有普遍代表意义的的世界性主教会议，咨审表决重要教务和教理争端。——译者注

[7] 尼西亚（Nicaea）：即伊兹尼克，是土耳其布尔萨省的一座城市。——译者注

竞相匹敌的监狱

顿 [1]，又有两年定在君士坦丁堡，接着又回到尼西亚，最后一次则是公元869 年，在君士坦丁堡。

公元 869 年后，会议改为在罗马或任何一个教皇指定的欧洲城市举行。而从公元 4 世纪起，人们便有了这样的共识：罗马皇帝虽有权决定会议召开之地，但首先，他必须高度重视权倾天下的罗马教皇所给出的建议；其次，他需要为忠诚的主教承担所有的出行费用。我们无法得知是谁主持了第一次尼西亚会议，但之后的会议却都是由教皇主持的，而且，会议上的决定若未得教皇或教皇代表的允许，就不具备效力。

---

[1] 卡尔西顿（Chelcedon）：现今卡德科，在博斯普鲁斯海峡入口，差不多在君士坦丁堡的对面。——译者注

有关君士坦丁堡的一切暂且说到这里，让我们把目光转向更为熟悉的西欧地区。

人们在"应该宽容还是应该专制"的问题上一直争论不休，他们有人把宽容奉为人类的最高美德，也有人视之为道德观念衰弱的表现。我并不想从理论角度谈论这个问题，但却不得不承认，这些出于教会支持者之口的争论，日后竟成为了残酷镇压异教徒的依据。他们声称，教会就是一个组织，跟村庄、部落和城堡等有着一样的本质，得有一名总司令，一套所有成员都必须遵守的、明确的规定和细则。宣誓效忠教会的人就等于宣誓尊敬总司令并服从规定。如有违者，必自食其果，或受惩罚或被革除。

乍一听，这很合理。像现在，如果某个牧师突然不再信仰浸信会 [1]了，他可以改而信仰卫理公会 [2]；或者有一天，因为某个原因，他也不再信仰卫理公会了，他还可以改信一神教 [3]、天主教、犹太教、甚至印度教或土耳其伊斯兰教。世界那么大，选择那么多，除了家人没有谁能阻止他探索的步伐——尤其在这样一个轮船、火车和无限商机遍布的时代。然而公元 5 世纪的世界却没有那么简单，罗马教皇的势力和影响无处不在。异教徒为躲避迫害可以远走波斯或印度，但旅途跋山涉水，九死一生，遥远的距离往往意味着下半生与妻女天各一方，永不相见。说到这里，人们不禁会问，既然当时的人觉得自己对基督的理解是正确的，而且说服教会稍微修改一下教义也不过是时间问题，为什么他们还会愿意放弃信仰自由的权利呢？

这正问出了事情的关键所在。

---

[1] 浸信会（Baptists）：17 世纪从英国清教徒独立派中分离出来的一个主要宗派，因其施洗方式为全身浸入水中而得名。——译者注

[2] 卫理公会（The Methodist Church）：基督教新教卫斯理宗的美以美会、坚理会和美普会合并而成的基督教教会。现布于英国、美国、中国和世界各地。——译者注

[3] 一神教（Monotheism）：认为只有一位人格神存在并对其崇拜的宗教，与多神教相对。——译者注

早期的基督徒，不管虔诚与否，都认为思想的价值是相对的，不存在绝对的唯一。若博学的神学家们企图说明无法解释的事情，并把上帝的存在归纳成一道公式，那就跟数学家们在未知数 x 的绝对值问题上争执不休，结果把对方送上绞架一样荒唐可笑。

令人遗憾的是，在当时，自以为是和独断专行竟成了世界的主流，虽然有人愿意冒着生命危险，以"我们无从得知孰是孰非"为原因倡议宽容精神，但他们也只敢把警告字斟句酌地藏在拉丁文里，就连最聪明的读者，也不一定能明白其中深意。

PART II

中世纪时期

就像古代高卢分为三大地区一样，现代的偏狭，或者说不宽容，也有三大形成原因：懒惰、无知以及自私自利。

第六章 生活的纯洁

开篇第一句，请容我说一个与本书主旨有点关系的数学问题。拿一根绳子，如下图绕成一圈：

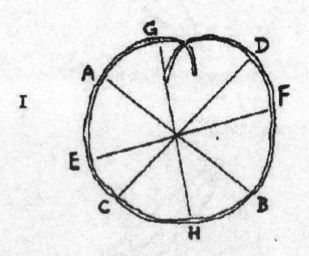

圆圈的每条直径都是相等的，即 AB=CD=EF=GH，依此类推。但是，如果轻轻地拉动绳子两端，圆圈马上就变成了椭圆形，完美平衡不复存在，每条连线变得长短不一。AB 和 EF 线大大缩短，而其他连线，尤其是

CD 线却大大延长了。现在，把上面的数学问题套用到历史上，为了阐述方便，我们不妨先假定：

AB	代表	政治
CD	代表	商贸
EF	代表	艺术
GH	代表	军事

图 I 表现的是完美的平衡，所有线段长短一致，就像政治、商业、艺术和军事得到了同等的关注。

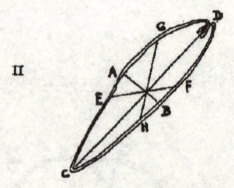

在图 II 中，圆形已经发生了变化，商贸受到了特别的优待，却牺牲了政治和艺术，只剩下军事还有点见长。在图 III 中，GH 所代表的军事成了最长的线段，其他方面都趋于消亡。

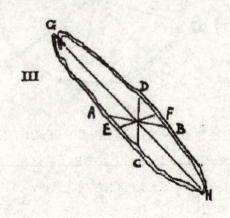

由此可见，上面几幅图所蕴含的核心，便是我们用来解答许多历史问题的万能钥匙。带着它，我们率先来到名为"希腊"的门前。

希腊在某段时间内确实达到了完美的平衡，但不久之后，愚蠢的政党之争一发不可收拾，加上长久内战，国家的精力很快便被消耗殆尽。士兵们不再保家卫国，反而因为敌方一点鸡毛蒜皮的恩惠，便被操纵着向自己的百姓倒戈相向。在那样的情形下，商贸作为圆圈中最重要线段，从最初的步履维艰演变成完全走投无路，到最后，只能奔向远方寻求更稳定的发展。商贸前脚才走，贫穷后脚便到，而贫穷的大军一进城门，马上就逼走了艺术和资金，使之或不再露面，或坐上最快的船只以最快的速度逃离。渐渐地，理智与学识变成昂贵的奢侈品，就连学校也难以维持了：优秀的教师们纷纷奔向罗马和亚历山大城，只留下那些个二等货色，靠着传统和常规过活。之所以会出现这种状况，是因为希腊境内"政治"的线段超出了比例，圆圈原本完美的平衡被打破，艺术、科学、哲学等全都化为乌有。

如果把同样的理论应用到罗马，你会发现，那条叫"政治权力"的特殊线段更是不断延长，延长，慢慢地把其他线段都挤掉，最后，成就共和国荣耀的圆圈消失了，只剩下一条细细的直线，丈量着从成功到失败的最短距离。

再举一例，若把这个数学问题套用到中世纪教会的发展研究上，你会发现以下情况。一开始基督教徒极力保持行为准则的完美，但由于他们对现实不感兴趣，也就难免会忽略了那条名叫"科学"的线段。世界在基督教徒们眼里不过是通过天堂的必经之路，他们只想为最后的审判做好准备，医药、天文或物理之类的应用科学对他们来说自然不具吸引力。当然，还有一部分虔诚的基督教徒希望能尽可能地体验生活，虽然过程不乏磕碰，但他们依然勤奋刻苦，宽仁忠直。当小群体慢慢壮大到有权力的组织，随之而来的国际性义务和责任就会无情地打破精神境界里的完美平衡。基督教的信仰建立在安贫乐道和无私奉献的基础上，对总是食不裹腹的木匠和采石工人而言，要遵守这样的信条并不难，可是罗马皇帝、罗马教皇以及欧洲大陆上最富有的财主却不愿意因此节衣缩食，寒碜得像某个波美拉尼亚 [1] 或西班牙的助理执事。

上述情形，若用本章开篇提到的数学问题代入可知：代表"世俗虚荣"和"外交政策"的直径延长太过，而代表"谦恭有礼""安贫乐道"和"无私奉献"等基督教徒基本美德的线段却短得只剩下一个点。

每每谈起中世纪人们的愚昧时，我们这一代人总是一副自视甚高的嘴脸。诚然，他们的生活一片黑暗，无论是在教堂做礼拜还是上床安歇，依靠的只有微弱的烛光。他们一生没能看上几本书，对许多道理都茫然不知，掌握到的知识连现在的小学生或精神病人都不如。不过，书本知识和头脑智力是两回事，这些平头百姓充分发挥自己的才干，创建了我们沿用至今的政治和社会结构。

在很长一段时间里，中世纪的人们无法理解当局对教会的非议，所以我们在评价类似事情时，还是留点情面吧，毕竟他们只是坚持自己的信念，甚至不惜为此放弃唾手可得的幸福，即使赌上性命也要与他们认为是错误的东西斗争到底。

我们对先人们的理解仅此而已。纵观史书，我们不难发现，在公元 10 世纪以前，很少人会因宗教信仰而死。不过这并不是因为教会在前期对待"异端邪说"更宽容，而是因为它有更重要的事情要处理，没有多余的精力"收拾"这些相对无害的持不同观点者。首先，在当时欧洲的大部分地区，至高神奥丁 [2] 和其他异教神明仍掌握着最高的精神统治地位。其次，在那段时间里，发生了一件大事，几乎使整个欧洲陷入崩溃——那就是在

---

[1] 波美拉尼亚（Pomerania）：中欧一个历史地域名称，位于现在德国和波兰北部。——译者注

[2] 奥丁（Odin）：北欧神话中的至高神，阿萨神族的神王，天空的人格化，世界的统治者，被称为诸神之父，司掌战争、权力、智慧、魔法和死亡。——译者注

西亚和北非的绝大部分地区，一位名叫穆罕默德[1]的先知开始带领人们追随一个被尊称为"真主"的新神。

我们在孩提时代总会读到很多有关"异教狗"的蠢事和伊斯兰教徒们的暴行，这使我们不禁产生一个印象——耶稣和穆罕默德各自代表的宗教从来都势成水火。但事实上，耶稣和穆罕默德属于同一个民族，说着同一个语系里的同一种方言。他们都把亚伯拉罕奉为始祖，也都来自千年前波斯湾畔的同一片乡土。不难推测，这两位智者各自的追随者们也是近亲，却总看彼此不顺眼。于是，这两个群体之间的战争已经延续了近12个世纪，至今依然没有平息。

站在历史的这头，我们无法得知事情的起因，但确实有一回，罗马城的死对头麦加[2]差点就接受了基督教信仰。阿拉伯人与所有的沙漠居民一样，需要花费大量的时间放牧，因此，他们有足够的时间能用于冥想。城里人喜欢终年周而复始的乡镇赶集，并从中找到乐趣，陶冶性情；牧民、渔夫和农民则偏爱独善其身，寻找比喧闹和刺激更实在的东西。阿拉伯人渴望被救赎，在尝试了好几种宗教信仰后，最终选定了犹太教，原因是阿拉伯半岛上居住的几乎都是犹太人。公元前10世纪，当时所罗门国王统治下的臣民因为受不了沉重的赋税和当局的横蛮，纷纷逃到阿拉伯半岛。而在500年后的公元前586年，当尼布甲尼撒二世[3]征服了整个犹太王国后，犹太人又只好纷纷逃窜至南部沙漠。由于犹太人一直以来只追随唯一的真主"上帝"，这恰恰与阿拉伯部落的宗教理想不谋而合，犹太教因此

---

[1] 穆罕默德 (Mahomet)：政治家、宗教领袖，穆斯林认可的伊斯兰先知，广大穆斯林认为他是安拉派遣给人类的最后一位使者。伊斯兰教教徒之间俗称"穆圣"。享年63岁，葬于麦地那。——译者注

[2] 麦加 (Mecca)：全称是麦加·穆卡拉玛，意为"荣誉的麦加"。麦加是伊斯兰教的圣地，非穆斯林不得进入。——译者注

[3] 尼布甲尼撒二世 (Nebuchadnezzar II)：迦勒底帝国君主，在位时间约为公元前605年—前562年。他曾征服犹太王国和耶路撒冷，将犹太的国王、贵族及一般居民掳至巴比伦尼亚，史称巴比伦之囚。——译者注

传播了开来。

稍微读过穆罕默德著作的人都知道，他从《旧约》中借用了大量智慧之言。

以实玛利 [1] 与他的母亲夏甲虽被合葬在犹太教的至圣所 [2]，但他的后裔也并不会因此而敌视拿撒勒的耶稣所宣扬的思想。他们十分愿意相信耶稣的教义，也愿意相信世上只有一个慈父般的上帝。他们对耶稣追随者喋喋不休的所谓奇迹半信半疑，对死后复活之事毫不关心，但他们愿意接受新信仰，也愿意为新神预留一席之地。然而，穆罕默德却因为某些基督徒的盲目狂热吃了不少苦头。这些基督徒自以为是，还没等穆罕默德开口，便斥责他是骗子，是伪先知。再加上当时有很多人认为基督教不过是偶像崇拜，基督徒信仰的上帝有三个而并非唯一，于是沙漠居民们渐渐对基督教嗤之以鼻，却越来越喜欢麦地那 [3] 的赶驼人穆罕默德，因为在他的布道里，永远只有一个上帝。他从来不会迫于眼下的形势和主教的眼色，一会儿把上帝一分为三，一会儿又把上帝合三成一。

就这样，西方世界里出现了两派宗教，他们都坚持自己信奉的才是唯一的上帝，对方的则是无耻的骗子。可想而知，这些观点上的冲突极易引起战争。

公元 632 年，穆罕默德逝世。在不到 20 年的时间里，巴勒斯坦、叙利亚、波斯和埃及相继被征服，大马士革 [4] 成为了阿拉伯帝国的首都。到

---

[1] 以实玛利（Ishmael）：亚伯拉罕和妻子撒拉的埃及女仆夏甲所生的儿子，意思是"神听见"。以实玛利长大后以善射闻名，在巴兰的旷野居住，成为阿拉伯民族的祖先。——译者注

[2] 至圣所（Holy of Holies）：以色列人家里帐幕的最内层的位置，以幔子和外面的圣所隔开。帐幕分为外院子、圣所、至圣所，分别预表人的身体、魂、灵。至圣所被用来预表人的灵。——译者注

[3] 麦地那（Madina）：位于沙特阿拉伯王国境内北部赛拉特山区中的一个开阔平地上。穆罕默德发展穆斯林的地方。——译者注

[4] 大马士革（Damascus）：叙利亚第二大城市和首都，是世界最早有人居住的古老城市之一，历史上是阿拉伯帝国倭马亚王朝的首都，号称人间的花园，地上的天堂。——译者注

了公元 656 年，几乎所有的北非沿海国家都将安拉真主[1]奉为精神统治者。穆罕默德从麦加迁到麦地那还不到 100 年，地中海便成了穆斯林国的内海。亚欧的一切往来从此被切断。直到公元 17 世纪末，欧洲大陆还一直处于包围之中。在这种情况下，基督教会根本不可能把教义传往东方，只能最大限度地巩固已有的成果。于是，它决定把重心转向德国、巴尔干半岛、俄国、丹麦、瑞典、挪威、波希米亚和匈牙利，并在上述各地进行深入的精神传播。从结果而言，基督教此举大获成功。虽然也有像查理曼大帝[2]那样手段严厉的基督徒，他对教会很是忠心，但表达的方式却不甚文明，他会使用暴力屠杀那些只愿守着旧神而不愿接受上帝的臣民。当然，大部分基督教传教士都是受欢迎的，因为他们的为人诚实正直，他们的布道简明易懂，给充斥着流血、斗殴和拦路抢劫的世界带来了秩序、整洁和仁慈。

基督教的对外传播捷报频传，教会内部却祸起萧墙。用本章开篇的数学概念来说，就是世俗的线段不断延长，使教会的精神教旨完全成为了政治和经济的附庸。尽管罗马的权力日益膨胀，对之后 1200 年的发展有着举足轻重的影响，但彼时帝国破败已初露端倪，连普通僧侣和寻常百姓也嗅出了异样。

按我们现代新教徒的理解，"教会"就是一个房子，它一周里有六天是空荡荡的，只有每个星期天才会有人去听布道，唱赞歌。有些教堂里有长驻的牧师，他们偶尔会来到我们居住的城里进行宣讲，提倡友爱，反对离婚。他们来去自然，完全不会对居民原先平静无忧的生活造成影响。尽管教会的存在让人无法忽视，却鲜有人把自己的生死及所有社会活动与教会联系在一起。它不像政府，只会在有需要时伸

---

[1] 安拉真主（Allah）：安拉是伊斯兰教经典《古兰经》中宇宙最高的独一实在、应受崇拜的主宰名称。又因其唯一和真实而被称为真主。——译者注

[2] 查理曼大帝（Charlemagne）：法兰克王国加洛林王朝国王，公元 800 年由教皇利奥三世加冕于罗马。——译者注

手向我们要钱。如果说政府是我们的主人，那教会就是我们可以信赖的好朋友，即使偶有争执，也不会影响彼此的关系。然而在中世纪，情况却迥然不同。那时的教会看得见摸得着，是一个非常活跃的组织。它活在百姓当中，用种种政府做梦都想不到的办法左右着人们的命运。

最初在放弃古老的安贫教旨，接受国王土地馈赠时，教皇可能没有想到这一决定会导致的后果。起初，大家都只当是虔诚的基督教徒本着好意，赠送些凡俗之物给教会，这无可非议。但仔细一想，从苏格兰最北端到特拉布宗 [1]，从迦太基到乌普萨拉 [2]，到处都有教会设置的复杂的监管制度，而体制里又有成千上万的秘书、牧师、抄写员以及各个部门数以百计的大小头目。他们的衣食住行都需要钱，更别提信使和外交使臣跨越西欧大陆拜访各国时产生的费用，以及给教皇信使准备体面衣着的花销。

回想一下教会本来的意义，再假设一下若它的权力继续膨胀可能会出现的情况，我们不得不说，教会发展成这样实在令人遗憾。随着罗马一跃成为超级帝国，单纯的宗教教义渐渐被稀释，教皇俨然成了世界的主宰，与之相比，古代皇帝的统治倒显得更宽厚仁慈。

教会的成功可谓所向披靡，但到了一定程度总会出现一些障碍，遏制它称霸世界的野心。就在它的统治刚刚成形之时，反对者和持异见者马上凭借着上帝真正的教义再一次在民众中掀起轩然大波。西方的基督教会对此恨得咬牙切齿，却无计可施，只能任由欧洲、非洲和西亚因此在数世纪

---

[1] 特拉布宗 (Trebizond)：土耳其东北部港市，始建于公元前 8 世纪。1204 年—1461 年期间为科穆宁王朝的都城，后被奥斯曼帝国吞并。——译者注

[2] 乌普萨拉 (Uppsala)：瑞典中部的一座城市，位于首都斯德哥尔摩北面，是瑞典的第四大城市和宗教中心，北欧最早的天主教堂乌普萨拉大教堂 (Uppsala Domkyrkan) 便坐落在这个城市。1164 年，乌普萨拉成为瑞典大主教的辖地。——译者注

内互怀敌意。当然，多纳徒派 [1]、撒伯里乌派 [2]、基督一性论派 [3]、摩尼教 [4] 和聂斯托利派 [5] 之间的腥风血雨本就不值一提，阿里乌斯的追随者和阿塔纳修的支持者别无二致，都是心胸狭隘的专横暴虐之人。况且，这些争执针对的都是神学中不起眼的残章断简，现在已经逐步被人遗忘。我无意再挑起这样的争端，也不想费心费时地多加注释。我写下这些文字，只为警醒子孙后代，眼下的知识和思想自由有赖于祖先们不惜赔上性命的不懈奋斗，因此，我们千万不可放任宗教的傲慢和独断，重蹈 2000 年前的深重灾难。

回到过去，事情到了 13 世纪，迎来了新的转机。异教徒再也不只是单纯的持异见者，或只为《启示录》中某些人名字句的误译而固执己见之人。他们继承了提比略皇帝当政时代拿撒勒木匠 [6] 的遗志，成长为真正忠实虔诚的基督战士。

---

[1] 多纳徒派 (Donatists)：由迦太基的主教多纳徒斯 (Donatus) 所倡导的一个异端，他教导圣礼的有效性在于施礼的圣工人员本身是否圣洁。换言之，如果这个神职人员曾经犯过错，那么他为信徒所施行的圣礼将被视为无效。——译者注

[2] 撒伯里乌派 (Sabellianists)：兴起于古代和中世纪的基督教派别，其神学观点与当时占统治地位的基督教正统理论相左，因而受到教会权威的排斥。——译者注

[3] 基督一性论派 (Monophysites)：其主张大意是基督身体里只有 "一个神成肉身的本性"。——译者注

[4] 摩尼教 (Manichaeans)：公元 3 世纪中叶由波斯人摩尼所创立，是一种带有诺斯底主义 (Gnosticism) 色彩的二元论宗教。主要教义为 "二宗三际论"，崇尚光明，受祆教马兹达教义及基督教所影响。摩尼声称自己是神的先知，也是最后一位先知。——译者注

[5] 聂斯托利派 (Nestorians)：由叙利亚人聂斯托利创立，教义认为耶稣的神性与人性分开。——译者注

[6] 这里的木匠指耶稣。——译者注

第七章　宗教裁判所

1198 年，塞尼伯爵罗塔里奥继承了他那在位没几年的叔叔保罗的至高荣誉，登上教皇的宝座，世称英诺森三世 [1]。英诺森三世是巴黎大学和布洛涅大学的优等毕业生，当选为教皇时年仅 37 岁，是入主拉特兰宫所有人物中最声名显赫的一个。他富甲一方，精力充沛，足智多谋而又雄心勃勃，按他的话说，他"不仅能管理教会，还能掌控世界"。

在位期间，英诺森三世先是把帝国的官吏赶出罗马，再收回曾经被帝国军队占领的亚平宁半岛地区，最后将皇位继承人逐出教会，使之深陷进退维谷的境地，不得不放弃了以阿尔卑斯山脉为界的整个意大利的控制权。他就这样一步一步地，把意大利自日耳曼人手中解放出来。英诺森三世曾发动著名的第四次十字军东征。那一次，十字军战士们压根没有前去圣城耶路撒冷，反而是乘船奔向了君士坦丁堡。抵达后，他们在那里烧杀

---

[1] 英诺森三世（Innocent Ⅲ）：罗马教皇。原名吉奥瓦尼·罗塔里奥·德·康提，是意大利阿纳尼城特拉西蒙伯爵之子。曾先后在巴黎和波洛尼亚攻读神学和教会法。1198 年当选教皇后，承袭格列高利七世的教权观点，认为教皇是上帝在世上的代表，皇帝和国王应臣属于教皇，并由教皇授予世俗权力。他致力于建立欧洲基督教封神权的大一统帝国。——译者注

抢掠，无恶不作，以至于后来，没有一个十字军战士敢独自出现在希腊的港口，生怕被当作杀人凶手送上绞架。英诺森三世自然不赞成十字军战士过于野蛮的行为，也觉得那会使部分德高望重的基督教徒忧心忡忡，但英诺森三世是个务实的人，他很快接受了这个不可避免的事实。出于对政局务实的分析，他决定让一个威尼斯人到君士坦丁堡出任主教一职，这招很聪明——不但把东正教收归罗马麾下，同时也赢得了威尼斯共和国的好感。从此，威尼斯共和国把拜占庭领地看成是自己的东方殖民地，肆意发号施令。

在宗教精神控制方面，英诺森三世教皇也是深谋远虑，手腕圆滑之能者。经过近一千年的踌躇不前，教会终于下定决心让人们知道，婚姻不只是男女之间的民事契约，更是一桩圣事，必须得到神父及众人的见证和祝福才具备效力。西法兰克国王菲利浦·奥古斯都[1]和莱昂国王阿方索九世[2]也曾一意孤行，想按照自己的好恶治理国家，但很快便收到来自教皇的警告，让他们牢记职责所在。胆小怕事的皇帝们无奈之下，只好唯命是从。在北欧，虽然基督教才站稳脚跟，但也足以让人们明确意识到它才是真正的主宰。以哈康四世[3]为例，这位被维京海盗们昵称为"老哈康"的皇帝征服了他所在的挪威、苏格兰部分地区、整个冰岛、格陵兰岛、奥克尼群岛[4]和赫布里底群岛[5]，可谓战功彪炳。可就算神气如他，也得先向罗马法

---

[1] 菲利浦·奥古斯都（Philippe Auguste）：即菲利浦二世，1165年8月21日—1223年7月14日，法兰西卡佩王朝国王，1180年—1223年在位。——译者注

[2] 阿方索九世（Alfonso IX）：1171年8月15日—1230年9月24日，莱昂国王，1188年—1230年在位。——译者注

[3] 哈康四世（Haakon IV Haakonsson）：1204年—1263年，昵称老哈康，在位46年的挪威国王。——译者注

[4] 奥克尼群岛（Orkney Islands）：在苏格兰北方沿海32公里，由梅恩兰、霍伊、南、北罗纳德赛和巴雷等70多个岛屿组成。——译者注

[5] 赫布里底群岛（Hebrides）：位于苏格兰沿海。——译者注

第四次十字军东征

庭把自己复杂的身世交代清楚，才有资格在特隆赫姆[1] 的天主教堂接受加冕。

像这样的事例在当时不胜枚举，例如保加利亚的皇帝，他只一味残杀希腊战俘，对拜占庭的统治者不屑一顾，也不觉得宗教思想有什么用处，但就算如此，他还是不远千里来到罗马，卑躬屈膝地恳求教皇承认他为臣仆。在英格兰，几个封建男爵想给皇帝制定几条规矩，教会立刻训斥其为"以武力及恐惧，强加于国王的无耻条款"，并否定了任何贵族对权力的要求。后来，这几位贵族因为那份被后世铭记的《大宪章》[2] 被逐出教会。所有的这些表明，英诺森三世绝不会轻易饶恕胆敢质疑教会之人——管你是平头百姓还是天潢贵胄。但就在这样的高压之下，竟然还有人有勇气反抗，让人不得不刮目相看。

[1] 特隆赫姆（Trondheim）：挪威第三大城市。由于历代国王都在此加冕，所以市名后来改为特隆赫姆，挪威语特隆意为"王位、加冕"，赫姆意为"家"，合在一起就是加冕之地的意思。——译者注

[2]《大宪章》（Great Charter）：1215 年。5 月 17 日，英格兰封建贵族得到伦敦市民支持，占领了伦敦。6 月 10 日，封建贵族在伦敦聚集，挟持英格兰国王约翰。约翰被迫赞成贵族提出的"男爵法案"（Articles of the Barons）。6 月 15 日，在强大压力下，约翰王在兰尼米德（Runnymede）签署《大宪章》。宪章主要反映西欧封建政治制度的特点，即国王只是贵族"同等中的第一个"，没有更多的权力。就在贵族离开伦敦各自返回封地之后，约翰立即宣布废弃《大宪章》，教皇英诺森三世亦训斥《大宪章》为"以武力及恐惧，强加于国王的无耻条款"，教皇否定了任何贵族对权力的要求，称这样做破坏了国王的尊严。随后，英国陷入内战。——译者注

其实，我们很难定义何谓异端邪说。因为异教徒大多是贫苦大众，他们不懂布道，充其量也就写几本小册子，有时宣传一下信仰，有时为自己的思想辩解。这样的行为很容易被宗教裁判所派出的鹰犬发现，他们会以迅雷不及掩耳之势出击，先是一举灭之，然后再著书揭露所谓"撒旦的阴谋"。对于异端邪说，现代的我们也只能从这些文章和当时的审判记录中，略知一二。于是，我们不免会受影响而认为，异教徒都是些寡廉鲜耻的小人，他们住在贫民窟最底层的地窖里，衣衫褴褛，披头散发，对基督徒们干净的饮食不屑一顾，只晓得喝白水，吃蔬菜；他们对女人避而远之，整天不是喃喃自语说着弥赛亚的再次降临，就是指责基督僧侣们的庸俗和邪恶，或者胡乱攻击当时的社会秩序。

不可否认，有些异教徒确实让人讨厌，他们蓬头垢面，臭气冲天，却还自命清高地打着追求神圣生活的旗号，拿着所谓基督真实存在的证据，把乡村小镇的平静生活搅得鸡犬不宁。也许有人会称赞他们的朴实和勇气，但结果表明，这样的行动只会使他们所获无几，一事无成。

随着社会的发展，世界上的一切都趋于组织化。再不信任组织的人，想要有所建树，都不得不先成立一个"无组织体促进会"来招揽同志，共谋大计，更何况中世纪那些对神话和旧日时光尤其钟情的异教徒呢？为了保全自身，免遭当局取缔，他们利用一套套神秘莫测的礼仪来掩护真正信仰的教义。大部分忠于教会的人不知道如何区分异教徒，只能张嘴闭嘴"肮脏的摩尼教"，或其他不光彩的称呼。久而久之，摩尼教成了中世纪的布尔什维克 [1]。这并不是说异教组织像后者一样是一个纲领明确的政党，也不是说它拥有跟布尔什维克一样能摧毁沙皇王朝的力量，这只是一句口头禅式的发泄，专门用来咒骂那些看着不顺眼的人，就像"该死的"一样。中世纪的上等基督徒最讨厌摩尼教徒，但因为抓不住什么把柄治他们的

---

[1] 布尔什维克（Bolshevik）：俄文"多数派"的音译，它是列宁创建的俄国无产阶级政党。——译者注

罪，于是改以道听途说之词施以诽谤。这手段太厉害了，无须正儿八经地走法庭审判程序就能左右异教徒的生死，反正他们不在乎不充分的证据会让多少人含冤受屈。

摩尼教的创教者波斯人摩尼一直秉承的宽厚仁慈，在这种情况下却使摩尼教徒们的境地越来越糟。摩尼是一个著名的历史人物，他于公元3世纪初出生在一个叫埃克巴坦[1]的小镇上。他的父亲跋帝（Patak）是当地一个有头有脸的大财主。摩尼年轻时曾在底格里斯河畔的泰西封[2]接受教育。他整个青年时代所处的环境就如同现代的纽约，是一个国际化的大都市，容纳着来自不同地区，说着不同语言的居民，那其中既有信教之人也有无神论者，既允许追名逐利也欢迎空想主义。世界各地的人们熙熙攘攘地云集在美索不达米亚平原的商业中心，追随着从东南西北各方传入的宗教、行会和组织。摩尼把各种布道和预言听在耳里，记在心上，然后从佛教、基督教和犹太教的教义及古巴比伦的迷信中提炼出自己的宗教思想。

除去某些极端教义不说，摩尼只是重新诠释了古代波斯神话中的善神和恶神，以及他们之间永不休止的斗争。在自创的教义里，他把《旧约》中的上帝耶和华说成魔鬼恶神，把四福音中的天父奉为至善之神。也许是受了佛教的影响，摩尼认为人的血肉之躯充斥着邪恶与龌龊，人性本恶，若不能苦其心志，劳其筋骨，饿其体肤，空乏其身，就无法摈弃其自身的虚荣和野心，最终只能落入万恶之神的魔掌，被地狱之火燃为灰烬。为此，他提出一大堆禁忌，甚至对教徒们的日常饮食也做出规定——只能喝白水，吃蔬菜和鱼。这听起来十分奇怪，但摩尼教的追随

---

[1] 埃克巴坦（Ecbatana）：又称哈马丹，伊朗历史上最古老的人口稠密的城镇之一，哈马丹省的省会、商贸中心、文明中心，曾是多个朝代的首都。——译者注

[2] 泰西封（Ctesiphon）：伊拉克著名古城遗迹，亦译"忒息丰"。位于首都巴格达东南32公里处，滨底格里斯河左岸，当迪亚拉河河口。此地初为希腊人抵御塞琉古王朝的驻军之地，后渐有城池，采取两河流域常见的城市建筑形制，城墙呈圆形。——译者注

者们却坚信，食用海里的冷血动物总比屠杀有近亲关系的哺乳动物强，起码不会加深灵魂的罪孽。所以，大部分摩尼教徒会大啖鱼肉，却宁死不肯尝一口牛排。

作为一个不折不扣的东方人，摩尼对待女性也是十分鄙夷不屑。他禁止门徒结婚，主张逐步灭绝人类。对由犹太教创立，由施洗者约翰发起的浸礼和其他圣事仪式，摩尼同样深恶痛绝，于是他规定即将就任的神职人员不必把身子浸到水里，只需行按手礼。25 岁那年，摩尼决定向世界阐述他的宗教见解。第一站，他来到中国和印度，在这里，他收获了掌声无数，然后，他回到自己的故土，把教义和祝福带到祖国和邻邦。由于摩尼教提倡断舍离，轻物欲，使传统波斯教士的收入大幅减少，于是，他们奋起反抗，计划将摩尼置之死地。一开始，摩尼有国王的保护，还算有惊无险；可国王死后，继任者对宗教事务一窍不通，便直接把摩尼交给教士。教士们把摩尼带至群众面前，先把他钉死在十字架上，然后将他全身的皮扒下来，挂在城门之上，作为对其信徒的警告。

与传统宗教组织的冲突使摩尼教分崩离析，但这并不能阻止摩尼的思想像流星一样划过亚欧大地，并在之后数世纪，在普罗大众心里引起极大的回应。大家不自觉地接纳了摩尼的思想，甚至把它奉为圭臬。

我不知道摩尼教是在何时，以何种方式进入欧洲的。也许它曾经过小亚细亚、黑海，到达多瑙河，再翻过阿尔卑斯山，开始在德国和法国传播。摩尼教的追随者给自己起了个很东方的名字：清洁派，意思是生活纯洁之人。随着信仰清洁派人数的增多，它渐渐成了西欧大陆上"异端邪说"的代名词。不过清洁派并非一个从摩尼教中分离出来的明确的宗教组织，在摩尼教思想的影响下，清洁派的信徒们都坚信自己就是基督教会虔诚的儿子。这种特殊的"异端邪说"对基督教徒而言十分危险，且不易察觉。

若微生物的体积足够大，在显微镜下无所遁形，那么对于普通医生而言，要诊断出由这样的微生物引起的疾病，并对症下药便不是难事。但有些更为细小的病菌就潜伏在我们当中，它们无惧紫外线的照射，让人一不小心就会栽个大跟头。在教会的眼里，摩尼教就是这样一种如病菌一般令人不安的存在，只有在病发时才能见识到它的厉害。虽然很少被提及，但在早期基督信仰最坚定的支持者中，有不少人竟也追随过摩尼教。以圣奥古斯丁为例，这位才能卓绝的宗教斗士曾多次推翻异教组织，但据说他的内心向往的却是摩尼教的教义。

公元 385 年，西班牙主教普里西利安（Priscillian）因宣扬摩尼教被处以火刑，他成了反异教组织运动中首位遭到迫害的基督教徒。陆陆续续地，就连基督教会中的核心人物也中了摩尼教的毒。他们开始劝告人们抛弃《旧约》，到了 12 世纪，甚至规定所有的神职人员必须保持独身。摩尼教的影响同样深刻烙印在主导宗教变革的人物身上——圣方济各 [1] 因制定了具有严格摩尼式纯洁的新修道院条令，被世人尊称为"西方的释迦牟尼"。然而，当安贫乐道和虚怀若谷慢慢滋养大众心灵之时，当皇帝与教皇又开始争权夺利之时，当外国的雇佣军各自为政，打着上帝的旗号为地中海领地拼杀得你死我活之时，当大批十字军战士捧着掠夺而来的不义之财蜂拥回国之时，当修道院长深居在穷奢极欲的宫殿中与侍臣们寻欢作乐之时，当教士们策马穿过熙攘的人群急于来一场狩猎比赛之时，一件注定要发生的事情终于悄然而至。

对教会的不满率先在法国普罗旺斯地区爆发，那是一个古罗马文化长盛不衰的地方，再多的文明发展也掩盖不了当地的民风彪悍。从地图上看，地中海、隆河 [2] 和阿尔卑斯山在普罗旺斯地界组成了一个商贸铁三角，这使得腓尼基人过去的殖民地——马赛——一跃成为该地区最重要的港口。有赖于当地肥沃的土壤，充足的雨水和阳光，普罗旺斯境内孕育出

---

[1] 圣方济各（San Francesco di Assisi）：天主教方济各会和方济女修会的创始人。他是动物、商人、天主教教会运动以及自然环境的守护圣人。方济各会又称"小兄弟会"。——译者注

[2] 隆河（Rhone）：源于瑞士中南的阿尔卑斯山，向东流入地中海。——译者注

不少富裕的乡镇和村庄。当大部分中世纪欧洲人还在聆听关于条顿人的英雄事迹时，普罗旺斯的吟游诗人早已发明出新的文学形式，为现代小说奠基。因为与邻邦西班牙和西西里岛有密切的商业来往，生活在普罗旺斯的人们有机会阅读到很多科学领域的前沿书籍，而这些著作在欧洲北部几乎是屈指可数。

公元 11 世纪前十年，传统基督信仰复兴运动虽然不至于形成公开的反叛，却也在普罗旺斯地区日趋明朗化。例如，在一些小村落里，居民们不时示意牧师应该跟普通信徒一样简单朴实；他们厌恶暴力，因此不会跟随领主征战沙场，拓土开疆；他们希望能学一点拉丁文，以便能自己阅读福音书；他们不惧权威反对死刑；他们否认"炼狱"的存在，尽管这样的概念早在基督逝世六世纪后已被官方追认为天国不可或缺的组成部分；而比上述所有更重要的一点是，这些居民拒绝向教会交纳"十一税"[1]。

教会当然不会放纵这样的行为，他们竭尽所能，严查反叛组织的首领，被抓获者若死不悔改，便会被秘密处决。可是，事情并没有到此为止，其越演越烈的态势甚至逼得普罗旺斯教区的主教们不得不马上聚集起来，商量该如何阻止这场危险且极具煽动性的骚乱。他们的争执一直延续到 1056 年。在当时的情况下，像开除教籍等一般性的惩罚已不再奏效，向往"纯洁生活"的朴实乡民们即使是被收监，也还是很高兴有机会能身体力行基督所教导的宽厚仁慈；而被判死刑的，更是会像羊羔一样顺从地走向火刑柱，毫无怨言。况且，一个追随者牺牲了，后面就会有千千万万个怀抱同样圣念的人补上。起初，教宗的代表们坚持以更严厉的迫害遏制事态的发展，但地方贵族和牧师却因为了解百姓心声而拒绝执行罗马的命令。他们认为暴力只会使异教徒们更坚定地反对理性的声音，对解决问题

---

[1] 十一税（Tithe）：又名"十一捐"，源起于旧约时代，由欧洲基督教会向居民征收的一种主要用于神职人员薪俸和教堂日常经费以及赈济的宗教捐税，这种捐税要求信徒要按照教会当局的规定或法律的要求，捐纳本人收入的十分之一供宗教事业之用。——译者注

普罗旺斯

本身毫无助益，反而白白浪费时间和精力。就像上面说的，对立的两方因意见不一，争吵了整整一个世纪。到了 12 世纪末，普罗旺斯的传统基督信仰复兴运动受到了来自北方的激励。

里昂是一个与普罗旺斯隔隆河相望的小镇，那里有一位商人，名叫彼得·瓦勒度[1]，他为人成熟稳重，心地善良，慷慨大方，一心只想以基督为榜样，追寻救世主的步伐。耶稣曾说过，富商想荣登天界比让骆驼穿过针眼还难。过去的三十几代基督教徒绞尽脑汁，试图用文字解释这话里确切的含意，彼得·瓦勒度却觉得多思无益。他只是单纯地对耶稣的教导深信不疑，然后身体力行。他把自己拥有的一切都分给穷人，然后淡出商界，不再为积攒财富汲汲营营。

---

[1] 彼得·瓦勒度（Pierre Waldo）：里昂富商，在 1175 年左右皈信基督，他舍弃家财，效法基督的榜样，过着贫穷的传道生活。——译者注

圣约翰说："汝需自寻圣经。"于是，20个教皇先后研究了这句话，并小心谨慎地列明在何等条件下一个门外汉才能不经牧师指点自己研究神圣教义。然而彼得·瓦勒度却不那样想，既然圣约翰说了"汝需自寻圣经"，那他就势必努力亲自寻觅。而当发现某些东西与圣杰罗姆[1]的结论有出入时，他决定把《新约》以自己的语言重新编译，然后把手稿散发到普罗旺斯各地。一开始，他的活动没有引起很大的注意，他只是安贫乐道，并非什么宗教危险分子，最多也不过是被人说服，为追求苦行生活和对当时修道院的奢华有诸多不满的人建立起禁欲条令更为严格的新型修道院。为避免闹出种种麻烦，罗马当局很会为类似的宗教狂热者找到适合的发泄场所，但前提是，一切处理办法都必须符合规定，同时有例可循。可在面对普罗旺斯的"纯洁人"和里昂的"穷士"时，连罗马教会都束手无策，因为他们不仅向教宗隐瞒自己的所作所为，还胆大包天地公然宣称即使没有牧师的指点，普通百姓也一样能成为道德完美的基督徒。最重要的是，他们坚信罗马教皇应该跟鞑靼[2]大公或巴格达的哈里发[3]一样，只管司法，无权限制别人的信仰。

陷入两难的教会花费了相当长的时间反复斟酌，最终决定以武力方式根除这样的异端邪说。毕竟教会的原则是，除了官方认可的生活和思考方式，其他皆为谬误，要是有谁敢公开质疑这样的原则，必会遭至教会疯狂的反扑。换个角度说，教会要是不这么做，就无法在宗教的战争中存活。于是，罗马教廷果断出手，制定了一整套惩罚方案，务求让异见者心怀恐惧，以后不敢再犯。阿尔比城[4]是阿尔比派教义的发祥地，以此命名的阿

---

[1] 圣杰罗姆（Saint Jerome）：教会医生，教会和圣经学者，其最重要的工作是翻译圣经，并将其传播到拉丁美洲。——译者注

[2] 鞑靼：中国古代北方有多重含义的民族泛称，主要指蒙古人。——译者注

[3] 哈里发（Khalifah）：伊斯兰政治、宗教领袖的称谓。——译者注

[4] 阿尔比城（Albi）：位于法国南部比利牛斯大区，是塔恩省的首府，又被译为"阿勒比"。由于市镇中心的传统建筑一律由红砖砌成，整座城市色调泛红，阿尔比便有了"苍红之城"（Ville Rouge）的美称。——译者注

彼得·瓦勒度

尔比派 [1] 教徒和以创始人彼得·瓦勒度之名称呼自己的瓦勒度派 [2] 教徒一样，在国家中政治地位不高，人身安全无法得到保障，因此，他们不幸成了教会迫害的第一批牺牲品。事情是从一位驻普罗旺斯教区的教宗代表之死开始的，他因在当地作威作福，骄横跋扈被杀，教皇英诺森三世得知后心生一计，不日即召集了一支正规的十字军，矛头直指阿比尔教徒和瓦勒度教徒。教会声称，在召集令颁布后 40 天内自愿加入军队远征讨伐异教徒的人，可以免交债务中的利钱，获准赦免过去及远征期间的一切罪孽，他们

---

[1] 阿尔比派（Albigenses）：中世纪西欧反对正统基督教的一个派别，是纯洁派的一支。——译者注

[2] 瓦勒度派（Waldenses）：12 世纪起源于法国的一种寻求以贫穷、单纯的生活方式师法基督的传福音运动。——译者注

的讨伐行为也不会受到普通法庭的干预。

面对如此恩厚，欧洲人怎么会不心动？与其千里迢迢远征中东的巴勒斯坦，还不如就近攻打富裕的普罗旺斯呢。反正好处和荣誉一样都不会少，嗜杀的欧洲人又何必舍近取远，舍易取难呢？那时，圣地耶路撒冷已被人遗忘，为了获得"免罪金牌"，贵族绅士中的败类纷纷从法国北部、英国南部、奥地利、萨克森[1]和波兰涌向欧洲南部大发战争财——烧杀抢掠，无恶不作。

那么，在十字军征讨普罗旺斯期间，被绞死、烧死、淹死、斩首或五马分尸的男女老少到底有多少？这个问题的答案，一直以来众说纷纭。由于教会没有正式的被执行死刑的人数记录，我也不清楚究竟有几万人为此送命。但按当时的城镇规模，被屠杀的人数少则两千，多则两万都是有可能的。贝济耶城[2]被占领后，十字军士兵不知道该如何分辨异教徒，正左右为难，无计可施，只好请教作为精神顾问随军出征的教皇代表。

"那就把他们都全杀掉吧。"教皇代表笑吟吟地回答："上帝会认得他的子民的。"

当时还有一个叫西蒙·德·蒙德福特（Simon de Montfort）的英国人，他是一个久经沙场的正牌十字军士兵。他残暴无度，嗜血成性，总是变着花样草菅人命。为了表彰他的"功绩"，教会把大片刚遭洗劫的土地赐给了他，然后再由他给自己的部下"论功行赏"。

少数在宗教迫害中幸存的瓦勒度派教徒慌忙逃往人迹罕至的皮埃蒙特[3]山区，小心翼翼地保护自己的信仰，静待16世纪基督教改革运动的来临。相较之下，阿尔比派就没那么幸运了。经过将近一个世纪的大

---

[1] 萨克森（Saxony）：德国东部地区。——译者注

[2] 贝济耶城（Beziers）：法国南部城市。——译者注

[3] 皮埃蒙特（Piedmont）：意大利西北的一个大区。首府是都灵，三面被阿尔卑斯山山脉包围。——译者注

清洗，他们的名字在宗教裁判所的报告中完全绝了踪迹。然而3个世纪之后，他们把教义稍作更改便又卷土重来。这次的倡导者是一位名叫马丁·路德[1]的萨克森教士，他掀起的宗教改革打破了被罗马教廷把持了1500多年的精神垄断。不过这一切在当时都必须保持低调，才能瞒过精明的英诺森三世，好让他以为异端邪说已被根除，教会再一次赢得了民众的绝对服从。

最后的瓦勒度教徒

在《路加福音》中有这么一个故事，说有一主人家某天大摆筵席，宴请了许多宾客，但入席时却发现还留有空位，于是他对仆人说："你快到大街上，什么人都好，把他们拉进来，坐满我的屋子。"

如今，这道命令又一次响起了，主人家口中的"他们"变成了眼下倍受宗教迫害的异教徒。多年前，因为地方法庭职权有限，教会还会头疼该如何给异教徒定罪。而在阿尔比派教徒第一次起义时，教会决定在欧洲地方首府组织起特别的审讯法庭，这类法庭专门调查、审讯异端邪说，因此也被称为"宗教裁判所"。时至今日，虽然宗教裁判所已名存实亡，但这

---

[1] 马丁·路德（Martin Luther）：1483年—1546年，16世纪欧洲宗教改革倡导者，基督教新教路德宗创始人。——译者注

个名字依然会让我们心惊肉跳，仿佛顿时又看到了哈瓦那[1]的黑牢、里斯本[2]的受刑室、克拉科夫[3]的锈锅和烙具以及戴着黄兜帽，蒙着黑面纱的教士、冷眼旁观的皇帝和一排又一排缓缓走向绞架的男男女女。

从 19 世纪后期出版的几部小说中，我们可以大致看到宗教裁判所的罪恶，不排除其中大概有 25% 的内容只是作者的想象，有 25% 的内容被新教徒夸大，但即便是这样，所剩下的真实也足以证明宗教裁判所的恐怖以及其难以为文明世界所容忍的残酷。因为宗教裁判所的特殊性，亨利·查尔斯·李（Henry Chales Lea）曾就此著书八卷，可见，想在短短两三页内把这个中世纪最复杂的问题解释清楚，是不可能的。不同的国家会设置功能不一的宗教裁判所，其中最有名的要数西班牙皇家宗教裁判所和罗马宗教裁判所。前者主要关注欧洲西南部半岛及美洲殖民地异教徒的异动，后者的魔爪则伸向欧洲各国，先是在大陆的北岸烧死了圣女贞德[4]，后又在大陆南面烧死了乔尔丹诺·布鲁诺[5]。

严格来说，宗教裁判所没有杀过任何人——至少没有亲手杀过。在由教士组成的法官团宣判后，异教徒就被送到世俗政府的手上，按政府官员们认为合适的方式处置。只是若政府当局没能判处异教徒死刑的话，会招来许多麻烦，甚至会失去教廷的支持，被逐出教会。有时，某些被宣判了的异教徒并没有移交给政府处置，对于他们来说，死罪虽免，活罪却难逃。他们将会被囚禁在宗教裁判所的监狱里，在孤独的牢房中被折磨至

---

[1] 哈瓦那（Havanna）：古巴共和国的首都及最大城市，扼守着墨西哥湾通往大西洋的大门，具有重要的战略地位。——译者注

[2] 里斯本（Lisbon）：葡萄牙共和国的首都。——译者注

[3] 克拉科夫（Cracow）：全称克拉科夫皇家首都，是克拉科夫省首府，也是波兰最重要的经济中心之一。——译者注

[4] 圣女贞德（Joan of Arc）：1412 年 1 月 6 日—1431 年 5 月 30 日，法国的军事家，天主教圣人，被法国人视为民族英雄。在英法百年战争（1337 年—1453 年）中她带领法国军队对抗英军的入侵，最后被捕并以"魔女"之名被处决。——译者注

[5] 乔尔丹诺·布鲁诺（Giordano Bruno）：1548 年—1600 年，意大利思想家、自然科学家、哲学家和文学家。——译者注

死。很多无辜被捕的人就因为觉得与其在黑暗中日夜忍受煎熬，还不如在火刑柱上一死了之来得痛快，所以无论法官们指控什么，他们都"供认不讳"，只求能早日脱离苦海。

我也想做到客观公正，但由宗教裁判所引起的一切实在让人难以心平气和。很难想象，在整整500年的时间里，世界各地有多少人只因邻居一时多嘴，便被人从酣睡中拖起，然后一夜之间从平民沦为阶下囚，只能在黑牢里眼巴巴地数日子。没有人会来告诉他具体的指控和罪名，他也不会知道到底是谁在审判他。在整个审判中，他不知道谁是证人，不被允许接触家人，更无权请人为他申辩。要是他死不认罪，那么等待他的只有摧心剖肝的折磨。他可别妄想挺过刑罚就会有人为他说好话，宗教裁判所向来只会听别人对异教徒的告发。于是至死他都不明白自己遭此厄运的原因。更难以置信的是，教廷甚至会把五六十年前入土为安的人从坟墓里挖出来进行"缺席"审判。若判定有罪，这些过世之人的后裔就要因为祖先在半个世纪前犯的"罪"而被没收全部财产。这样的事任谁听了都只觉荒唐，但由于宗教裁判所的审判官正是靠没收别人的财产中饱私囊，所以这样的事情绝非偶然，很多人突然有一天，就因为祖辈身上某个莫须有的罪名，被逼得一贫如洗——这样的事例屡见不鲜。

凡在20年前读过沙俄新闻报纸的人都应该记得何为"暗探"，这些"暗探"活跃于沙俄王国的全盛时期，他们大多是小偷和赌徒，为了赢得革命组织的信任，总是一副已经痛改前非，洗心革面的样子，故作深沉地向人"告白"自己参加革命的心路历程。一旦获取有用的情报，他们转身就会向警察局告密，然后带上丰厚的酬劳，继续在别的城市做奸细。从13世纪到15世纪，欧洲西部和南部到处都是这样歹毒的暗探。他们靠告发别人谋生，总是捕风捉影地嚼舌根，说谁又抨击教廷，谁又对某几点教义表示质疑。若没发现异教徒，暗探们就会人为地制造出几个，因为他们清楚，不管被告是否无辜，只要一上刑，就没有定不下来的罪名——被告的嘴再硬又如何，多折磨几回不就得了？

为加强控制，很多国家"鼓励"民众匿名告发信仰不端者，这使得百姓们个个人心惶惶，连最亲密无间的朋友都不敢信任，就算在家里都只能谨言慎行，处处留神。负责大量宗教裁判工作的托钵僧[1]利用亲手营造的恐怖局面，在将近两个世纪里不断地搜刮民脂民膏。毫不夸张地说，正是他们的行

牺牲

为促成了宗教改革运动——因为民众实在是受够了这些盛气凌人的乞丐了！他们披着虔诚的外衣，大大咧咧地闯入安分守己的公民家里，睡在最舒服的床上，吃着最美味的饭菜，嘴里还喋喋不休地说他们理应被奉为上宾，理应活得惬意无比。他们唯一的本领就是恫吓人们，说要是有谁敢得罪他或敢不好好侍候他，他就要向宗教裁判所进行告发。面对这样的质疑，教会十有八九会说，宗教裁判所这么做无非是为了人们的精神健康，他们是在尽最大的努力防止错误的宗教在群众中传播开来。要是因无知而错信的异教徒肯悔过自新，教会便会既往不咎；只有叛教者和屡教不改的累犯才会被处死。

---

[1] 托钵僧（mendicant friars）：天主教僧侣团体之一。它以云游布道、托钵乞食的方式区别于其他修道院僧侣组织。——译者注

骗谁呢？教会既然有能力让无辜的人入罪，自然可以使出同一套把戏，让被判了"有罪"的人"痛改前非"——都设有暗探了，再请几个"临时演员"又有何难？何况在奸细的行当中，谁又没有几封专门捏造的文书呢？

第八章　求知的渴望

就像古代高卢分为三大地区一样，现代的偏狭，或者说不宽容，也有三大形成原因：懒惰、无知以及自私自利。因为懒惰而不宽容的情况最为普遍，几乎在每个国家和社会的各个阶层都屡见不鲜，尤其在边远小村庄里或古老的小镇上。另外，这种偏狭并非人类群体所独有。例如我们家的老马，25 年来一直生活在科林镇温暖的马厩里，说什么也不愿意跟我们去韦斯特波特[1]。它对这里的一砖一石都非常熟悉，每天在康涅狄格州乡间小路上漫步时，也没有会把它吓得神经兮兮的奇怪玩意儿。

我们的科学家们花费了大量时间精力研究早已不复存在的波利尼西亚群岛方言，却忽略了小猫、小狗、马儿和驴子的心声。要是我们真能听懂动物的话，就会发现一匹住在科林镇，名叫"杜德"的马儿正向它的邻居大吐苦水。"杜德"毕竟长大了，它作为马儿的习惯早在多年前就已经定型，因为熟悉，它死都不觉得科林镇的礼节、人文、风俗有什么问题；反之，因为陌生，韦斯特波特的一切怎么看都不顺眼。

---

[1]　韦斯特波特：印第安纳州内一个小镇。——译者注

正是这样的不宽容，使父母对子女的愚蠢行为摇头叹息，使人们荒唐地缅怀"过去的好日子"，使野蛮人和文明人穿上只重礼仪，不求舒适的外衣，使整个世界的沟通变得毫无效率，使怀抱新思想的贤者被批判为人民公敌。不过即使如此，这种不宽容相对来说也还是无害的。我们或多或少，或早或晚都会遭遇这样的不宽容。过去，它曾使数以百万的人背井离乡，使人们不得不聚居在渺无人烟的地方。幸好，随着居民的日渐增多，那些地方也慢慢热闹了起来。

我们再来谈谈第二种——因为无知而不宽容。无知的人，就算只有一个，他对事物的一窍不通也足以使其成为极其危险的人，因此这样的不宽容所能引发的后果往往更为严重。当无知的人试图为自己的愚昧辩护时，情况会更加一发不可收拾。他首先会在自己心里竖起一堵坚实的壁垒，然后趾高气扬地站在不可侵犯的高地，凭借手上的生杀大权毫不手软地迫害那些不屑于与他同流合污的人。因为长年生活在怕别人反对的恐惧中，无知者容易变得尖酸刻薄、残酷暴虐，时常以折磨痛恨他的人为乐。为了堵住悠悠众口，他们率先提出"上帝选民"这样的概念，通过强调自己与上帝的亲密关系为自己壮胆，坚持自己偏执的想法。例如，他们想处死某个叫丹尼·迪弗的人，那他们肯定不会简单地解释说，是因为丹尼威胁到了他们的权威，因为丹尼让他们看着不顺眼，或者是因为他们只是喜欢绞死这个叫丹尼的人而已。为了把自己的行为正当化，他们会召开庄严的秘密会议，一连好几个小时、好几天，甚至好几个星期坐在一起，研究这个叫丹尼·迪弗的人的生平。而在最后宣读判决时，这个看起来只会干些小偷小摸的可怜虫竟变成了个重罪在身的可怕人物。他胆敢违反"上帝选民"的法令便等同于蔑视上帝的意志，对此，法官应该遵从神圣的职责，以大无畏的精神处死这个撒旦的同伙。

再忠厚老实、心地善良的人一旦有了这样错误的想法，行为就会变得和野蛮粗鲁、嗜血成性的人一样，这种情形在历史学和心理学的研究上司空见惯。最典型的要数那些聚在刑场旁，兴致勃勃地围观无数异教徒遇难的老百姓。他们都不是杀人犯，相反，他们虔诚，正直，坚信自己正在为上帝完成一件光荣的事。宽容的概念在这样的节骨眼儿上只能沦为"道德衰退的体现"，因为在他们眼里，这样的不宽容是理所应当的。

于是人们在一个阴冷潮湿的早晨，兴高采烈地看着丹尼·迪弗穿上他深红色的上衣和缀满小魔鬼图案的马裤，一步一步缓慢而坚定地走向死刑场。而当一切结束后，人们又会像没事人似的回到舒适的家里，美美地吃上一顿丰盛的早餐。

不管别人怎么解释，对于老百姓而言，这件事本身就是一个很好的反证：如果错的是我，那为什么我还能安然无恙地围观行刑？为什么不是我被处死？不得不承认，这样的观点虽然经不起推敲，却也难以反驳。人只要认定自己的想法即上帝的意志，就不会觉得自己有任何犯错的可能。

最后是第三种——因为自私自利而不宽容。这种不宽容实际上是嫉妒的一种表现，每个人多多少少都有那么一点。耶稣刚到耶路撒冷时教诲人们，大肆宰杀牛羊并不能换来上帝的垂青。结果，所有靠仪典祭祀为生的人都视他为危险的革命家，试图在他壮大成真正的威胁前斩草除根。几年后，圣保禄来到以弗所布道，因为他宣扬的新教义影响了不少通过制作和贩卖狩猎女神阿尔忒弥斯[1]小雕像大发横财的珠宝商的生意，差点被金匠行会的人用私刑逼死。有人靠现有的宗教信仰谋生，就有人想方设法让信徒改而追随别的新神，他们之间的战争从来没有停止过。而在我们准备开始讨论中世纪不宽容事件时，就必须谨记，这是一个非常复杂的命题。除非是极个别的案例，否则不宽容的表现不会只有一种形式。在大部分引起我们注意的宗教迫害事件中，不宽容往往都会以上述三种形态并存。

当一个宗教组织积攒起无数财富，掌管了数千平方公里的土地，统治着成千上万的农奴后，它自然会对那些向往"人间天堂"的平民十分忌

---

[1] 阿尔忒弥斯（Artemis）：罗马神话又称狄安娜，宙斯和勒托的女儿，阿波罗的孪生姐姐，是希腊神话中的狩猎女神，为奥林匹斯十二主神之一。——译者注

惮，而铲除异端邪说也因此成了稳定教会经济来源的必要举措。这样的偏狭属于第三种，即因自私自利而不宽容。除了百姓，科学家也深切地感受到了来自官方的施压，而他们所面对的问题也更为复杂。为了理解教会对致力于揭示大自然奥秘的人所持的态度，我们必须回到若干年前，看看公元 1 世纪到 6 世纪期间，欧洲大陆上到底发生了什么事。

那时，野蛮人的入侵就像大洪水般横扫欧洲全境。古罗马城墙里的社会结构被彻底推翻，只余下零星几个帝国组织。书籍被通通销毁，艺术被无知淹没，收藏品、博物馆、图书馆以及那些经年累月收集得来的科学资料成了中亚野蛮人手中点燃篝火的工具。从公元 10 世纪一些图书馆的馆藏目录上，我们可以发现，除了远离欧洲中心的君士坦丁堡外，西欧境内的希腊书籍竟在战争中所剩无几。这似乎难以置信，却又是无法忽视的事实。人们想学习古人的语言，却找不到老师；想了解古人的思想，却只有亚里士多德和柏拉图著作中的残章断简以及模糊蹩脚的翻译可供翻阅。无奈之下，人们只能求助于因拜占庭神学争端被迫背井离乡，逃到法国和意大利避难的希腊僧侣。拉丁文的书籍倒是有不少，但大多是公元 4、5 世纪时的誊本，且缮写的人对原著手稿毫无敬重之心，那种七零八落的抄录，若不是耗费毕生心血研究古文字学的人根本无法理解。至于科学书籍，除了几本欧几里得的著作外，其他的在任何图书馆都找不到了。而更可悲的是，这些知识已经不再被当时的人们所需要了。过去的统治者以敌对的眼光看待科学，鄙视所有在数学、生物、动物、医药和天文领域上的独立研究。这些科学由于得不到重视，渐渐失去了应有的实用价值。

现代人肯定无法理解那样的演变，活在 20 世纪的我们尽管立场各异，却同样能够深刻地感受到社会进步的重要性。我们不知道怎么做才能使世界变得完美，但我们必须尽可能地去尝试，而这，也是我们神圣的天职。现代国家里的每一个人都坚信，进步已然是不可避免的大势所趋，但这样的想法却得不到也不可能得到中世纪人们的认同。

希腊曾梦想创造一个充满美好和乐趣的国家，却因政治动乱好景不长。连年内战拖垮了整个国家，甚至在之后几个世纪的希腊作家心里埋下了悲观主义的种子。每当他们站在废墟中，凝望一度是乐土的祖国大地时，总是难免悲戚，认为人类的所有挣扎都不过是白费力气。另一方面，罗马作家却从近一千年的人类发展历史中看到了社会进步的潮流。于是，罗马的哲学家们，以伊壁鸠鲁为首，纷纷挺身而出，为更美好的未来教育年轻一代。再之后，世界迎来了基督教。人们开始把重心从人间转向天堂，却又在一念之间堕入逆来顺受的万丈深渊。人类是邪恶的，有着低劣的天性和偏好。人类因罪孽受孕，与原罪一同出生，每天活在罪恶之中，去世时只剩下对罪愆的悔恨。

但是，新旧绝望之间是有差别的。希腊人坚信接受过良好的教育的希腊人比其他人都要聪明，也正因如此，他们特别同情那些不幸的蛮族。虽然希腊人得天独厚，但他们并不认为自己与其他民族有什么本质区别。相反，基督教却一直无法摆脱从老祖宗时期便形成的魔障。他们把《旧约》奉为圣书，同时继承了犹太教的衣钵，认为只有信仰官方教义的人才有希望获得救赎，其他人则注定万劫不复，他们以此区分自己与别的民族。这样的想法，简直是某些在精神层面上不够谦逊的人最想听到的福音，因为他们总觉得自己就是沙里淘金，万里挑一。也正是这样的想法，在很多重要的历史时期，使基督徒自成一派，紧密地联系在一起，不可一世地在异教崛起的社会中横行。

旧世界重新崛起

119

早期的基督神学家，如德尔图良 [1] 和圣奥古斯丁，大多致力于把教会的法令编写成册。他们两耳不闻窗外事，对别人的渴望、别人为之奋斗的目标也毫不关心，一心只想在教典中建立起心中的上帝之城。为此，他们给人类起源和时空界限定义出全新的概念。那些由埃及人、巴比伦人、希腊人和罗马人经长年探秘窥见的真理对他们来说毫无意义。他们确信，随着基督的诞生，旧有的价值信仰已被全盘否定，譬如关于地球的问题。古代科学家认为地球是数十亿星球中的一个，但在基督徒眼里，完全不是这么回事。根据《创世纪》第一章的记载，地球是上帝出于特定原因给特定的一群人提供的临时住处，因此，有基督徒居于其上的地球才是宇宙的中心。那么，另一个更为复杂的问题来了：这群上帝的宠儿们到底在地球上生活了多长时间呢？一方面，现实中有大量古董、古城废墟以及上古动植物化石可以佐证；另一方面，基督徒却掩耳盗铃，指鹿为马，或视而不见，或矢口否认。等所有人都不得不让步，将信将疑地接受了他们荒谬的说法后，他们再喜滋滋地决定"创世纪"的具体日期。在基督徒创造的宇宙里，一切都是静止的，它会从某年某月某日某时某分开始，然后在某年某月某日某时某分结束。它只为某个独一无二的教派而存在，若数学家、生物学家或化学家之流想在这里探索时空奥秘，那简直是天方夜谭。

许多科学家曾申辩说他们打心里服从教会，但正统基督教徒不相信。他们觉得一个人如果真心忠于信仰，就不会费事看那么多书，知道那么多"无用"的事——他只要专注于一本书就够了！那就是基督教的《圣经》！那里面每一个字，每一个逗号、分号、感叹号都是圣贤受上帝感召而写下的！

我想，这样的"圣书"，伯里克利时期的希腊人是绝对不会有兴趣的，

---

[1]　德尔图良（Tertullian）：基督教著名的神学家和哲学家，因理论贡献被誉为拉丁西宗教父和神学鼻祖之一。——译者注

毕竟，除了支离破碎、晦涩难懂的国家历史、藏头露尾的爱情诗、所谓先知的信口开河，剩下的就只有恶意诋毁其他部落神明，不堪入目的污言秽语了。公元 3 世纪的野蛮人却不这样认为，他们把"文字"视为最伟大的文明奥秘之一，佩服得五体投地。当教会把《圣经》当作完美无缺、无懈可击的经典传授给他们时，他们心怀感激地接了过去，如饥似渴地吸收着那里面宣扬的，人类理应了解和渴望了解的知识。到了后来，他们甚至变得跟教会一样，谴责和迫害那些逾越了摩西和以赛亚[1]制定的界线，试图通过探索研究，否认天国存在的人。

这个圆圆的世界

甘愿为原则牺牲的人或许不多，但人类对知识的渴望毕竟无法压抑，这样旺盛的精力也总得找个地方宣泄才行。于是，求知欲和教会压制的冲突催生了一个弱小贫乏的思想学派，世称"经院哲学"[2]。

---

[1] 以赛亚（Isaiah）：《圣经·旧约》中的人物，《以赛亚书》的作者。生活在公元前 8 世纪。在其生活的年代以先知的身份侍奉上帝。——译者注

[2] 经院哲学（Scholasticism）：公元 11—14 世纪查理曼帝国的宫廷学校及欧洲基督教的大修道院和附属学校中产生的教会学院的一种哲学思潮，是运用理性形式，通过抽象的、烦琐的辩证方法论证基督教信仰、为宗教神学服务的思辨哲学。因为教师和学者被称为经院学者，故取名经院哲学。——译者注

事情得回溯到公元 8 世纪中叶，从法兰克国王丕平三世[1] 儿子的出生说起。如果说"圣路易"国王是欧洲君主中的楷模，那这位尊贵的皇子、日后的国王简直是有过之而无不及，毕竟他不需要人民为拯救自己而赔上大笔赎金，也没有恩将仇报地设立宗教裁判所对异教徒进行大清洗。这位皇子受洗后起名卡罗吕斯，即历史上大名鼎鼎的查理曼大帝。他的名字在许多古代宪章文献的落款处时有看见，虽然签名的字迹有点笨拙，拼写也有点马虎，但好歹他自小学习法语和拉丁语，若不是手指在与俄国人和摩尔人的长年战争中落下病根，变得不听使唤，他也不至于请当时最好的书写匠来，替他执笔。因终年征战，查理曼大帝在将近五十年的执政期间，只穿过两次用来代表其贵族身份的"托加长袍"[2]。对此，他引以为傲。除了军事，他也十分重视教育的发展，为了自己和官员们的孩子，不惜把自己的皇宫改建成私立大学。这位被尊称为"欧洲之父"的法兰克国王喜欢与当时的大学名儒们一起消磨时间，他尊重学术自由，经常纡尊降贵参与各种学术讨论。他说，学者不管地位高低，只要言之有理他自会洗耳恭听。

皇帝陛下和学者们感兴趣的话题以及他们的讨论乍一看高深莫测，但仔细听听，却像是田纳西州某乡间中学的辩论队在做训练似的。不得不说，他们太天真了。从公元 800 年到 1400 年，学者们的境况并没有得到太大的改善。尽管他们跟 20 世纪的学者一样才思敏捷，却也跟现代化学家或医学家一样陷入了同样的困境——虽然享有充分的自由进行调查研究，但绝不可违逆 1768 年第一版《大不列颠百科全书》里关于化学和医学的认知。要知道，在当时，化学鲜有人知，外科医生在人们眼中更是与屠夫无异。

---

[1] 丕平三世 (Pepin III)：公元 714 年—768 年 9 月 24 日，法兰克国王，夏尔一世的父亲，加洛林王朝的创建者。——译者注

[2] 托加长袍 (Toga)：简称托加，是最能体现古罗马男子服饰特点的服装。托加是罗马人的身份象征，只有具备罗马公民权的男子才能穿着。——译者注

中世纪科学家中当然不乏天资聪颖之人，只是他们能用上的实验材料及工具实在有限，用一个不恰当的比喻，就像是把劳斯莱斯的引擎装到一辆破旧的小汽车上，不仅大材小用，而且容易产生一连串故障。当好不容易把车子的状态调整到能循规蹈矩上路时又会发现，这奇怪玩意操纵起来太可笑了，即使花费九牛二虎之力都不可能到达目的地。出类拔萃的人看到这种情形自然十分着急。他们想方设法摆脱教会鹰犬的监视，以卷帙浩繁

无可辩驳的论证

的著作为教会否认的理论提出反证，从而宣扬他们内心深处的真实想法。与此同时，他们还会做出一系列掩人耳目的假象，例如身着奇装异服，把鳄鱼标本挂在屋顶上，在书架上摆满内容不明的瓶子，时不时烧些气味难闻的草药。他们的行为吓坏了附近邻居，叫人不敢登门造访。考虑到这些举动并没有危及他人，大家便都只是在私底下骂他们神经病。因此，"挣"得这一"荣誉"的科学家就可以随心所欲地胡说八道，不用担心要为自己的失言负责。后来，他们甚至发展出一整套伪装，用以掩饰他们真实的科学意图。即使到了现代，我们解读起来也还是十分困难。在历史上，会无情打压科学家和文学家的除了中世纪的教廷，几世纪后出现的新教改革者们也不遑多让，但由于篇幅有限，在这里就不多说了。

伟大的改革者可以披肝沥胆，慷慨激昂，却极少能以实际行动表达所

新的一贯正确

说所想。罗马教廷却不一样，它不仅有能置异己于死地的权力，而且只要时机成熟，便会毫无顾忌地加以施展。若只是抽象地思考宽容与专制的理论价值，那上述两者的区别可谓无足轻重；但对于生活在当时屡遭迫害的学者来说，是被当成叛徒忍受唾骂，还是被当成异教徒付出生命，那可就是生死攸关了。

我们无需苛责中世纪的科学家，说他们前畏狼后怕虎，宁愿浪费时间，拿圣经《启示录》里动物的名字作字谜游戏，也没有勇气说出他们认为正确的东西。我敢肯定，假如时间倒退 600 年，我也必然不敢写现在这本书。

第九章　向文字宣战

我发现写史越来越难了，这种感觉就像是一个从小学习小提琴的人，到了 35 岁，却被塞给了一架钢琴，并要求他弹出大师级的水准，理由是"这也是音乐啊"。对于已掌握了某个领域里的某种特定技能的人来说，无法在同样的领域中学以致用不啻于最可惜之事。我花费了大量的时间和精力，学会如何借助明确建立的秩序观察并分析历史，而所谓"明确建立的秩序"即是由皇帝、国王、大公或总统所领导，有国会议员、参议员和财政大臣辅政的国家。而且，在我还年轻的时候，上帝仍然被认为是掌管一切的万物之首，受万人敬仰。

后来战争打响了，旧秩序被推翻，皇帝与国王被废黜，主政大臣们接连被不知所谓的秘密委员取而代之。在世界很多地方，天国的大门因议会的独断专行被轰然关上，他们甚至把过气的御用文人追封为古往今来所有先知的继承人。当然，这一切并不会长久，只是，文明的步伐被拖慢，得再经历好几个世纪才能赶上发展，而届时，我早已入土为安。每思及此，即使面前布满沟壑险滩，我又如何能坐视不管？

以沙俄为例，约 20 年前，我曾在这个所谓的"圣地"住过一段时间。当时从国外传进来的报纸就像是打翻了鱼子酱的桌布，至少有四分之一篇幅被涂黑，根本没法看，更别说明白报纸所传达的意思了。沙俄当局解释说，这样做是不想让单纯的百姓们知道太多险恶的事情。世界其他国家的人把这种舆论监督视为难以容忍的"黑暗时代"的复苏，西方各国更是通过几份特定保留下来、惨遭涂抹的美国连环画报向本国百姓说明，不可一世的沙俄也不过是偏狭专制的蛮族。没多久，俄国十月革命爆发。

在过去的 75 年里，俄国的革命家们总说自己"一贫如洗，忍辱负重，完全没有自由可言"，因此不得不服从当局的指示，监督和截断所有关于社会主义的宣传。1918 年十月革命，使以往总被人踩在脚下的中低阶层终于实现了大翻身，"废除审查制度，还我新闻自由"却依旧是一纸空谈。他们把那些不肯吹捧新领导的报纸杂志查封了，把直言不讳的编辑们流放至西伯利亚和阿尔汉格尔斯克[1]。他们的不宽容比沙俄统治下的大臣和警察更让人寒心。

我是在较为开明的社会中长大的，信奉弥尔顿[2]的格言——"给我自由的最高形式，让我凭着良知自由地认识、自由地发言、自由地讨论吧！"令人遗憾的是，"开战了"这个电影式的开场白却让我仿佛回到了过去，那时，连《登山宝训》[3]都被政府认定为居心叵测的亲德派文书，公民不可随意传阅。凡有出版物流出，必定追究其编辑和印刷商的责任，轻则罚款，重则坐牢。有鉴于此，似乎放弃研究历史，转而写些短篇小说

---

[1]　阿尔汉格尔斯克（Archangel）：历史上俄罗斯的重要港口，位于北德维纳河河口附近，是阿尔汉格尔斯克州首府。——译者注

[2]　弥尔顿（John Milton）：约翰·弥尔顿，1608 年 12 月 9 日—1674 年 11 月 8 日，英国诗人、政论家、民主斗士，英国文学史上最伟大的六大诗人之一。代表作《失乐园》。——译者注

[3]　《登山宝训》（Sermon on the Mount）：亦作《山上宝训》，指的是《圣经·新约·马太福音》第五章到第七章里，耶稣基督在山上所说的话。《山上宝训》当中最著名的是"八种福气"，这一段话被认为是基督徒言行的准则。——译者注

或经营庄园更明智些。可这无异于认输服软，我不能接受。我坚信，在井然有序的国度里，只要没有损害他人利益，没有违反社会秩序，没有触犯当地法律，每个正直的公民就都有权利表达、思考和陈述自己认为是正确的道理。我不在乎这些言论是否会让自己被政府当局列入重点审查的黑名单。但依我之愚见，警方的审查应针对那些为了私利而印刷和出版色情杂志和报纸的人。至于其他的，不妨高抬贵手，能放就放。我并非理想主义者，也不是改革家。相反，我很讲究实际，最讨厌劳而无功的事情，而过去500年的历史已清楚表明，以暴力压制文字出版和言论自由不但没有好处，也不见丝毫成效，不过是白费力气而已。

胡说八道的话就如同炸药，只有放在狭小密封的容器里再加上外力的打击才会产生危险。一个自我感觉良好的半吊子，就算让他开坛布道，至多也只能招来几个好奇的听众，他的苦心孤诣最终也只会沦为别人的笑柄。但若是他"不幸"被粗鲁且更加目不识丁的地方官员戴上手铐，关进监牢，然后又无端被判35年禁闭的话，他就会变成一个宁折不弯的烈士，赢得大家的同情。

从上述例子中，我们不难看出一个事实——历史上既有甘为信仰牺牲的烈士仁人，也有居心叵测的衣冠禽兽。后者手段狡猾，人们无从防范。所以，我主张想说什么想写什么就由得他们吧，时间会为我们检验他们说的到底是金科玉律还是无稽之谈。希腊人与帝国时代前的罗马人也曾意识到这一点，可当罗马皇帝开始把自己标榜为主神朱庇特的远亲，乃高高在上，半人半神的存在后，

镇压

一切都变了。他们炮制出一种名为"欺君罔上"的十恶不赦之罪。用现代的话来说，这就是政治罪。从奥古斯都到查士丁尼，不知有多少人仅仅因为直言极谏，冒犯了统治者，便获罪入狱。其实想来，人们也只是一番好意，若真对皇帝和国事不闻不问，自然就不会有这么多忌讳的话题。

当教会统治了世界后，人们自由快乐的好日子也到了尽头。

耶稣逝世前，善与恶，正统与异教之间便有了明确的界线。公元1世纪后期，圣保禄长年在小亚细亚的以弗所游历。虽然那里曾以魔法和符咒闻名，可圣保禄还是孜孜不倦地四处布道，彰善瘅恶，终于成功地使人们明白了异教崇拜的错误。据《使徒行传》第十九章的记载，为了表示忏悔，曾经的异教徒们趁着某天晴空万里，把魔法书和价值上百万的符咒付之一炬。人们这样做完全出于自愿，因为没有迹象表明圣保禄曾试图禁止人们阅读和收藏此类书籍。对文字宣战在一个世纪后开始。当时，有几个以弗所的主教颁布命令，凡载有圣保禄生平事迹的书皆为禁书，虔诚的信徒不应阅读。在接下来的200年里，由于能出版的著作寥寥无几，被封禁的书籍也屈指可数。公元325年，尼西亚会议召开，确立基督教为罗马帝国的国教，对文字或出版物的审查也随之变成教士们的日常工作。按当时的规定，有些书籍是绝对禁止传播的，有些则被定性为"危险品"，翻阅之人都得小心自己的身家性命。由于所有出版物都必须获得教会当局的同意才能发行，于是作者们只好在著作完成的第一时间内，先把手稿送给当地教区的主教审批。即便如此，作者也还是不能担保自己的著作能流芳百世。这一届的教皇认为无伤大雅的东西，在下一届教皇的眼里也许就是异端邪说。不过总体而言，预先向主教报备出版内容不失为一个保护作者的好方法，就算真出事了，他们起码还能保住一条命，不用凄惨地以身殉书。况且那时的图书传播只能靠人手工抄录，出版一套三卷的著作至少需要5年，为免白费人力物力，出版商们都很乐意遵循这样的规矩行事。

不久之后，这一切因约翰内斯·古登堡[1]的发明，出现了重大的转折。从 15 世纪中叶开始，有魄力的出版商可以在不足两周的时间内印刷出四五百本图书。托他们的福，在 1453 年到 1500 年这短短 47 年间，西欧和南欧读者们竟可以接触到不下四万册，不同版本的图书，其数量之多足可媲美当时大型图书馆内历代积累的馆藏的总和。

书籍数量的突增使教会忧心忡忡——想揭穿并抓捕一个拿《四福音书》冒充基督追随者的异教徒已是不易，若圣书的印刷品随处可见，几乎人手一本的话，那该如何分辨朋友与敌人？情况的发展已对教廷的控制构成了直接的威胁，必须要指派一个特定的机构，从根源上审查所有出版物，然后再决定哪些可以发行，哪些永世不得见天日了。该审查机构会不时地公布一些书籍清单，斥责它们传播"禁断的知识"，到了后来，甚至炮制出一本跟宗教裁判所一样恶名昭著的《禁书目录》[2]。

说到这里，也许有很多人会认为，对印刷品和出版物的监督和审查是天主教会独有的规定，但其实不然，很多国家的领导人同样害怕出版物以排山倒海之势冲击人们的认知，威胁国家的安宁。他们强迫国内的出版商把书稿送到审查机关，凡是没有通过审查并加盖官印的著作都不得出版发行。不过，这样的规定除了在罗马，在其他国家都未能延续至今；而就算在罗马，眼下的情形也已与 16 世纪中叶时大相径庭。教会再不情愿，也敌不过大势所趋。出版业发展迅猛，印刷品除了图书，还有多如牛毛、接踵而来的传单、小册子、报纸和杂志，即使是禁书目录委员会里最勤勉的枢机主教，花上一辈子的时间，也不一定能将所有内容通读一遍，更别说筛查分类了。统治者想通过打压文字出版来控制人民，结果却因为自己的

---

[1] 约翰内斯·古登堡（Johannes Gutenberg）：又译作"谷登堡"、"古腾堡"。他是西方活字印刷术的发明人，他的发明导致了一次媒介革命，迅速地推动了西方科学和社会的发展，是与东方的毕　相比肩的历史巨人。——译者注

[2] 《禁书目录》（Index Librorum Prohibitorum）：一份禁书目录，目录中的书籍或著作曾被罗马教廷认为具有"危险性"，内容有害于天主教徒的信仰和道德。凡在《禁书目录》的书籍或著作，都严禁印刷、进口和出售。——译者注

书贩

专制而尝到苦头。

公元 1 世纪，罗马皇帝塔西佗[1] 就曾反对迫害书籍作者，认为"这种愚蠢的行为只会让原本默默无名的书变得倍受瞩目"。《禁书目录》也证实了这个论断，宗教改革一朝获胜，那些被列入《禁书目录》的著作马上成为了想要深刻了解现代文学的读者手中的必读书。不仅如此，在 17 世纪，德国和低地国家[2] 里一些野心勃勃的出版商会在罗马安插耳目，这些耳目的工作就是搜集最新的《禁书目录》并交给指定的信使，信使争分夺秒地越过阿尔卑斯山和莱茵河，把书单交给他们的雇主。有了禁书书单，德国和荷兰的印刷厂便马上夜以继日的抢印，务求在最短的时间内，以最高的价钱，把这些特别的书籍通过职业书贩卖到禁令森严的国家。走私书籍的数量毕竟有限，而不久前，《禁书目录》在意大利、西班牙和葡萄牙等国还十分猖獗。这样的压制政策给国家带来的影响是沉重而深远的，直接导致国家在发展竞争中远远落后，因为他们的大学生用不上制作精良、知识完备的外国教科书，只能咬牙忍受国内粗制滥

---

[1] 塔西佗 (Marcus Claudius Tacitus)：古罗马皇帝，公元 276 年 4 月前后至 6 月末在位。——译者注

[2] 低地国家 (Low Countries)：对欧洲西北沿海地区的荷兰、比利时、卢森堡三国的统称。——译者注

造，过时过气的印刷品。更可悲的是，《禁书目录》的存在使许多作者无心文学创作或科学研究，毕竟，没有人能忍受自己的心血杰作被无能的审查员改得乱七八糟，或被毫无逻辑可言的禁书目录委员会成员校订得面目全非。在这种情况下，作家们情愿花时间钓钓鱼、跳跳舞、喝喝酒，或坐下来，把对自己和人民的绝望，写成像《堂吉诃德》似的故事。

第十章　书籍与历史

若读者们看腻了现代小说，不妨读读伊拉斯谟[1]的信札。当年，有很多人会寄信给这位饱学之士，其中不乏来自朋友们善意的提醒。例如，某中世纪教师在来信中写道，"听说您正考虑写一本反对路德教派的小册子，为免拂逆教皇对您的关心，请您务必注意措辞"或"从剑桥那边回来的人说，您正在筹备出版一本散文集。为了保全自身，您可千万不能以卵击石，得罪我们这位有权有势的皇帝"。

看来，作者要考虑的事情远不止自己的著作，还包括鲁汶[2]的主教、英格兰国王、索邦神学院[3]或剑桥神学院的可怕教授。万一不小心冲撞了其中任何一方，轻则失去可观的收入和官方的保护，重则落入宗教裁判所的魔掌，被碎尸万段。到了现代，刑具作为古董已被收进了博物馆，宗教

---

[1]　伊拉斯谟（Desiderius Erasmus）：尼德兰哲学家，16世纪初欧洲人文主义运动主要代表人物。他知识渊博，忠于教育事业，讽刺经院式教育，反对死记硬背，主张学习自然科学。其一生始终追求个人自由和人格尊严。——译者注

[2]　鲁汶（Louvain）：比利时王国的一座城市，位于首都布鲁塞尔以东大约25公里处。因其历史悠久的天主教鲁汶大学（现已更名为鲁汶大学）和美味的啤酒而享誉欧洲。——译者注

[3]　索邦神学院（Sorbonne）：法国巴黎大学旧称，早期以神学研究享誉。——译者注

裁判所也在百年间陆续关闭，对于从事文学创作的人来说，所谓官方的保护已不存在实质用处，历史学家的聚会上也不会有人拿"收入"说事。然而，当我一提到想写一部关于宽容的书时，另一种形式的劝告和建议马上涌进我那与世隔绝的小屋子。

"哈佛大学拒绝黑人入住宿舍了。"某个书记官来信说道："请务必在书里提一下这种令人遗憾的事情。""马萨诸塞州弗雷明汉市的三 K 党决定联合抵制当地一个公开承认信仰罗马天主教的杂货店老板，如果可以的话，请在写书的时候也就此事发表一两句分析。"诸如此类的书信多如牛毛，堆积如山。

毋庸置疑，来信中提到的这些事情都很愚蠢，也很不理性，应该受到谴责；但从本质而言，这无非是某些团体或个人不文明及缺乏公共精神的恶劣表现，还不至于以不宽容论处。官方和教会的不宽容往往与国家法律紧密相连，把迫害忠良当成是神圣的要职。白芝浩[1] 曾说，历史应如伦勃朗[2] 的蚀刻画，只让光芒投射在最好最重要的事物上，其他的则留给黑暗孤芳自赏。即使到了现代，不宽容的事件也时有爆发，但在各种媒体翔实的记载中，我们依然能看到富有希望的光辉未来。以往的很多事在祖辈们眼里都是顺理成章的至理名言，眼下却引起了年轻后生们的激烈争辩；而对于年轻后生们奋起保护的新思潮，祖辈们只觉着不切实际，荒诞不经。他们通过打压下层民众的示威游行，在抵抗新思潮的战争中取得暂时的胜利。

请原谅我无意在书里讨论上述之事。因为我不想花太多的篇幅描写略有小成的当铺老板如何势利、独霸一方的北欧人如何今非昔比，或是边远

---

[1] 白芝浩（Walter Bagehot）：英国最著名的经济学家、政治社会学家和公法学家之一。——译者注

[2] 伦勃朗（Rembrandt Harmenszoon van Rijn）：1606 年—1669 年，欧洲 17 世纪最伟大的画家之一，也是荷兰历史上最伟大的画家。伦勃朗画作体裁广泛，擅长肖像画、风景画、风俗画、宗教画、历史画等。——译者注

地区的福音传教士如何胸无点墨，农民牧师和巴尔干岛上的拉比 [1] 又如何食古不化。这样的人我们身边实在太多，他们虽然思想偏执，人品却还不错。况且若没有政府撑腰，他们都是无害的存在，在开明的社会里更是如此。

个人的不宽容令人讨厌，不仅容易引起社区群体的不快，而且还存在着比麻疹、天花和长舌妇人加起来还要多的弊端。幸好，不宽容的个人无法充当刽子手，一旦他自以为能凌驾法律之上，左右他人生死时，自然会有警方阻止他的一意孤行。另外，不宽容的个人也不能监禁他人，更无权规定每个国民的思考方式和生活习惯；如果他非要我行我素，必会招致所有百姓的强烈不满，届时所谓的新法令就会变成一纸空文，就算在天子脚下也无人执行。

总而言之，在自由的国度里，个人的不宽容绝不可逾越大多数公民所能容忍的极限。当局的不宽容却不然，它的权力之大，足以生杀予夺，只手遮天。为了稳固自己的统治，它对所有的异见充耳不闻，对无辜之人不存丝毫恻隐之心；为了让自己的残酷决定看起来师出有名，它假借神灵之名，假传上天的旨意，宣称只有当选的最高领导人才能拥有解开生命之谜的关键。有鉴于此，本书谈及的不宽容都是当局的不宽容，若我忽略了个人的偏执，请读者们再次原谅，毕竟我一次只能专注于一件事情。

---

[1] 拉比（Rabbi）：犹太人中的一个特别阶层，是老师也是智者的象征，指接受过正规犹太教育，系统学习过《塔纳赫》《塔木德》等犹太教经典，担任犹太人社团或犹太教教会精神领袖或在犹太经学院中传授犹太教教义者，主要为有学问的学者。——译者注

PART III

文艺复兴时期

宽容如同自由，不能乞求别人施舍，只能靠自己争取。在拥有之后更应时刻保持警惕，以免未来的有识之士又堕入赛尔维特的悲剧。

第十一章 文艺复兴

　　从前，在我们生活的国家里，有一个博学的漫画家，他总是在幻想台球、字谜游戏、小提琴、被洗白的衣服还有门前的脚垫，它们都是怎样看待这个世界的。但现在，我更想知道那些奉命操纵大型攻城炮的士兵们的心理状态——毕竟那是战争期间诸多工作任务中最奇怪的。其他士兵多多少少都会清楚自己正在执行的任务以及努力的成果：飞行员可以从腾空而起的红光中判断是否击中了煤气工厂；潜艇指挥员可以在持续两三个小时的激战后，通过海面上的残骸审视战绩；战壕里的步兵只要继续待在那里，就算是守住了阵地；普通炮兵击打时虽然也看不见目标，但好歹可以拿起电话，询问藏在几里外枯树上的同伴，目标是已中弹被毁，还是要调整角度再攻击一次。可操纵大型攻城炮的炮手们不一样，他们就像是活在一个虚假而孤独的自我世界里，即使有经验老到的弹道学专家从旁协助，也无法预见发射出去的炮弹最终会落到哪里——也许真的击中了目标，炸毁了兵工厂或战略要塞；也许不幸击中了教堂或孤儿院；也许变成了一颗哑弹，安静地扎入了河底或墓穴里。

　　与大型攻城炮的炮兵相似，文学作者们也在操纵着一门重型火炮。他们以文字为炮弹，在最不可能的地方引起革命或动乱。但在更多的情况下，这些都是哑弹，只能无声无息地静卧在附近的田野里，最后被当作废铁，制成花盆和雨伞架。

曾几何时，地球上的纸浆消耗量史无前例地突飞猛进，我们把那个时代称为"文艺复兴"。意大利半岛上每一个稍有些墨水的文人、罗马平原上每一个博学之士都争先恐后地把自己的著作印刷成 12 开的书籍，更别提那些模仿希腊人写下的动人诗句，以及充满罗马复古韵律的颂曲。当时还有无数人热衷于收藏古币、雕塑、偶像、图画、手稿和古代盔甲，他们花了整整 300 年不辞劳苦地把刚刚从历史废墟里挖掘出来的东西分类、整理、制表、登记、存档和编纂，再配上最美丽的铜版画和最精致的木雕，制成卷帙浩繁的集子。

当时，强烈的求知欲使出版商及印刷公司有机会利用古登堡发明的印刷术大发横财。可惜，文艺复兴时期的文学作品并没能在作家们所处的 15、16 世纪得到应有的重视，且只有少数几个笔杆子英雄为社会贡献了新思想。也许他们跟大型攻城炮的炮兵一样，终其一生都无法看到自己的作品取得了多大的成就，带来了多深远的影响，但他们的作品却从根本上铲除了人类前进道路上的种种障碍，值得我们心怀感激——若不是有他们彻底清理了堆积如山的历史垃圾，我们今天还会被困在老旧思想的囹圄里。

严格来说，文艺复兴起初不是一个"向前看"的运动。它对刚刚过去的时代遗留下来的著作十分鄙夷，称之为"哥特式的野蛮"。文艺复兴的主要针对对象是艺术作品，因为人们相信那里面蕴藏着"古典精神"。虽然运动领导者们的本意并非如此，但文艺复兴确实大大地促进了理性的解放，宣扬了宽容的精神，让人向往更美好的世界。

很早以前就有人质疑，罗马教皇究竟有何权力，能强行规定波希米亚或英国的农民应该用什么语言祈祷，必须以何种精神接受耶稣的教诲，可以为自己的兴趣爱好花多少钱，需要读什么样的书以及应当如何教育自己的小孩。不服气的农民们曾试图反抗这种压倒性的力量，也曾高举民族进步的大旗发起过一场轰轰烈烈的运动，却不幸只能以失败告终。

作为对全世界的警告，伟人约翰·胡司[1]的骨灰还未烧尽，便被弃于莱茵河，让人不得不心惊于教皇无边的统治权力；而威克里夫[2]的尸体也被挖了出来焚烧，让莱斯特郡[3]的下层农民知道，得罪了枢密院和教皇的人甚至无法入土为安。种种迹象表明，想跟教廷正面交锋是不现实的，尤其是那座名为"传统"的坚实堡垒，在历经了15个世纪缓慢而精心地建成后，根本无法单靠外力摧毁。堡垒高墙里的丑事更是骇人听闻：三个敌对的教皇为了"圣彼得唯一继承人"的身份争得面红耳赤；罗马与阿维尼翁[4]教廷决疣溃痈；法律条文再多，也抵不过一句"有钱使得鬼推磨"；修道院的僧侣们道德败坏；贪赃枉法之人通过夸大炼狱的恐怖，要挟可怜的父母，让他们为过世的孩子花钱"消灾"。这桩桩件件皆是众所周知，却丝毫不会威胁到教会的安全。奇怪的是，有些人明明对基督教事务毫不上心，对教皇和教区主教们也不曾心存怨恨，但他们胡乱发射出去的炮弹，却最终把这座陈旧的大厦毁于一旦。这些形形色色的人们，继承了布拉格百姓所向往的基督教崇高的美德，希望活着时能多做善事，老死后便回到天堂圣母的膝下承欢。他们来自欧洲各地，代表着各行各业。当时的他们也许不知道自己所做的事情对未来有什么影响，但若是听了后世史学家对他们的评价，说不定还会被吓得目瞪口呆。

以马可·波罗为例，他是一个杰出的旅行家，看过许多壮丽的风景。他告诉国人远方有金色王座高如宝塔，有大理石城墙长过从波罗的海延伸至黑海的距离。可那些看惯了西方城市建筑的人只当这是信口妄言，还将

---

[1] 约翰·胡司（John Huss）：捷克宗教改革家。——译者注

[2] 威克里夫（Wycliffe）：英国宗教改革家。——译者注

[3] 莱斯特郡（Leicestershire）：属于英国英格兰中部的郡。——译者注

[4] 阿维尼翁（Avignon）：法国东南部城市，沃克吕兹省首府。——译者注

他谑称为"百万先生"。然而就是这样一个干瘪的小老头，扮演了推动历史进步的重要角色。由于和同阶层同时代的人一样，对文学怀有偏见，马可·波罗的文笔一般。尽管威尼斯人对复式记账本都不陌生，但他总觉得身为男人就应该舞刀弄剑，而非舞文弄墨，因此，他对写作之事兴味索然。无奈战争使他被投入热那亚[1]的监狱，为了打发枯燥的铁窗生涯，他向跟他关在一起的三流作家讲述了自己跌宕起伏的一生，并用这种迂回的方式，使西方人第一次接触到闻所未闻的新世界。

马可·波罗是一个心思单纯的人，他很容易相信那些子虚乌有的事情，如：为了向异教徒证明信仰的力量，虔诚的基督教徒把小亚细亚的一座山挪开了几公里；还有像无头人、三脚怪鸡等广为流传的民间故事。这些经历看似无稽，却胜过古人在过去 1200 年间的努力，一口气推翻了教会对地理学的认定。马可·波罗自始至终追随教会，所以不明白为何后世会有人拿他与差不多同时代的罗杰·培根[2]相提并论——后者明明是个地地道道的科学家，为了追求真理，甚至付出了十年不得写作以及十四年狱中折磨的代价。

权衡之下，还是马可·波罗带来的"危害"更大，因为十万人中可能只有一个愿伴培根左右，一起追逐天边的彩虹，一起抽丝剥茧地研究足以颠覆当时神圣观点的进化论；但任何一个平民，哪怕只认得几个字，都听得懂马可·波罗娓娓道来的故事，并意识到这个世界很大，充满了《旧约》作者从未谈及的东西。当然，在世界取得最基本的思想自由之前，单靠马可·波罗出版的一本游记是不可能对抗《圣经》的权威的。大规模的启蒙开化需要历时数世纪的艰苦准备，这有赖于当时的冒险家、航海家、旅行家以及因他们妙趣横生的经历而催生的怀疑精神。文艺复兴后期，怀疑精神成为了主流思想，它促使人们开始热衷于讨论很多不同的话题，甚至包

---

[1] 热那亚（Genoa）：意大利最大的商港和重要的工业中心。——译者注

[2] 罗杰·培根（Roger Bacon）：英国具有唯物主义倾向的哲学家和自然科学家，著名的唯名论者，实验科学的前驱。具有广博的知识，素有"奇异的博士"之称。——译者注

括那些早年一说起就会被宗教裁判所盯上的禁忌。例如，薄伽丘[1]的朋友在第一天离开佛罗伦萨远去的路上听到一段奇特的对话，其中一个人说众所周知，所有的宗教体系都既有好的、对的一面，也有坏的、错的一面，若这个前提是对的，那各执己见的人们又何必相煎太急呢？著名学者洛伦佐·瓦拉一次神奇的历史探秘也同样叫人啧啧称奇。洛伦佐生前是深受罗马教会器重的核心成员，他在钻研拉丁语时发现并证实，所谓"君士坦丁大帝把罗马、意大利及所有西方行省赠与教皇西尔维斯特一世[2]"一事完全是无稽之谈。那不过是教皇属下一个名不经传的小官在皇帝陛下驾崩逾百年后编造出来的拙劣谎言，目的是让历任教皇有借口成为整个欧洲的主宰。

让我们回到现实一点的话题。圣奥古斯丁曾教育虔诚的基督徒，说地球另一端净是些亵渎神灵的异教追随者，这些可怜的人们无法盼来基督的再次降临，因此根本没有理由活在世上。可当瓦斯科·达·伽马[3]于1499年自印度首航归来，并向人们描述那个地广人多的国度时，这些善男信女们又该如何看待一直以来坚信的教义呢？罗马教廷一直向纯朴的百姓们灌输说世界是一个平面的圆盘，耶路撒冷是宇宙的中心；可"维托利亚"号环球航行的成功却表明《旧约》中的地理描述含有严重的谬误。在这种情况下，大众到底应该信谁？

最后，我想再重申一下之前提过的，即文艺复兴并不是一个自主研究科学的时代，在精神领域人们难免缺乏真正的志趣。可以说，这300年里所有的发展，都是以美好和享乐为主导的，就算是叛教之人，只要稍懂印

---

[1] 薄伽丘（Giovanni Boccaccio）：意大利文艺复兴运动的杰出代表，人文主义杰出作家，与诗人但丁、彼特拉克并称为佛罗伦萨文学"三杰"。其代表作《十日谈》是欧洲文学史上第一部现实主义作品，它批判宗教守旧思想，主张"幸福在人间"，被视为文艺复兴的宣言。——译者注

[2] 西尔维斯特一世（Sylvester I）：意大利教士，于公元314年1月至335年12月31日在位为罗马教皇。他与君士坦丁大帝相处友好，并合作召开了意义深远的尼西亚会议。——译者注

[3] 瓦斯科·达·伽马（Vasco da Gama）：约1460—1524年，是开辟西欧直达印度海航路的葡萄牙航海家，早期殖民主义者。——译者注

刷术或建筑学且巧舌如簧，一样能被恨异端邪说入骨的教皇奉为坐上宾。像萨沃纳罗拉[1]那样积极宣扬美德的人和不可知论者虽然也是教会的眼中钉，但他们很聪明，懂得利用诗歌和散文，强烈抨击基督信仰的根本。纵观这一切，除了有人们对新生活的向往，还潜藏着一股无法忽视的不满情绪，即反对眼下的社会秩序以及权力至上的教会对人类理性发展的限制。从薄伽丘到伊拉斯谟，在这中间近两个世纪的时间里，抄写匠和印刷商从未清闲过。除了教会出版的刊物外，所有重要的著作里几乎都在控诉一个悲惨的现状：野蛮入侵所带来的混乱取代了希腊和罗马曾经的文明，西方社会受制于教会僧人的无知与傲慢。同时代的马基亚维利[2]和洛伦佐·德·美第奇[3]对伦理学并不感兴趣，他们都是讲究实际的人，也善于利用现实世界。因为十分清楚教会的能耐，也十分明白得罪教会的下场，所以他们表面上对教会俯首贴耳，不参与宗教改革运动，也不质疑教会对民众的管辖制度，实际上却在求知欲的促使下不断思考，不断从过去的事情中找寻真相。他们的努力让一直认为"我们知道"的百姓开始了有意识地反思——我们真的知道吗？

对后世而言，这种反思可比彼特拉克[4]的十四行诗和拉斐尔[5]的画集更值得庆贺与纪念。

---

[1] 萨沃纳罗拉（Savonarola）：多明我会修士，佛罗伦萨宗教改革家。他以反对文艺复兴艺术和哲学，焚烧艺术品和非宗教类书籍，毁灭被他认为不道德的奢侈品，以及严厉的布道著称。——译者注

[2] 马基亚维利（Machiavelli）：意大利政治思想家和历史学家，出生于佛罗伦萨，代表作为《君主论》。——译者注

[3] 洛伦佐·德·美第奇（Lorenzo de′ Medici）：意大利政治家、外交家、艺术家，同时也是文艺复兴时期佛罗伦萨的实际统治者。——译者注

[4] 彼特拉克（Petrarch）：意大利学者、诗人，文艺复兴第一个人文主义者，被誉为"文艺复兴之父"。——译者注

[5] 拉斐尔（Raffaello Santi）：1483年—1520年，意大利著名画家，也是"文艺复兴后三杰"中最年轻的一位，代表了文艺复兴时期艺术家从事理想美的事业所能达到的巅峰。——译者注

第十二章　宗教改革

　　现代心理学教会了我们几个能看清自身的有用知识，其中之一就是：人极少会为单一的动机做一件事。不管是为新大学捐献一百万美金，还是拒绝给饥饿的流浪汉一个铜板；不管是认为只有在国外才能享有真正思想自由的生活，还是发誓永远不离开美国；不管是指鹿为马，还是颠倒是非，我们心里明白，每个决定的背后都有一系列不同的理由。若我们对自己及周围的人太诚实，我们在大庭广众下的形象说不定马上会分崩离析。出于自我保护的天性，我们总会本能地选择最体面最有可能的理由，再迎合公众的口味修饰一番，然后称之为"真正的动机"。这样的行为虽然可以在大多数场合下蒙骗外人，却没有办法蒙骗自己——哪怕是一分钟。作为文明人，我们都清楚这样的"潜规则"，并狡黠地达成默契，不会在任何公共场合戳穿它。当然，我们内心怎么想，都是个人的事；只要能维持光鲜的体面，我们便会心满意足，并乐于遵守"相信彼此谎言"的原则。可是大自然并不会受礼仪的束缚，也不会遵守这样的行为准则，因而极少被允许进入神圣的文明社会。由于历史一向只是少数人的消遣，所以那个名叫克利俄的缪斯女神不得不忍受枯燥无味的生活。相比之下，那些还不如她高贵的神明姐妹们却不断地受邀至各个宴会中，尽情地唱歌跳舞。不被重视的克利俄女神如何能咽得下这口恶气？她又怎么可能不用尽心机，试图报复？不幸的是，她的报复危害极大，常常以大量人类的生命和财产为代价。

每当这个掌管历史与史诗的女神向我们揭露那些流传了数世纪的谎言时，随之而来的必是烽烟四起。动荡中，骑兵横冲直撞，漫山遍野只剩步兵行军的身影；平民失去了自己的归宿，整个国家一片荒凉。慢慢地，那个时代的历史学家们逐渐意识到，历史虽是艺术，却更是科学，那只在化学实验室和天文台里备受尊敬的自然法则，同样主导着历史。悟明了这个道理的先人们为了后世子孙，决定开展一次大规模的科学扫盲，即本章真正要谈及的主题：宗教改革。直到不久前，人们对这场社会和思想大变革的想法还只有两种：不是全盘接受，便是彻底否定。支持宗教改革的人认为，这场运动是宗教狂热的突然爆发，神学家们震惊于教会的贪赃枉法和各种龌龊的所作所为，于是决定重新建立一个新的教会，向真心想成为正直基督徒的人传授真正的教义；反对宗教改革且对教会忠心耿耿的罗马人可不这么想，按阿尔卑斯山另一端的学者的说法，宗教改革是一场卑鄙无耻的阴谋，因为几个可恨的贵族不想结婚，却还想得到本该属于教会的财产，才会如此闹腾。

一如既往，争执的双方都是对的，也都是错的。这次宗教改革是形形色色的人出于各种各样的目的发动的。也是直到最近我们才明白，宗教层面上的不满只是这场大动乱爆发的次要原因，实际上，这是一场不可避免的社会和经济革命，与神学没有太大关系。在向后代子孙解释改革之事时，把菲力普一世 [1] 说成是一个对新教义更感兴趣的开明统治者更为容易，所以也就不必费事向孩子们解释他是如何制定出复杂的阴谋诡计，如何勾结土耳其的异教徒，如何击倒其他基督徒，以及如何赢得最后的胜利

---

[1] 菲力普一世（Philipp I）：1509 年—1567 年，黑森伯爵。——译者注

的。新教徒在几百年来，一直把这个雄心勃勃的年轻伯爵塑造成宽宏大量的英雄，而他最大的野心则是通过扩张黑森家族的势力，将大权在握的死敌哈布斯堡家族[1]取而代之。另一方面，后人也只会简单地把克莱门特教皇[2]形容成一个被宗教改革弄得焦头烂额的教会领导者，他一心想阻止追随者改信新教，到头来却还是徒劳无功。可实际上，他是一名典型的美第奇家族[3]贵公子，打心底觉得宗教改革无非是德国僧侣们[4]不体面的酗酒吵闹，甚至打算趁此机会利用教会的权威，使自己的祖国受惠。

　　若知道了历史的真相，再看到这些传奇人物印在天主教课本里那颇有深意的微笑时，也就不必感到惊讶了。也许历史的模棱两可于欧洲人而言是必需的，但既然美国人已在彼岸找到了自己落脚的地方，自然不用再坚持前人的错误，反而应该从中总结出自己的观点。例如，黑森家族的菲力普虽然怀有强烈的政治抱负，却不能因此认定他并非一个虔诚的宗教信徒。事实上，他不但是宗教改革倡导者马丁·路德的挚友，还是他忠实的支持者。1529年，当他在著名的《抗议》上签名时，他与其他署名者都知道，他们将要面对的不仅是"凶猛的狂风暴雨"，甚至有可能是让人绝望的死刑。若非具备卓绝的勇气，菲力普如何能完成历史赋予的使命？历史人物常常会受到启示而行动，也会迫于时势而放弃。从历史学家的角度出发，如果没有进行深刻的背景调查，如果没有掌握事件背后的各种动机，贸然评判实属不智。法国有句谚语："理解即是宽容。"这听起来让人摸

抗议

不着头脑，不如让我修改成："了解从而理解。"既然上帝在开天辟地之时就已经主动揽下了宽恕的工作，那我们便只需做好自己份内之事，尽可能地去了解，然后理解。

回到宗教改革的话题上。据我的"理解"，宗教改革最初是新兴"民族主义"精神的表现，同时也是过去三个世纪以来经济政治发展的结果。由于在之前的五个世纪里，所有欧洲国家都不得不看教会的脸色行事，所以改革一旦爆发，便注定与教会的专制蛮横势不两立。凭借着这股同仇敌忾的情绪，德国人、芬兰人、丹麦人、瑞典人、法国人、英国人和挪威人紧密地团结在一起，形成足够强大的势力，一举冲破宗教信仰的囹圄。在这期间，倘若有任何一方没能接受伟大理想的感召，愿意暂时放下个人成见与追逐利益之心，那宗教改革也必定无法取得成功，说不定还会沦为不起眼的小规模地方起义，只劳烦教会派出一支雇佣军和几个手段狠辣的宗教裁判官，便能轻易地镇压下去。要真是这样，那宗教改革的倡导者们就会重蹈扬·胡斯[1]的厄运，追随者们也会像从前的瓦勒度派和阿尔比派教众一样被处死，教皇统治集团会再一次迎来理所当然的胜

---

[1] 扬·胡斯（Jan Hus）：哲学家、改革家，曾任布拉格查理大学校长，以献身教会改革和捷克民族主义的大义而殉道留名于世，他的追随者被称为胡斯信徒。——译者注

利，然后继续扩大对异端邪说的迫害与肃清。

可叹的是，宗教改革虽然成功了，却并没有引起广泛的影响。明明胜利才到手，明明起义倡导者们的生存威胁才解除，新教徒曾经团结一致的阵营却即刻分崩离析，各自为政，并在各自的小圈子里把罗马教皇掌权时所有的错误重演一遍。

有一个聪明绝顶的法国主教（具体名字我忘了）曾经说过，在任何情况下，我们都应该学着尊重人性。但实际上，过去一系列的历史事件总会使人们的宽容之心受到异常严峻的考验——尤其在回顾那曾使人们既满怀希望又陷入绝望的近四个世纪之时；尤其在看到无数男男女女，平头百姓为了无法实现的理想宁愿把生命抛弃在断头台或战场上之时；尤其在想起新教徒的起义，本应能把人类引向思想更自由更开明的世界，到头来却一败涂地之时。

新教教义不仅剥夺了世间许多的善良、美好和高贵，还徒增了不少狭隘、可憎和粗鄙；非但没有让人类社会变得更简单，更和谐，反而使这个群体愈发复杂无序。可是这一切，与其说是宗教改革的错，倒不如归咎于大部分人无法摆脱的精神积弱。他们跟不上改革者的步伐，也不愿改革操之过急；他们并不缺乏善良的愿望，最终也还是会跨向新世界，但他们一心想等到时机成熟，不肯轻易放弃祖宗留下的传统。宗教改革原想着摒弃过去所有的偏见和腐败，在基督徒和上帝之间建立一种全新的关系，却不幸被追随者思想里的中世纪包袱弄得混乱不堪，进退两难，最后变成一个与罗马教廷相似，信徒众多的复刻品。这便是宗教改革的悲剧，它无法像预期一样，促进西欧和北欧人们的思想解放。

新教徒起义后，绝对正确的人消失了，取而代之的是一本完美无缺的书；唯一至高无上的当权者消失了，取而代之的是一大群各怀鬼胎的领袖。他们没有把世界简单粗暴地区分为正统与异端，基督徒和异教徒，却在基督徒的内部切割出无数意见不一，彼此憎恨的小团体。他们没有创建出一个宽容的国度，而是以早期教会为榜样，一旦大权在握，便依靠不计

万能的监狱

其数的教理、教义和忏悔对付胆敢违逆官方的异己。这一切的发生令人遗憾，却是在 16、17 世纪的思想发展中不可避免的。

改革者路德和加尔文 [1] 的勇气，若要用一个词来描述，便是"锐不可当"。

德国偏僻山区里有一位学院教授，他同时也是道明会 [2] 里的僧侣。他公然烧毁了一份教皇诏书，用自己叛逆的思想狠狠敲击了教会的大门。还有一个体弱多病的法国学者，他把一座瑞士小镇改造成一座堡垒，完全不把教皇的权威放在眼里。这些事迹让我们看到了当时人们无与伦比的勇气，他们很快也找到了自己的知音，虽然支持他们的人

[1] 加尔文（John Calvin）：法国著名的宗教改革家、神学家，基督教新教重要派别加尔文教派的创始人。——译者注
[2] 道明会（Ordo Dominicanorum）：又译多明我会或布道兄弟会，天主教托钵修会的主要派别之一。——译者注

大多是别有目的，想混水摸鱼而已。当起义者为自己的良知以命相博时，他们并不能卜算未来，也不知道北欧大陆上的国家最后竟也会跟着高举起改革的大旗。渐渐地，起义汇成一股洪流，原先的发动者们转而为谁主浮沉之事剑拔弩张，耗尽心机。教皇在千里之外的罗马听说了这场暴乱，并发现这场由一个前法国牧师策划的阴谋，似乎比过去道明会与奥古斯丁修会僧侣之间的争吵严重得多。为了使资助者们放心，教皇下令暂停兴建大教堂并积极备战。教皇的训谕和开除教籍的敕令才发出，帝国的军队就已经踏上征途。起义者被逼得走投无路，只好破釜沉舟，背水一战。

在人类历史上，处于龙争虎斗中的伟人难免顾此失彼。就像路德，他曾经振臂高呼"反对以圣灵之名烧死异教徒"，可若干年后，面对倾向再洗礼派教义的德国人和荷兰人时，他恨得几乎失去理智。这个无畏的改革者明明在开始时还坚持认为，人类不该把自身的逻辑强加于上帝，后来却烧死了有着明显优于他的理论体系的敌人。今天的异教徒到了明天就会成为所有反对者的死敌。加尔文和路德虽然一直向往着新纪元，一直盼望着黑暗结束后终会到来的黎明，但在有生之年里，他们始终是中世纪传统最忠诚的拥护者。在他们的眼里，宽容不是，也不可能是一道美德之光。起义者被迫害时，他们呼吁神圣的信仰自由，并以此作为反抗敌人的理由。而战争一旦胜利，信仰自由这个曾经号召力强大的武器马上失去了它的实用价值，与其他美好品德一起，被新教徒们丢弃至阴暗的角落里，被遗忘，被忽略，逐渐腐朽。多年以后，人们从众多古老的布道中再次发现了它的踪迹。他们小心地拭去它表面的锈蚀，再次把它组装成战斗力强劲的武器。只是这一次，人们奋战的理由已与 16 世纪初期大相径庭。

虽然宗教改革并没有直接使世界变得更宽容，但新教徒的起义却为宽容事业作出了巨大的贡献，而且也确实间接促进了其他各个方面的进步。首先，它让人们更了解《圣经》——因为教会虽然从未严禁人们阅

两个监狱，貌合神离

读《圣经》，但也不会鼓励凡人研究这本圣书。而宗教改革之后，来自各行各业的每个普通人都能拥有一本圣书，也能独自研究它，并得出自己的结论，完全不必担心被当成异教徒而烧死。熟悉感可以抵消人们在面对一无所知的神秘事件时所产生的敬畏和恐惧。在宗教改革后的头 200年，虔诚的新教徒坚信他们在《旧约》中读到的一切，不论是巴兰的驴子[1]还是约拿的鲸鱼[2]。而就算他们真的有所怀疑，他们也尽可能保持低调。倒不是因为惧怕宗教裁判所，只是不想新教牧师们干涉自己的生活，毕竟众口一词的责难所带来的经济损失，即使不具毁灭性，也会十分

[1] 巴兰的驴子（Balaam's ass）：在西方语言中多指平常沉默驯服，现在突然开口抗议的人。——译者注

[2] 约拿的鲸鱼（Jonah's whale）：代表悖逆神旨的后果。当时神差遣约拿往尼尼微去，让那里的人悔改，他违背耶和华的旨意，坐船朝相反的方向想逃到他施去。神使海上兴起风浪，他被扔到海里。神又安排了一条鲸鱼将他吞进肚腹，让他在鲸腹中煎熬了三天三夜。——译者注

要紧。

《圣经》其实就是一个由牧民和商贾组成的小民族的国家历史，它长期被不同的人不断地重复研究，最后产生了连路德、加尔文及其他改革者都未能预见的结局。要是改革者们能未卜先知，我想他们肯定会像教会一样，十分讨厌希伯来人和希腊人。他们会把《圣经》牢牢地握在手里，完全不让凡俗之人有机会碰到，因为较真的学生太多了，《旧约》里包含的关于虐待、贪婪和谋杀的细节在他们眼里，都不过是些有趣的故事，那不可能是在神的感召下写成的，从内容性质上判断，只能是也必须是还处于半野蛮状态的前人的生活写照。也是从那个时候开始，《圣经》不再是人们唯一的智慧来源。随着思想的解放，被堵塞了一千多年的科学探索潮流便马上沿着自然形成的渠道汹涌而至，古希腊和古罗马的哲学家们在 2000 年前被迫中断的努力又悄然被人们重新捡起。其次，从宽容的角度来看，宗教改革帮助北欧和西欧摆脱了教会独揽大权的现状。当时的教会名义上虽是一个宗教组织，实际上却犹如罗马帝国，对人们施行精神上的高度专制。天主教徒也许难以苟同这样的观点，但改革也让他们的教义受益匪浅，毕竟天主教绞尽脑汁，千方百计地想给自己正名，不叫贪婪和暴虐再继续成为自身的笑柄。从结果而言，它的成功是有目共睹的。

16 世纪中叶，波吉亚家族[1]绝迹于梵蒂冈，教皇又像从前一样，只能由意大利人担任——谁都别想改变这种不成文的规定，枢机主教在新任教皇的选举时也绝不可再考虑任何外籍人士，否则，罗马百姓们会在知道结果的第一时间把整个城市闹得翻天覆地。新教皇的选举郑重其事，只有最德高望重的人才有希望当选。膺选者在虔诚的耶稣会会士辅佐下，开始了教会内部拨乱反正的大清洗——首先，不准再贩

---

[1] 波吉亚家族（Borgias）：15、16 世纪影响整个欧洲的西班牙裔意大利贵族家庭，也是文艺复兴时期仅次于美第奇家族的著名家族。——译者注

卖赎罪券[1]；其次，神职人员必须要重新学习并遵守奠基者定下的修道院规矩。

此外，托钵僧人在文明城市里消失了踪影，大家也一改在文艺复兴时期对宗教事务的冷漠，开始热切地向往神圣而有用的生活，并希望通过多做善事，帮助更多不堪生活重负的可怜人。可惜，天主教的转变来得太迟，未能助其收回因宗教改革而失去的大片领地。从地理划分上说，北欧已转向新教，只剩南欧还信仰天主教。若用图示来说明宗教改革的成果，那发生在欧洲境内的变化就更显而易见了。中世纪欧洲曾有一座巨大的精神和思想监狱，新教徒的起义摧毁了旧建筑，然后又用手边的材料建起了一座类似的监狱。于是从 1517 年起，欧洲大陆底下悄然出现了两座地牢，

呼吸的空间

---

[1] 赎罪券（indulgences）：基督教士贩卖的赎罪券，称教徒购买这种券后可被赦免"罪罚"。——译者注

一座关押天主教徒，一座关押新教徒。

一开始，计划进行得颇为顺利，但由于新教徒缺乏迫害异见者的经验，大批桀骜不驯的囚徒自地牢的窗子、烟囱和门口逃出生天。没多久，地牢坍塌了。有些异教徒趁夜整车地搬走新牢的石头、大梁和铁棍，并迅速在翌日建起属于自己的小堡垒。这小堡垒看似无异于格里高利一世和英诺森三世所打造的森严的牢狱，实际上却徒有其表，外强中干。小堡垒才开始投入使用，新的规定和新的法则就张贴到了门上，大批心怀不满的教众们纷纷拂袖而去。他们的上司，也就是牧师们，不能像以前一样动辄以开除教籍、没收财产、流放、酷刑或处决等严令威胁信徒，只好眼巴巴地看着他们离开，看着他们按照自己对神学的理解，在小堡垒外围用木桩竖起防卫，并宣扬另一套暂时迎合大家的教义。类似的事情周而复始地发生，在大小不一的堡垒间，渐渐划分出了精神上的"无人区"。求知者可以在那里随意闲逛，正直的人可以在那里放任遐想，不受一切妨害和干扰。

这就是我所说的，新教徒起义为宽容事业所做的巨大贡献——它重建了人类的尊严。

第十三章　伊拉斯谟

　　每本书在撰写时都会遇上危机，它有时出现在刚开始的 50 页，有时则在稿子快完成时才显现。一本没有危机的书就像一个没出过麻疹的孩子，说不定这样的情况本身就是一个问题。这本书才刚开始撰写，危机便来了，毕竟想在 1925 年写一本以宽容为主题的著作似乎太荒谬了，想到我迄今为止的呕心沥血到最后可能只是枉费心机，真想就这样将自己这本书连同伯里、莱基、伏尔泰、蒙田和怀特的著作一起，付之一炬。

　　我会有这样的想法其实也不难理解。首先，为了完成一个命题，作者往往会心心念念，昼思夜想，时间长了难免会感到枯燥。其次，作者就算再喜欢自己定下的命题，也总是会担心这类书籍在世人眼里不知算不算有实用价值，再不然就是担心自己的说法成了那些蛮横之人用来为自身恶行辩护的支持。除去上述这种在大多数主题严肃的书籍里都会出现的问题外，眼下还有一个无法克服的困难，即书本的"体系"。一本书想要成功写完，必须要有开头与结尾。开头已经有了，但结尾呢？

这就是问题。

我可以列举出很多骇人听闻的罪行，它们以公平公正之名行专制蛮横之事；我也可以描述在那些痛苦的日子里，专制与蛮横是如何被视作至高无上的美德，强制人们遵行的；我甚至可以嘲弄和斥责一切偏狭，直至所有读者都异口同声地回应："打倒独断专行，还我自由宽容！"然而我并不知道应该怎么做才能达到我奋力追求的目标。我知道，市场上有许多形形色色的手册，教导人们各式各样的事情——从饭后谈资到腹语口技，上周我甚至看到一张函授课程的广告，那上面刊登了超过 249 个课程，函授学院保证学生只需支付少量学费，便能通过学习得到超群绝伦的知识。但同时我也发现，至今还没有人愿意花 40（或 40000）个课时讲述"如何宽容"。

按理说历史是解开众多秘密的钥匙，但在这种情况下，它却无法帮我摆脱危急。我们曾看过很多专业的大部头，有谈论奴隶制和自由贸易的，也有讲述死刑和哥特式建筑发展的。就算缺乏史料支撑，我们至少能研究对自由贸易、奴隶制、死刑和哥特式建筑持赞成或反对意见的男男女女的生平。从这些优秀的人的行为习惯、社会关系、饮食偏好和穿衣习性着手，我们就能看到他们对不同命题两极化的观点与想法。然而，没有人会以倡导宽容为职业，大部分向往宽容之人的热情起初都是出于偶然，也就是说，他们所追求的是别的东西，宽容只是追求过程中的副产品。向往宽容之人中有政客、作家，也有国王、物理学家和工匠。虽然他们在处理各自行业的事务时，也会抽空为宽容美言几句，却从不会真正把为宽容而战当成毕生的事业。他们对宽容的兴趣就跟对象棋或小提琴的一样。这些来自不同群体的人们没有从事共同工作的经历，也就无法发现并形成共鸣——想想也是，斯宾诺莎[1]和腓特烈一世[2]，托马斯·杰斐逊[3]和蒙田[4]，怎样都不可能成为知己。

作家们一直在祈求，希望世界上有那么一条警句，能放之于四海皆准。但在这个特定的问题上，《圣经》、莎士比亚和以萨克·沃尔顿[5]，都没能给我们留下什么。如果我的记忆没错，乔纳森·斯威夫特[6]也许是最接近这个答案的人。他说，宗教信仰只会让人互相憎恨，无法使人彼此相爱。果然是真知灼见啊！诚如他所说，有些人对宗教有着十分的热情，对周围的人却只有粗暴的憎恨；有些人虽然信仰全无，却能兼爱天下，无论是野猫、野狗、基督徒还是普通平民。然而，只此一句话并没有办法解决我们目前的困境，我必须要得出自己的答案，所以，尽管没太多把握，我还是想把深思熟虑后认定的真理说出来。

那些为宽容而战的人，不管有什么区别，起码都有一个共同点：他们的信仰总是伴随着怀疑。也就是说，即使他们坚信自己是对的，也不会把自己的怀疑转化为绝对的信念。在当下这个爱国主义时代，人们总是热情满满地大声叫嚷着要百分百相信这，百分百相信那，但大自然明明最反感那些标准化的理想。众所周知，百分百只靠人类喂养的猫猫狗狗最是无用，若没有人把它们从雨中抱走，它们就会死掉；人们在很早之前就已经

---

[1] 斯宾诺莎（Baruch de Spinoza）：西方近代哲学史重要的理性主义者，与笛卡尔和莱布尼茨齐名，主要著作有《笛卡尔哲学原理》《神学政治论》《伦理学》《知性改进论》等。——译者注

[2] 腓特烈一世（Friedrich I）：绰号红胡子，霍亨斯陶芬王朝罗马人民的国王（1152 年—1190 年在位）和神圣罗马帝国皇帝（1155 年加冕）。——译者注

[3] 托马斯·杰斐逊（Thomas Jefferson）：美利坚合众国第三任总统（1801 年—1809 年），同时也是《美国独立宣言》主要起草人，美国开国元勋中最具影响力者之一。——译者注

[4] 蒙田（Montaigne）：法国文艺复兴后期、16 世纪人文主义思想家。主要作品有《蒙田随笔全集》《蒙田意大利之旅》《热爱生命》。——译者注

[5] 以萨克·沃尔顿（Izaak Walton）：1593 年—1683 年，英国作家。——译者注

[6] 乔纳森·斯威夫特（Jonathan Swift）：1667年—1745年，英国作家、政论家、讽刺文学大师，以著名的《格列佛游记》和《一只桶的故事》等作品闻名于世。——译者注

不用纯铁了，取而代之的是混合而成的钢；没有一个珠宝商会用纯金或纯银制造首饰；要做出高质量的小提琴，要专门选用六、七种木材；要是吃饭时，饭菜只有蘑菇，那我也只能敬谢不敏了。总而言之，越是有用的东西越应该包含不同的成分，所以我不明白为什么信仰要成为例外。如果我们所"肯定"的基础里没有一点"怀疑"因子，那我们所坚信的东西就会像纯银的钟或铜制的长号一样，只会发出单调而刺耳的声音。向往宽容的英雄们正是明白这个道理，所以才显得与众不同。他们大多拥有正直的人品、虔诚的信仰和对职责无私奉献的精神，按理说应该是宗教裁判所眼里十全十美的完人，或者说至少可以在死后进入圣人的行列。可惜他们得罪了教会，而教会偏偏认定只有自己才有资格给普通百姓加封，于是，英雄们的卓尔不群无法在信仰中得到世人的肯定。

幸好，他们对此也不甚在意。他们跟从前的希腊人和罗马人一样，明白摆在自己面前的问题太大，凡是有理性的人，都不期望能单靠一己之力解决。一方面，他们祈求自己选择的道路最终能通向安全的目的地；另一方面，他们并不相信只有自己的选择是唯一正确的道路，其余皆是误谬。相反，他们觉得虽然旁门左道容易引人误入歧途，却不一定是通往毁灭的罪恶之路。这听起来与一直宣扬绝对信仰、纯洁光明和至高美德的《教义问答手册》及伦理教材截然相反。在过去几个世纪里，这些宗教宣传犹如一道熊熊燃烧的火焰，却从未给普罗大众的生活带来光明与美满。我并非在鼓吹要发动激烈的变革，只是不妨变通一下，让向往宽容之人能借些许火光审时度势——若变通失败，我们还可以归依传统；而若变通成功，我们便可以在社会中多加一道宜人的光，让人间多一点仁慈和克制，少一点丑恶、贪婪和仇恨。这个做法需要付出的代价很小，收获却很大。当然，这只是我的一点建议，现在，我再说说历史吧。

最后一个罗马人去世后，世界上最后一个广泛意义上的公民也随之消逝了。曾经洋溢在古代世界的人道主义精神及其他先进的精神思想，在历经风霜后，终于重返大地，使社会再一次有了安全的保障。我们所说的这

那些可怕的小书

段时期，正是文艺复兴。

　　国际商业的复苏给西方贫弱之国带来了新的资本、新的城市和新的阶级。他们资助艺术，购买书籍，兴建大学。部分支持"人道主义"的人更是大胆地以整个人类作为对象进行研究，他们决意打破旧式经院哲学的狭小局限，并在得知"虔诚基督徒"只一味把对古人智慧和原理感兴趣看作邪恶肮脏的求知欲后，毅然与之分道扬镳。在这部分人里有不少人曾为宽容事业作出巨大的贡献，本书的后半部将着重讲述他们的故事，而首先要提到的，便是伊拉斯谟。

　　伊拉斯谟为人友善，但他对教会的攻击却毫不留情。他参加了当时所有的文字论战，以最犀利讽刺的文笔让他的敌人恨得咬牙切齿。他的文章犹如一记强力的远程炮弹，径直打到敌人的国土上。这些种类繁多，暗藏杀机的炮弹里装的不是火药，而是伊拉斯谟的智慧——乍一眼看似无害，但谁要是敢把它们当成绚丽多彩的烟花拿回家给孩子们玩，那炮弹中蕴含的"毒气"必定会"污染"孩子们的心灵，甚至使之后整整四个世纪的人们都根深蒂固地信仰伊拉斯谟式的真理。

虽说英雄莫问出处，但此等人物竟出生在北大西洋淤泥沉积的东海岸旁一个索然无味的小镇上，也着实叫人惊讶。要知道，15世纪时，伊拉斯谟出生的小镇所在的那片陆地上，只有几个被海水深锁的小公国，它们一直处于文明社会的边缘，离变成独立富足的国家还有一段很远的距离。当地人们没有别的营收，主要的出口产品只有鲱鱼，而即使好不容易等来一个客人，也会发现，那不过是一个船只在附近岸边触礁沉没，走投无路的水手而已。这样恶劣的成长环境有时反而更能激起小孩子的好奇心，使其比普通人更努力地挣扎求存，最终闯出一片新天地。

身为私生子，伊拉斯谟注定命途坎坷，毕竟中世纪的人们极度信仰上帝，对这类不应该发生，也不被上帝允许的事情自然比现代人更为计较，也更为反感。不过幸好他们只是反感，还不至于心狠手辣到要处死那

鹿特丹

个尚未出生的无辜脆弱的小生命。伊拉斯谟顺利出生了，但他的父母却因为无法面对社会的压力，把他和他哥哥都丢给那一堆不是笨蛋就是流氓的亲戚。这些充当监护人的叔伯阿姨们不知道该拿两个孩子怎么办，于是在伊拉斯谟的母亲去世后，二话不说就把他们赶出家门。一开始，他们被送到代芬特尔[1]一所负有盛名的学校，那里的老师有不少是共同生活兄弟会[2]的成员。但是，从伊拉斯谟的信笺中我们发现，这兄弟俩当时并没能"共同"生活在一起。弟弟伊拉斯谟很快便被带到豪达[3]，归当地拉丁学校的校长直接监管，而这位校长同时也是兄弟俩那点微薄遗产的三个指定管理人之一。

我在不久前曾参观过伊拉斯谟就读的学校，那环境之差让我不禁同情当时年幼的他。更糟糕的是，那三个指定的遗产管理人很快便挥霍完孩子们仅剩的钱财。他们怕被严厉的荷兰法庭起诉，便以"让孩子们前途有保障"为借口，匆匆把伊拉斯谟送去修道院修行。

生活的磨砺终于把伊拉斯谟的厄运锻造成传奇。在中世纪末期，修道院里大多是目不识丁、满手老茧的乡下农民，年轻的伊拉斯谟心思细腻，却不得不长期与这些人生活在一起。于是，他只好孑然一身，踽踽独行。幸运的是，施泰恩修道院的规矩并不严厉，伊拉斯谟有很多时间可以用来阅读前任修道院院长收藏的拉丁文手稿。这些拉丁文手稿虽然被遗忘在图书馆的角落，却以浩瀚的知识极大地影响了伊拉斯谟的人生，并最终使他成为了古典文学行走的百科全书。沿着知识的路标，伊拉斯谟一路前行，凭借极佳的记忆力，在著作里旁征博引，让所有读过他文字的人都不禁赞叹 15 世纪"古典智慧"的优美壮丽。

---

[1] 代芬特尔（Deventer）：荷兰的艾瑟尔省的城市和一个自治市。——译者注

[2] 共同生活兄弟会（Society of the Brothers of the Common Life）：修会名，于 14 世纪晚期成立。——译者注

[3] 豪达（Gouda）：典型的荷兰古老小镇之一。有古老的建筑、错综交织的运河、热闹的市集以及友善的居民，豪达有如童话世界里的城市。——译者注

施泰恩修道院

　　可想而知，这样的大材怎会一直屈就在修道院里。伊拉斯谟从不轻易被环境左右，即使离开了曾经熟悉的地方，也能用别人看不上的材料创造出自己的天地。当伊拉斯谟得到完全的人身自由后，他不辞劳苦地想找一个地方，专心工作，不受慕名来访者的干扰。然而这个想法却不易实现。直至他行将就木，在接近死亡的昏睡中朝拜孩提时代信仰的上帝时，才享受到一会儿"真正的清闲"——对于苏格拉底、芝诺及他们思想的继承者来说，这是可遇而不可求的幸运。

　　有关伊拉斯谟的生平，相信在很多著作里有过介绍，在这里，我就不再详加赘述了。历史智慧的集结号一旦响起，我们迟早会耳闻伊拉斯谟的大名。

　　伊拉斯谟曾在巴黎求学，彼时他还只是一个差点在饥寒交迫中死去的穷学生。毕业后，他在剑桥大学教过书，在瑞士的巴塞尔[1]出过书，甚至尝试着把启蒙之光带入以天主教森严正统而著称的比利时鲁汶大学，可惜最终却无功而返。他曾在伦敦待过很长一段时间，后来又到了意大利，并

―――――――――
[1] 巴塞尔（Basel）：瑞士的第四大城市之一，为巴塞尔城市州的首府。——译者注

在当地的都灵大学 [1] 获得了神学博士学位。他熟悉意大利的一切，无论是威尼斯大运河，还是跟荷兰的西兰 [2] 一样糟糕的城市伦巴第 [3]。罗马的天空、公园、街道、图书馆尤其叫他难忘，记忆之深刻，即使是忘川水都无法使之褪色分毫。为了留住伊拉斯谟，威尼斯当局甚至不惜以重金诱之。他本人也屡屡受邀到新办的大学担任教授——只要他愿意，他想开设什么课程都可以；就算他不想任教，只要肯偶尔光临，校方同样热烈欢迎。

面对如此诱惑，伊拉斯谟给予冷淡而坚定的回绝。当然，他也不过一介凡夫，比起破败的房子更喜欢一室舒适和宁静，比起呆笨无趣的同伴更喜欢睿智机锋的交谈，比起粗茶淡饭更向往产自勃艮第 [4] 昂贵的葡萄佳酿，但这一切的前提是得忍受别人加诸于自己身上的束缚和依赖。伊拉斯谟崇尚自由，所以他完全不想给自己找个"上司"或"主子"，并任由他搅黄自己对人生的安排。伊拉斯谟给自己的定位只是真理道上的引路人。无论路上出现了什么东西，他都会马上以自己的智慧为灯，照亮眼前的迷障，让周围的人借助光线看清事物的本质。在历史最动荡的时期，他这样的做法既不会惹恼狂热的新教徒，也不会得罪宗教裁判所里的朋友。不过也正是他因为太过左右逢源，总免不了被人诟病。后世对古人为坚持理想而献身之事总是特别在意，于是，几乎过去的每一代学者都很想问："为什么伊拉斯谟不像路德或其他改革者，为真理挺身而出呢？"

从我的角度看来，答案很简单："他为什么非挺身而出不可呢？"诉

---

[1] 都灵大学 (University of Turin)：意大利规模最大的大学之一，意大利四大经济名校之一。——译者注

[2] 西兰 (Zealand)：尼德兰王国的一个省份。——译者注

[3] 伦巴第 (Lombardy)：是意大利北部大区，北与瑞士相邻，是意大利最重要的经济区。——译者注

[4] 勃艮第 (Burgundy)：西欧历史地区名，各历史时期所指各异。多用指除 17 世纪和 18 世纪法国勃艮第省外，另拥有其他广大领土的两个王国和一个公国。盛产葡萄酒。——译者注

诸于武力并非伊拉斯谟的本性，况且他从不自诩为圣人，因此，也不应该由他来教导世人如何迎接新世纪。他认为，世界需要的是改变，而非重建，就像我们会不时重新布置住所，却不会因此把整个房子拆掉一样。

若以房子比喻时势，不难发现，房子的地基确实是要整修了。老化的排水系统，积满污泥的花园，还有一大堆原主人搬离后遗留的杂物破烂也要逐一清理。如果房东愿意履行承诺，花些钱在关键之处，房子很快便能焕然一新。这就是伊拉斯谟的目的。尽管他的敌人一直讽刺他的"中庸之道"，但实际上，他的成功不亚于任何一个改革"激进派"，起码他没有在已有一个暴君主宰的世界里又创造出另一种独裁。

与所有的伟人一样，伊拉斯谟对体系毫无好感。他坚信，改变世界需要每一个个体自身的努力，每个人的一小步能推动世界前进一大步。于是他决定以温和而高明的方式，呼吁广大人民正视眼前发生的不义之事。

首先，他写了很多信，寄给所有想接近他的人，包括国王、皇帝、教皇、修道院院长、骑士，甚至是乡里恶棍。由于那个时代还没有邮戳，寄信也不需要写发件人的地址，伊拉斯谟才得以畅所欲言而无须担心被有心之人找到。也正因如此，他的信一下笔，少说都有洋洋八大页。其次，他编译了大量古文，这些古文之前在缮写时因抄录者的粗心大意，已变得文不达意。为了更好地完成这项工作，伊拉斯谟不得不先学习已被教廷禁用的希腊语。在 15 世纪，体面的基督徒是不会想学习希腊语的，就像现代大部分西方人不愿学俄语一样，而这也是为什么许多虔诚的信徒总会揪着这一点，指责伊拉斯谟对教会表里不一。稍懂希腊语的人通常很容易陷入思想的困境，因为他会忍不住拿福音书的译本跟原文作对比，但前者的忠实性和正确性明明已经得到了教会的加持。等到他的希腊语略有长进后，他更会忍不住跑到犹太人的聚集区，想要学习更古老的希伯来语，然后在不知不觉间踏入公开反叛教会权威的圈子，而他手上那些写满稀奇古怪、歪歪扭扭文字的书便会成为怀有秘密革命倾向的铁证。

从前，基督教会的长老们就喜欢对平民的房屋实施突击检查，看他们有没有藏匿违禁品。同时，教会也会把那些为了谋生，私下教授本国语言的拜占庭难民赶出城，使他们失去最后的避难之地。尽管障碍重重，伊拉斯谟还是学会了希腊语，而且在编译西普里安[1]、圣若望[2]和其他教会神父的著作时，偷偷在上面添加了许多针砭时弊的评论——没办法，谁让教会不允许把那些评论单拎出来编撰成册，付梓成书呢。渐渐地，伊拉斯谟在加注注释的过程中创造出另一种有趣的文学形式。他把拉丁和希腊的谚语收集起来，让孩子们从小便学习如何优雅地运用古文。他在这本名为《名言集》的书里写满了机智的评论，要是教会的保守派人士看到，肯定会称之为对教皇的"大不敬"。

在时代精神的引导下，伊拉斯谟完成了生平最得意的著作。一开始，那不过是几个友人间的玩笑而已，却不想竟在古典文学史中占得一席之地，其影响及重要性怕是连作者本人也始料未及。这就是闻名遐迩的《愚人颂》。借此机会，我们正好可以了解一下这本"大不敬"之书是如何面世的。

1515年，一本小册子惊动了西方世界。这本书写得十分巧妙，完全看不出来那是对托钵僧的攻击还是对修道院的捍卫。书的封面上虽没有署名，但文学界里的人都知道，作者应该就是那个叫乌尔里希·冯·胡滕[3]的年轻桂冠诗人。冯·胡滕的书里充满了简明易懂却又蕴含深意的滑稽文

---

[1] 西普里安（Cyprian）：又译居普良，是公元3世纪的主教，罗马天主教教会、东正教教会架构的缔造者。——译者注

[2] 圣若望（Chrysostom）：耶稣的十二门徒之一。——译者注

[3] 乌尔里希·冯·胡滕（Ulrich von Hutten）：德国作家、诗人，生于富尔达附近一没落贵族家庭。他撰写的《蒙昧者书简》第二部揭露经院哲学是伪科学，痛斥天主教士的堕落，在欧洲拥有很大的影响力。——译者注

字，出版后，就连英国新学的领袖托马斯·莫尔[1]也对此书青眼有加，他马上兴高采烈地致信伊拉斯谟。

然而，头脑和生活一样条理分明的伊拉斯谟对身为条顿人的冯·胡滕可没什么好感。他总觉得条顿人整天邋里邋遢的，平时不是为启蒙事业做出各种疯狂之举，就是溜达到附近的小酒馆里肆意豪饮，醉得不知今朝是何昔。但无论如何，冯·胡滕确实是个人才，所以伊拉斯谟也彬彬有礼地回信了。在信中，他提到了伦敦的挚友托马斯·莫尔，称赞他不但拥有崇高的个人美德，还拥有一个美满得足以成为楷模的家庭。同时，他还把话题引到了《愚人颂》的创作灵感上。原来，《愚人颂》最初只是莫尔，这个富有幽默感的才子想出来的一个善意的恶作剧——按他的说法，真正的诺亚方舟上应该有儿子、儿媳、女儿、女婿、宠物、私人动物园、私人剧团及私人业余乐队。就是这么一句话，启发伊拉斯谟写下这本一鸣惊人的传世之作。

《愚人颂》是荷兰儿童在过去好几个世纪里唯一的娱乐书籍。这使我不禁联想到英国木偶剧《潘奇与朱迪》[2]。《潘奇与朱迪》里充斥着大量粗俗的对话，却又保持了一份高雅严肃的道德基调。嗓音空洞的"死神"是整部剧的主角，其他演员们或自愿或强迫，一个接一个地来到这位衣衫褴褛的主角跟前做自我介绍。然后，就到了小观众们最喜欢的场景：这些演员们在说完话后，一个挨一个地被人用大木棍敲碎脑袋，然后被丢进假想的垃圾堆里。在《愚人颂》中，愚人如同蒙受感召的验尸官，代表着普罗大众的思想和利益，将整个时代的社会面纱仔细揭开。那些活跃在中世纪主要街道上的人物都能在书中找到对应——厚颜无耻的野心家、兜售赎罪券

---

[1] 托马斯·莫尔（Thomas More）：欧洲早期空想社会主义学说的创始人，才华横溢的人文主义学者和阅历丰富的政治家，以其名著《乌托邦》而名垂史册。——译者注

[2] 《潘奇与朱迪》（Punch and Judy）：英国木偶剧。故事描述潘奇生性残忍，因一小事竟杀死自己的孩子，其妻朱迪以木棍击其背，亦被夺棍打死。潘奇入狱后被判绞刑，在绞架前哄骗刽子手，使刽子手情愿自己把头伸进绞索。最后魔鬼前来缉拿，也遭他百般戏弄。——译者注

的托钵僧，连同他们假仁假义的游说、哗众取宠的言论，以及一切不被饶恕亦让人难以释怀的所作所为，都被写入书中逐一驳斥。人物列表和故事章节里还出现了加利利地区渔夫和木匠的子孙——包括后来的教皇、枢机主教或教区神父。

伊拉斯谟笔下的愚人比幽默连环画里的人物具有更坚实的人性。在整本书中，或者说在伊拉斯谟所有的著作中，他从未停止过对"宽容精神"和"宽容哲理"的呼吁。他劝导世人应严于律己，宽以待人；应重视教义中蕴含的精神，而非纠结于教义的不同版本；应把宗教视为道德伦理的圭臬，而非将其打造成政府统治的工具。伊拉斯谟的这些想法让墨守成规的天主教徒和新教徒们纷纷痛斥其为"毫无信仰的骗子"和"虔诚教徒的死敌"，并指出他正是借书中人物的插科打诨来达到"污蔑基督"的真实意图。这样的攻击，一直到伊拉斯谟去世都没有平息，却完全没有任何成效。在教会对文字及文学世界实行极端控制的时代里，这个长着鹰钩鼻的小个子顺风顺水地活到了 70 岁。他曾公开表示对以身殉道之事毫无兴趣，他既不希望以武力表达诉求，也不想成为绞刑架下的英雄风靡一时。他明白，若只因神学上的一点争端就把整个世界卷入宗教的战争中，那人类必将万劫不复。于是，他决定化身为巨大的海狸，日以继夜地修筑理智和常识的堤坝，即使是螳臂当车，也要试着对抗无知和偏执的海潮。

可惜，一个人的力量毕竟有限，单靠他的呼吁根本不可能抵挡住来自德国和阿尔卑斯山那头充斥着邪恶和仇恨的洪水。他的努力，连同他的著作，最后只能付诸东流。这些遗作在历史的浪潮中时隐时现，有不少被冲到了后世的岸边，被求知欲旺盛的乐观主义者们捡了起来。他们拜读了伊拉斯谟的思想，也十分认同他的做法。他们相信，总有一天人类会建起理智的长堤，有效地抵挡住无知洪水的侵袭。

1536 年 7 月，伟大的伊拉斯谟在他的出版商家中与世长辞——这也许是他给世人留下的最后一段幽默故事。

第十四章　拉伯雷

　　正所谓乱世出奇才。在政局动荡的年代，除了有像伊拉斯谟那样流芳百世的人物外，还有像拉伯雷 [1] 那样让人闻之色变的家伙。有不少国家甚至还通过法律，严禁儿童接触到他写的邪恶书籍。若想要一读他的著作，还得仰仗书贩子的胆量。不过实际上，这只是官方强加在人们身上的想法而已，说白了就是政府当局控制思想的手段之一。首先，对于 20 世纪的读者而言，拉伯雷的书就像《弃儿汤姆·琼斯的历史》[2] 和《七角楼》[3] 一样枯燥无味，几乎没有人能读完冗长不堪的第一章。其次，他文中的用词并没有清晰的诱导性。拉伯雷使用的词汇在当时的确通俗易懂，但

---

[1]　拉伯雷（Francois Rabelais）：文艺复兴时期法国人文主义作家之一。出身律师家庭，早年在修道院接受教育，后来以行医为业，16 世纪 30 年代开始转向文学创作。他通晓医学、天文、地理、数学、哲学、神学、音乐、植物、建筑、法律、教育等多种学科和希腊文、拉丁文、希伯莱文等多种文字，堪称"人文主义巨人"。——译者注

[2]　《弃儿汤姆·琼斯的历史》（The History of Tom Jones, a Foundling）：菲尔丁的代表作品。就作品反映现实的广度和深度来说，这部作品可以称为英国 18 世纪社会的散文史诗。全书共分十八卷，人物有四十多个。——译者注

[3]　《七角楼》（The House of the Seven Gables）：美国 19 世纪作家纳撒尼尔·霍桑紧接《红字》后发表的又一部重要作品。——译者注

旧大厦能维持我们的时代

到了现代已然过时。为了让生活在那个与土地田园息息相关的年代里的人能明白自己书中的意图，拉伯雷也不得不顾此失彼。当然，教会之所以要打击拉伯雷这位杰出的外科医生，可不只是针对他书中的用语：虽然那丰富的词汇确实直率得略带粗俗，但教会的责难却是出于更深层的原因。其中之一便是他面对生存压力却宁折不弯、百折不挠的那股子精神气儿。

在我的有限的认知里，人类大致可以划分为两种：一种乐天知命，一种怨天尤人。前者接受命运的安排，并最大限度地利用命运赐予他们的天赋。后者虽不甘心，却也不得不听从命运的指引，只是他们并不想要所谓的天分，那种厌恶就如同一个小孩子，本想要一个小玩具，结果却得到一个小弟弟。乐天知命派理解并接受了怨天尤人派的价值观，即使他们在大地播洒悲伤，筑起绝望的高墙，乐天知命派也不会刻意阻拦。只是这样的善意，却无法赢得怨天尤人派的同等回报——他们总是费尽心机想要拖住乐天知命派前进的步伐。怨天尤人派明知此举不易，但为了平复心中的妒嫉，他们开始无休止地迫害那些认为世界只属于生者不属于死者的乐天知命派。

拉伯雷显然属于我说的第一种人。他的思想跟他所医治的病人一样，都不向往天堂。虽然有点可惜，但世上总不能只有挖墓人，却完全没有波洛尼厄斯[1]似的乐天派啊，否则满世界都是哈姆雷特，人间还会有一刻安宁么？

拉伯雷的来历并不神秘，他的朋友和他的敌人都曾撰写过他的各种事迹，互补着来看的话，倒也可以全面而准确地了解拉伯雷的生平。虽说弗朗索瓦·拉伯雷是紧接着伊拉斯谟的一代，但他在法国希农市出生之时，世界依然被僧人、修女、执事以及无数的托钵僧所把持。15 世纪的法国商业发达，分工明细，拉伯雷的父亲不知道是药材商还是酒贩子，总之是挺富裕的，衣食无忧之余，还可以把儿子送到不错的学校念书。在那里，年轻的拉伯雷结识了杜·贝莱[2]家族的后裔。杜·贝莱家族的孩子们跟他们的父亲一样，天赋异禀，能文能武，圆滑世故。说句题外话，"世故"一词虽然颇有歧义，但在这里确是溢美之辞。杜·贝莱一家是国王忠诚的左膀右臂，有担任主教、枢机主教和大使的，也有负责翻译古文或编辑步兵和炮兵的军事演习手册的。在这个头衔越尊贵，职责越多，享受却越少的年代，他们一肩扛起了许多公职，并在很多社会服务领域表现卓越。

杜·贝莱家族愿意与拉伯雷建立友谊，侧面证明了拉伯雷绝非平庸之辈，更不是那种狗仗人势，只会饮酒作乐的食客。拉伯雷的一生饱经风霜，几许荣辱浮沉全靠同窗老友的支持与帮忙。每当有牧师因不满拉伯雷的思想而与之发生争执时，杜·贝莱家族古堡的大门总会适时地为他打开；每当这位年轻倔强的道德卫士被法国主流势力打压时，杜·贝莱家族里也总刚好有人奉命出使国外，并急需一个既通医术，又具备拉丁文造诣的助理。杜·贝莱家族对拉伯雷雪中送炭之事不胜枚举。不只一次，我们这位博学大家眼看就要惨遭灭顶之灾，是杜·贝莱一次又一次运用家族势力，

---

[1] 波洛尼厄斯 (Poloniuses)：莎士比亚《哈姆雷特》剧中的饶舌自负的老臣。——译者注

[2] 杜·贝莱 (Joachim du Bellay)：1522 年—1560 年，七星诗社重要成员，主要诗集有《罗马怀古》和《悔恨集》。他出生于一个在 16 世纪的法国占有非常重要职位的家庭。——译者注

把他从索邦神学院和加尔文教徒的雷霆之怒中解救出来。本来，加尔文教徒还视拉伯雷为兄弟，不想他竟在大庭广众之下，无情地嘲笑加尔文大师的宗教思想，说他的扭曲偏执与从前自己在丰特奈 [1] 和迈勒泽 [2] 工作时认识的老同事别无二致。

恼羞成怒的加尔文教徒持续不断地以言论攻击拉伯雷，这样的众口一词虽然可怕，但一离开瑞士地界，便成了强弩之末，鞭长莫及。相比之下，得罪了索邦神学院所面临的下场才更叫人心惊。索邦神学院与英国的牛津大学坚决支持正统和旧学，权威一旦受到挑战，便毫不留情地联合法兰西国王以及他手下的酷吏，对挑战者进行迫害。所以拉伯雷前脚才离开学校，后脚就成了众矢之的。当然，这不是因为他喜欢酗酒，也不是因为他热衷于开僧人们的玩笑，而是因为他爱上了希腊文学。他所在修道院的院长一得知传言，便立刻决定突击搜查他的房间。在那里，他们翻出了若干犯禁的书籍，有《荷马史诗》、《新约》，还有希罗多德 [3] 的著作。这一发现可真不得了，若不是朋友们的多方走动游说，拉伯雷随时会身首异处。

在教会的发展史中，有一个奇妙的阶段。起初，正如我前面所说的，修道院是文明的先行者，修道院中的僧人和修女们为提高教会的利益作出了难以估量的努力。然而，修道院发展过快可能产生的危险已引起了不止一个教皇的警觉——明明大家都想采取措施加以控制，偏偏迟迟未见行动落实。对此，新教徒的想法很简单，他们认为天主教是一个稳定的组织，在一小撮贵族的掌控下无声无息，自然而然地运作着。教会的内部从未有过动乱，有别于总是内讧不断的平民组织。

---

[1] 丰特奈（Fontenay）：法国奥布省的一个市镇。——译者注
[2] 迈勒泽（Maillezais）：法国卢瓦尔河地区大区旺代省的一个市镇。——译者注
[3] 希罗多德（Herodotus）：约公元前 480 年至公元前 425 年，古希腊作家、历史学家，他把旅行中的所闻所见，以及第一波斯帝国的历史记录下来，著成《历史》一书，因此被尊称为"历史之父"。——译者注

凡事远不过真理，但对"远不过"一词的理解有异，有时也会形成不一样的认知。就像对生活在民主世界的人们来说，"绝对真知"才是一个令人啼笑皆非的大谎言。也许很多人觉得，教会组织虽然庞大，但若所有人都只听从一个人的命令，管理起来还不是易如反掌？但在新教国家长大的人们却不这样想，在他们眼里，教皇所谓"绝对正确"的言论就像美国宪法修正案一样自相矛盾，层出不穷。

劝诱的全部办法

不过，在作出可能会动摇教会根基的重大决议前，教会内部都会进行深入研讨，正因如此，在大多数情况下，这些最终决议都是正确的，就像我们的宪法修正案一样，而决议一旦被明确地列入宪法，所有相关的争执便要到此为止。要是有谁认为只要人们在任何情况下都坚守宪法，治理美国应该很容易的话，那他可就大错特错了。我们不能因为天主教徒在信仰问题上服从于教皇的绝对权威，便认定他们是一群完全丧失了自己想法的羔羊。假若真是这样，那拉特兰和梵蒂冈的人就无需烦心了。只要简单了解一下过去1500年的历史，就发现事实并非如此。

马丁·路德、加尔文和慈运理[1]在著书立传时总会严厉抨击教会对罪恶之事听之任之，可说到底，他们的指责并未能揭示出事情的核心，他们一面把自己标榜得太高，一面又把敌人踩得太低。另外，像教皇阿德里安

---

[1] 慈运理（Zwingli）：出生于瑞士威赫斯城，是瑞士基督教新教改革运动的改革家之一。——译者注

六世^[1]和克莱门特七世^[2]，其实他们十分清楚教会的流弊，可这种事情说出来只是开始，如何着手根治才是关键，而解决问题绝不是指责两句就能了事的。戏剧里的哈姆雷特就是太单纯，幻想靠一个诚实之人无私的努力，在一夜之间纠正帝国几百年的错误统治。

许多聪明的俄国人知道，统治帝国的旧式官僚机构已日渐腐坏，不但没有活力，甚至还威胁到民族的发展。他们想大刀阔斧地改革，却失败了。这是因为他们跟我们当中很多人一样，怎么想都不明白，旧社会就算了，为什么连民主社会都会引起一系列的动乱？明明那是国父们的向往和理想啊。如果真是如此，那我们应该怎么办才好？话说回来，有关社会制度的问题一旦开始引起公众的关注，就已然变得异常复杂，甚至到了非变革不能解决的地步。然而，变革会带来动乱，动乱又容易引向极端，所以，大部分求稳之人只希望能尽可能修复这台老旧的社会机器，并期望能出现奇迹。可惜，以宗教信仰为基础建立并维持的教会组织及专制蛮横的社会制度专制蛮横，堪称中世纪末最残酷却也是最无法动摇的牢笼。

历史上很多改革都是一人带动万人响应的，教会对此防不胜防。他们能做的不过是稳住自己的脚跟，加强内部管理，同时安抚好那些跟他们一样，对加剧社会矛盾之徒心怀不满的人。这里说的"加剧社会矛盾之徒"，其中就包括之前提到的托钵僧。与其他学者一样，伊拉斯谟也常常受到教皇的保护。即使是面对鲁汶大学或道明会的勃然大怒，罗马教廷也还是会为这些三番四次忤逆教会的学者们挺身而出。同样，天资聪颖却桀骜不驯的拉伯雷也经常在上级想惩罚他时得到教宗的支持，而当他的研究接连不

---

[1]　阿德里安六世（Adrian VI）：1459 年 3 月 2 日—1523 年 9 月 14 日，荷兰籍日耳曼教皇，皇帝查理五世在王子时代的老师。同时，也是一个生活简朴，不理解文艺复兴的守旧老人。——译者注

[2]　克莱门特七世（Clement VII）：1478 年 5 月 26 日—1534 年 9 月 25 日，出自佛罗伦萨名族美第奇家族，1513 年—1523 年间担任红衣主教，1523 年—1534 年担任教皇。——译者注

断地受到干扰，甚至影响到他的生活之际，他也能顺利地得到离开修道院的准允。

无事一身轻的拉伯雷随后来到法国的蒙彼利埃 [1] 和里昂学医，并以非凡的能力在短短两年间成为里昂市立医院的主任医师。新的荣誉并不能满足他求知欲旺盛的灵魂，为了迎接新的挑战，拉伯雷在闲暇时不但深入学习解剖（这是一门跟希腊文学一样危险的新学科），还拿定了撰写书籍的主意。

里昂位于隆河河谷的中心，是纯文学爱好者的圣地。它离意大利不远，只要花上几天的时间就能轻松到达普罗旺斯。昔日吟游诗人的天堂虽已因宗教裁判所而化为乌有，但古老壮丽的文学传统却依然呈现出星火燎原之势。再者，里昂的印刷业以质量上乘著称，在里昂的书店里也能经常看到文学大家的最新力作。

当时有一位颇具名望的印刷商，名叫塞巴斯蒂安·格吕菲乌斯，他想找人帮忙整理他的中世纪文学收藏，于是鬼使神差地想到了拉伯雷这位广有才名的主任医师。他们先是合作出版了盖伦 [2] 和希波克拉底 [3] 的学术论著，紧接着又出版了几本小故事书。工作虽然辛苦，但拉伯雷就在这过程中一点一滴地创作出了他的大部头《巨人传》[4]，同时一步一脚印地迈入伟大作家的行列。对知识的渴望不但帮助拉伯雷成为著名的医师，也使他以伟大的文学家之名流芳百世。当时文学界有个传统，博学之士所著之书必

---

[1]　蒙彼利埃 (Montpellier)：法国南部城市。——译者注

[2]　盖伦 (Galen)：希腊解剖学家、内科医生和作家。——译者注

[3]　希波克拉底 (Hippocrates)：古希腊著名医生，欧洲医学奠基人，被尊为"医学之父"。——译者注

[4]　《巨人传》(Gargantua and Pantagruel)：原名《卡刚都亚和庞大固埃》，共五卷，是法国文艺复兴时期小说家拉伯雷创作的多传本长篇小说，是一部宣扬人性、讴歌人性的人文主义伟大杰作，鞭挞了法国 16 世纪的封建社会，是新兴资产阶级对封建教会统治发出的呐喊，充分体现了人文主义者对人、人性和人的创造力的肯定。在小说中，拉伯雷痛快淋漓地批判教会的虚伪和残酷，特别痛斥了天主教毒害儿童的经院教育。——译者注

须使用粗鄙之民无法读懂的语言，但拉伯雷大胆打破这种奇怪的规定，书中用语均是 1532 年普罗大众熟知的平实的法语方言。

也许只有文学系的教授才能说得清，拉伯雷是在何时何地，以何种方式创造出他那两个心爱的主人翁——高康大[1] 和庞大固埃[2] 的。说不定这两位人物原是异教徒的神明，凭借种族韧性，熬过 1500 年来基督教徒的迫害和鄙视，然后在一次狂欢中被拉伯雷发现。

无论如何，拉伯雷通过写作给人类带来了无限欢笑，这是任何作家都不曾得到过的高度赞扬。只是，他的书里有的可不仅仅是笑料，还蕴含着极其严肃的一面。书中的人物皆是对教会统治者的讽刺写照，他们的所作所为及他们恐怖的统治手段给 16 世纪前期的世界带来了深重的灾难。拉伯雷是一个训练有素的神学家，他很清楚哪些敏感字眼会使自己陷入麻烦。在他的眼里，一个活跃在监狱外的幽默家胜过铁窗后一屋子脸色阴沉的改革者，因此他会有意识地避免过分宣扬那些会引起教会反感的观点。可他的敌人却明白他的意图，不想轻易放过他。索邦神学院巨细无遗地斥责了他书中的主张；巴黎国会把他的著作列为禁书，没收并烧毁了管辖范围内能找到的所有成品。尽管官方已竭尽全力遏制，连刽子手都被派出去收拾残余，可《巨人传》仍然被广泛地传播着，成为最脍炙人口的古典作品之一。在随后的 400 年里，它一直启发并教诲着那些从充满幽默和智趣的文字中汲取快乐的人们，同时让那些只晓得画地为牢的老学究们寝食难安。

拉伯雷是典型的"一本书作家"，传世之作只有一本《巨人传》，最忠诚的好友也只有杜·贝莱一家。拉伯雷为人谨慎，虽然他的作品是靠贵族支持才得以出版，但他本身却不敢与权贵之人走得太近。他曾冒险到过罗马，令人意外的是他不但没有遇到危险，还受到了相当友好的欢迎。1550

---

[1] 高康大（Gargantua）：《巨人传》中巨人国国王。——译者注

[2] 庞大固埃（Gargantua）：《巨人传》中巨人国国王高康大的儿子。——译者注

年，他回到法国，在默东[1]定居。三年后，与世长辞。

像拉伯雷这样的人物，想要准确地衡量出他的正面价值是不可能的。毕竟他是一个人，不是一道电流或一桶汽油。有人说他总是在搞破坏。也许吧。可在那个改革迫在眉睫的年代，人们需要的正是像伊拉斯谟和拉伯雷这样的领头人，尽管他们谁都没有料到，改革所带来的东西跟旧社会原有的一样龌龊难看。

不管怎么说，拉伯雷已完成了自己这一代的应尽之责。未能通过改革改变世界，那是下一代人的过错。他们明明有能力东山再起，却平白放过了实现这一愿望的机遇，徒叹奈何。

---

[1] 默东（Meudon）：巴黎以南八公里外的一个小城镇。——译者注

第十五章　新瓶装旧酒

曾有伟大的现代诗人把世界比喻成一片汪洋，海面上航行着许多船只。船只间的碰撞会产生被后世称为历史的"美妙音乐"。

我愿与海涅[1]一起看向同一片海洋，但我相信，我们会看到不一样的风景。这就像小时候，我们喜欢向池塘里扔石子，并醉心于欣赏溅起来的水花和不断扩大的涟漪。如果手边刚好有合适的工具，我们还会用贝壳和火柴做出一支"无敌舰队"，把它放到水面上，然后人为制造出让它深陷险境的"狂风暴雨"——但千万要注意，可不能朝水里扔太重的东西，否则容易波及到在岸边玩耍的孩子，害他们受惊落水，甚至只能躺在床上养病。

我们长大后，类似的把戏依然随处可见，但结果往往更为惨烈。起初，整个世界阳光明媚，平静安宁，池塘的水面上波光粼粼，岸边的人们无忧无虑。突然，一个无法无天的坏孩子抱着一块不知道从哪里找来的大石头走了过来，在别人有所反应之前，用力地把石头扔到池塘里。骚动一

---

[1]　海涅（Heine）：德国诗人和散文家。——译者注

环绕世界的大海

触即发。被溅了一身湿的人们中，有些急于寻找并惩罚肇事者；有些想息事宁人，于是在一旁帮衬劝说；有些嫉妒坏孩子夺走了所有人的注意，也纷纷捡起手边的破烂往池塘里丢。一时间水花四溢，大家被弄得愈发狼狈，而局势也因失控演变成群殴，最终好几百万人被卷了进来，死的死，伤的伤。

亚历山大就是这样一个无法无天的坏孩子。特洛伊的海伦也一样，她手中的石头则是她那无与伦比的美貌。这样的人在历史中比比皆是。从古至今，总有那么一群无耻之徒，不怀好意地把人们平静无波的精神世界当成私人游乐场，极尽兴风作浪之能事。无怪乎他们会被头脑正常之人视为死敌：一想到那由他们造成的近 400 年来的灾难，便恨不能将其挫骨扬灰。

他们是复辟旧世界的头领。中世纪庄严的护城河倒映出社会原有的结构和颜色，那并不是一个完美的社会，但人们喜欢它，正如喜欢自己宅院里的红墙砖瓦，喜欢与自家小屋遥遥相望的灰色教堂，以及它那高耸入云的睥睨之姿。然而，且夕间风云变色，首先，文艺复兴的水花可怕地飞溅而起——这仅仅只是一个开端。可怜的市民们还未完全从惊吓中缓过神来，呲牙咧嘴的德国僧侣们又蜂拥而至。他们准备了整整一车子的砖头，正正地扔进教会的大湖中心，那震动之大，至少延续了三个多世纪。

研究这段历史的历史家学们常常会犯一个小错误——他们总认为动乱的原因是一致的，它有时被称作文艺复兴，有时则被称作宗教改革。事到如今，我们却不这样理解。

文艺复兴和宗教改革是两个不同的运动，尽管他们宣称大家都怀抱同一个目的，但由于所采取的手段各异，代表文艺复兴的人文主义者与推动宗教改革的清教徒之间，经常互怀敌意。人文主义者和清教徒都坚信人应享有最高权利，既可来去自如，按自己喜欢的方式谋生，也可以由着自己的喜恶选择要不要信教，或者到底要去哪家教堂倾听布道。可惜事实并非如此。在中世纪，个人只能淹没在集体里，人一辈子从生到死都得遵循充斥着精神礼节的古板小册子行事。而这本小册子一味教导人们，身体不过是一具臭皮囊，除了用来给灵魂暂寄外毫无价值。长期的洗脑使人们盲目地相信，眼前的世界只是通向未来美好路途上的一个小小的驿站，对它实在不应太过关心，就像计划去纽约旅行的游客压根瞧不上飞机途经的新西兰皇后镇[1] 或加拿大的哈利法克斯[2] 一样。

虽然时有困境，但大部分平民都安于现状，生活也算得上平静安宁，直到出现了两个奇怪的"仙女"：一个叫文艺复兴，一个叫宗教改革。她们对百姓们说："觉醒吧，高贵的人们，从今往后你们就自由了！"

百姓们不解："我们要自由做什么呢？"

仙女的回答各有深意。

---

[1] 皇后镇（Queenstown）：一个坐落在南阿尔卑斯山的美丽小镇，随处皆是完美的观光地点。——译者注

[2] 哈利法克斯（Halifax）：加拿大新斯科舍省省会和最大城市。——译者注

"以自由追求至美。"文艺复兴如此说："以自由重建那真正属于人类的世界，以自由实现那使诗人、画家、雕塑家和建筑家心醉的理想，以自由把整个宇宙囊括到人类永恒的实验室中，以自由探索自然界的一切奥秘。"

"以自由探求真理。"宗教改革告诫道："以自由学习上帝的语言，从而得到灵魂的救赎和对罪孽的宽恕。"

话音刚落，她们便款款离去，留下一脸茫然的民众——表面上，他们似乎享有了新的自由，但实际上，这比昔日的束缚更令人难受。也不知道是万幸还是不幸，文艺复兴很快便与旧秩序握手言和。菲狄亚斯[1] 和贺拉斯[2] 的后继者发现，心中是否信仰上帝并不重要，只要表面上服从教会的法规，就能便宜行事。简而言之，若文艺复兴的人文主义者们真想画异教之画，作异教之曲，不妨以圣母玛利亚代替赫拉，把施洗者圣约翰当成赫拉克勒斯就可以了。对他们来说，这就像去印度旅行，只要遵守一些无关紧要的法律，便可以获准进入庙宇，不惊动任何人地自由来去。

然而，在马丁·路德追随者的眼里，所有的细枝末节都至关重要——《申命记》[3] 中一个标点符号的错误往往意味着流放，要是谁敢写歪《启示录》里一个字，就会即刻被处以死刑。宗教改革者们以极其严肃的态度对待信仰，他们觉得人文主义者的轻易妥协完全是懦夫的表现，于是决定与文艺复兴从此分道扬镳，永不相见。为了独自对抗整个旧世界，宗教改革者们以"正义"为武器，誓死捍卫最神圣的教旨。最开始，反叛教会的几乎全是来自德国的僧侣，他们英勇地作战，也心甘情愿地为之受难。后

---

[1] 菲狄亚斯 (Phidias)：被公认为最伟大的古典雕刻家。其著名作品为世界七大奇迹之一的宙斯巨像和巴特农神殿的雅典娜巨像，两者虽然都早已被毁，不过有许多古代复制品传世。——译者注

[2] 贺拉斯 (Horace)：古罗马诗人、批评家。其美学思想见于写给皮索父子的诗体长信《诗艺》。——译者注

[3] 《申命记》 (Deuteronomy)：《圣经·旧约》的一卷书，共34章。记载了以色列的子孙的前景、他们在约旦河的对岸会遭遇的困难和摩西向百姓提出的最后训示。——译者注

日内瓦

来，北欧各国改革者之间互相猜忌，几乎赔上了之前所有的努力。正当此时，一位旷世奇才腾空出世，他取代了路德，把宗教改革引向了最终的胜利。他就是约翰·加尔文。

加尔文曾在伊拉斯谟无聊度日的法国学院里就读，他腿部受过伤，蓄着黑胡子。年轻时，他总希望有一天能带领一支只忠于上帝的军队，把世上所有异教徒清理干净。俗语说得好，针尖对麦芒，也只有像加尔文这样坚忍不拔的人，才能对抗罗耀拉[1]的计划。

---

[1] 罗耀拉（Ignacio de Loyola）：1491年—1556年，天主教耶稣会创始人，西班牙贵族。1540年在罗马教皇保罗三世的支持下创立耶稣会，并任总会长。制定"会规"，强调会士必须绝对服从会长，无条件地执行罗马教皇委派的一切任务，使耶稣会成为教皇反对宗教改革、扩张天主教势力的重要工具。曾创办罗马学院和德国学院。——译者注

我很庆幸没有生活在 16 世纪的日内瓦，但我打心底为 16 世纪日内瓦的存在深怀感激。若不是当时人们的努力，即使到了 20 世纪，世界也还是一团糟，像我这样的人也还是会随时因为说错话而锒铛入狱。

请允许我为读者们介绍这场光荣战役的领头人，著名的神学家约翰·加尔文。1509 年 7 月 10 日，加尔文出生于法国北部努瓦永城一个中产阶级的家庭里。他的父亲是一位低阶圣职人员，母亲是酒馆老板之女。加尔文在家里排行第二，有两个姐妹和四个兄弟。严谨的家庭教育使他自少年时便培养出一些鲜明的性格特点，如节俭朴实、条理分明、慷慨大方、雷厉风行。加尔文的父母亲原本打算让他去当教士，于是借助一些颇有势力的朋友之手，把他安排在好的教区。加尔文未满 13 岁时便已经在城里的教堂做事，赚得一笔稳定的小薪资。这笔钱被小心地攒存起来，在他长大后，用来供他到巴黎读书。加尔文自小聪慧，凡是接触过他的人都不吝称赞："果真是后生可畏！"

16 世纪法国的教育制度让像加尔文这样的孩子有充分的机会发挥自己的天赋。19 岁那年，他获得了布道的资格，如无意外，他在不久之后就能顺理成章地成为教会执事。然而加尔文的家里人多，负担重，教会的晋升又比较缓慢，况且彼时适逢宗教动乱，前途未卜。加尔文有一个叫皮埃尔·奥利维坦（Pierre Olivetan）的远房亲戚，刚把《圣经》译成法语。加尔文在巴黎时，经常和他在一起。也许正应了那句"一山不容二虎"，加尔文和那位亲戚因信仰问题，始终不能和平相处，于是加尔文决定前往奥尔良大学[1]学习法律，并拜在一位资深老律师的门下，开始从事辩护和草拟条文的业务。

加尔文的才华并没有因为环境的改变而被掩盖。不到一年的时间，他便从学徒擢升为教师，负责给那些不够刻苦的学生讲解法学概要。掌握了

---

[1] 奥尔良大学（Université d'Orléans）：创立于 1306 年，为法国著名高等学府。——译者注

这一切后，他很快便具备了成为正式律师的资格。于是他的父亲又有了新的盼求，希望他的儿子有朝一日能与那些著名的律师一较高下，同时也能像他们那样，单凭几句专业建议便获得丰厚的收益，甚至能坐上四轮马车到遥远的贡比涅[1]接受国王的召见。

然而，这只是他的一厢情愿。加尔文从来志不在法律。略有成就的他只愿坚持所爱——他卖掉了法律摘要和法令大全，专心收集神学著作，一丝不苟地继续那些终使他成为两千年来最重要的历史人物之一的工作。

在研究加尔文所领导的宗教改革活动时不难发现，那段学习罗马法律的岁月极大地影响了他的思维方式。因为对事物有着非常客观深刻的了解，他几乎不会感情用事。他曾写信给自己的追随者，信中细致地描述了他对人类心理准确的观察与探讨。这些信件一直是加尔文宗教徒的心灵支柱，即使他们因追随加尔文而被天主教会逮捕，被判处火刑，被活活烧死，在绝望的痛苦中，他们始终不改初衷，视他的教诲为圭臬，为他的平安康泰祈祷祝福。其实加尔文并不像他的敌人所说的那样，是个铁石心肠之人。只是于他而言，生活不单是生活，更是一种神圣的职责。他对自己抱诚守真，对上帝鞠躬尽瘁。他尽一切努力理清基督教的要义，在理论上奠定了能经受历史考验的宗教改革基础。

教皇庇护四世在得知加尔文的死讯时说："这个异教徒的力量来源于他对世俗利益的冷漠。"诚如教皇所言，加尔文虽一生穷困，却对金钱毫不在意，甚至因为自己"生病不能履职"而拒绝了最后一笔薪资。但他的力量并非只来源于此，更重要的是，他一生只坚持一个信念，他所做的事情全都围绕同一个目的，那就是从《圣经》中寻找上帝的真理。当他经过努力得到一个能经受得起所有反对与质疑的结论之时，他马上将其确定为生活准则。不管局势如何变化，加尔文只按照自己的想法行事。他的坚韧

---

[1] 贡比涅（Compiegne）：法国城市，位于皮卡第大区瓦兹河畔，是瓦兹省的首府。——译者注

不拔使他成为了一个不可阻挡，无法战胜的改革先驱。

当然，要达到这个程度需要多年的培养与锻炼。在加尔文改变信仰的头十年，他不得不煞费苦心地先处理好一个最常见的问题：活下去。

"新学"一开始在巴黎大学获得了短暂的胜利，学院里一下子多了许多教授犯禁知识的课程：有讲希腊语言词尾变化的，还有讲希伯来不规则动词的。这些课程引起了广泛的反响，连某些以博学闻名的教区牧师也受到了"新教"教义的毒害。于是，教会不得不采取措施，动手清理那些会"传播思想病毒"的人。据说，加尔文曾写过几篇会引起异议的演讲辞，并寄给了当地的教区牧师，结果，他被列入"思想病毒的传播者"的黑名单，不但住所被搜查，文章被禁，甚至遭到了教会的通缉。听到风声的他马上躲到朋友的家里。虽然，风波后来不了了之，但到罗马教会供职已是不可能之事。是时候要选出自己未来要走的路了。

1534 年加尔文与旧信仰绝裂，与此同时，在俯瞰法国首都的蒙马特高地 [1] 上，罗耀拉和几个追随者庄严起誓。他们的誓言后来被采纳为耶稣会的法规。

接着他们也都离开了巴黎。

罗耀拉这边起初一路向东航行，但第一次在圣地作战时留下的伤痕让他不禁胆怯，无奈之下，只好原路返回至罗马。他在罗马开展的宗教活动使他声名远播。加尔文这边有点不一样。只要上帝在心中，神的国度便无处不在，并不会受时空限制。怀着这样的想法，加尔文四处游历，并希望能找到一席安宁之地，在有限的时间里尽可能阅读、思考以及和平地布道。在去斯特拉斯堡 [2] 的路上，因为神圣罗马帝国皇帝查理五世 [3] 正和法

---

[1] 蒙马特高地 (Montmartre)：巴黎的一个区。——译者注

[2] 斯特拉斯堡 (Strasbourg)：法国东北部城市。——译者注

[3] 查理五世 (Charles V)：神圣罗马帝国皇帝，曾称霸欧洲，建立美洲大帝国。——译者注

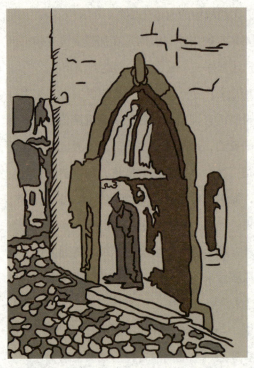

罗耀拉

国国王弗朗索瓦一世[1]交战，加尔文不得不绕道瑞士西部。在日内瓦，他受到了被誉为法国宗教改革的海燕——法惹勒（Farel）的热烈欢迎。这位从长老会和宗教裁判所牢笼里逃出来的杰出人物像对待挚友一般请加尔文留在日内瓦，并仔细地向他分析宗教改革在瑞士可以造成的影响和完成的功绩。加尔文几经权衡，最后决定留下。

为了避开战祸，他们决定把人间天国新锡安建立在阿尔卑斯山脚下。那是一个充满奇缘的世界。就像哥伦布本想出航寻找印度，结果却在偶然间发现了美洲新大陆。加尔文本想找寻一隅宁静，在研究和对教义的思索中度过余生，结果却来到瑞士这个不起眼的小国，并以它为中心，把旧天主教的宗教领地发展成庞大的新教徒阵营。

也许有读者会问，既然观史能通晓一切，为什么人们还要阅读虚构的小说？我不知道加尔文家里的圣经是否有保存下来，如果存在，我相信《但以理书》[2]第六章里总会有几页磨损得特别厉害。作为法国宗教改革先

[1] 弗朗索瓦一世 (Francis I)：1494 年 9 月 12 日—1547 年 3 月 31 日，法国历史上最著名、最受爱戴的国王之一。——译者注

[2] 《但以理书》(Book of Daniel)：《圣经·旧约》的一卷书，本卷书共 12 章，记载了以色列的神在异教国家中得到荣耀。——译者注

驱，加尔文一直是一个克己寡欲的人，但他也常常需要从但以理这位坚定不移，信仰上帝的圣人身上获得勇气。但以理被誉为最圣洁的人，是"能以公义自救的人之一"，因此即使被投身狮穴，也可以借由对上帝的忠诚安然无恙。

日内瓦不是巴比伦，而是一个居住着许多体面的裁缝，令人一提起便肃然起敬的小镇。他们对待生活的态度十分严谨，却还是比不过加尔文这位像圣彼得一样孜孜不倦的新宗教领袖。再者，当时凯撒的后裔已经厌倦了与萨伏依 [1] 公爵尼布甲尼撒二世无止境的争吵，他们决定与瑞士及其他地区联合起来，支持宗教改革运动。只不过，日内瓦与维滕贝格的联盟犹如一桩政治联姻，结合的基础并非互相爱慕，却只是因为共同利益。

日内瓦改奉新教的消息才传开，便吸引了超过 50 个狂热的传教士。他们聚集在莱芒湖 [2] 畔，干劲十足地开始宣扬那些正常人听来荒诞不经的教义。加尔文打心里憎恶这些自以为是的半吊子传教士，他也深知这样的人只会给自己追求的事业带来危机。无奈传教士们虽然方向有偏，但对新道路的热情不减。于是在休息了几个月后，加尔文即刻着手，把他认为新教徒必须要了解的是非对错准确而简练地写下来。如此一来，以后谁也都不能再以"不知者不罪"为由推托。接着，加尔文与好友法惹勒一起，把日内瓦的市民按十人一组亲自检验。他们规定只有宣誓效忠新教法规的人，才能享有一切公民权利。之后，他为年轻人编写了一本巨细无遗的教理答问，并成功地说服了市政议会，把所有不知悔改，依然坚持错误旧观念的人驱逐出境。

在清理了潜在的阻碍后，加尔文开始采取下一步行动。他比照《出埃及记》[3] 和《申命记》里政治经济学家的条陈，着手建立自己的宗教派别。

---

[1] 萨伏依（Savoy）：法国东南部和意大利西北部历史地区。——译者注

[2] 莱芒湖（Lake Leman）：也称日内瓦湖，是阿尔卑斯湖群中最大的一个。——译者注

[3] 《出埃及记》（Exodus）：原是《圣经·旧约》中最重要的一卷，讲述了希伯来人（犹太人）同古代阿拉伯人之间的矛盾起源。——译者注

与许多大改革家相似，加尔文不像现代基督教徒，倒更像昔日的犹太教徒——他嘴上念着上帝耶稣之名，心里住着的却是摩西的耶和华。当然，这种现象很常见，尤其是他当时正承受着巨大的精神压力。耶稣对憎恨和冲突的看法很确定，很分明。在他的眼里，任何事情都不应该以暴力手段解决。但过去 2000 年的历史证明，暴力往往是国家和个人为达目的最常用的工具之一。因此，战争一旦爆发，所有卷入之人都会心照不宣地阖上福音书，然后打着《旧约》中以眼还眼的旗号，放肆地在血泊和死人堆中争抢厮杀。宗教改革确实是一场很残酷的战争，被牵涉之人无一幸免。而加尔文所建立的教派实际上就是一支军队，用以压制一切个性自由。在大业完成的过程中，自然不可能一帆风顺。自 1538 年起，教派组织里持开明观点的人越来越多，加尔文不得不暂且离开这座熟悉的城市。1541 年，在一片洪亮的钟声和传教士的溢美之辞中，他和追随者们重回旧地，重新掌控他们坐落在隆河畔的大本营。后来，加尔文成为了日内瓦的无冕之王，并在之后的 23 年时间里，重建了只曾在以西结 [1] 和以斯拉 [2] 年代里出现过的完美的神权政府。

在《牛津简明英语词典》中，"纪律"一词的定义是："使某人或某物受控制，训练某人某物服从和执行。"这一定义清晰地诠释了加尔文理想中整个政治宗教结构的实质。马丁·路德与大部分德国人一样，比较多愁善感。在他看来，只有上帝的教导才能把人们引向通往永恒世界的道路。然而这种飘忽不定的东西并不对这位法国改革家加尔文的品味。上帝的教导固然是希望的灯塔，但长路漫漫，更何况路上还有数不清的让人忘乎所以的蛊惑。所以，加尔文不想走寻常路。他做事持心公正，不拘一格。他不会因私欲落入别人的陷阱，也不会迷醉于世俗的得失。他一心追求救

---

[1] 以西结（Ezekiel）：以色列被掳到巴比伦时的祭司和先知。他的生平多记载于《旧约》的《以西结书》。——译者注

[2] 以斯拉（Ezra）：大祭司亚伦的后裔，是希伯来圣经中的一个重要人物，著有《以斯拉记》。——译者注

赎，是人们心目中理想的宗教改革英雄。在他的带领下，教士们每周都会举行例会，所有名副其实的正人君子都可以在会议间自由地相互批评。就算有人不小心误入歧途，这样的氛围也能很快地让他重新认清自己的职责。

参加过爬山运动的人都知道，有时候专业的指导员也会是不折不扣的暴君。他们太了解潜藏在岩石间或雪地上的危险，为了团队的安全，他要求团队里每个成员都要绝对服从，抗命的必将遭到疾言厉色的痛斥。加尔

新的暴政

文的教徒也是如此。对那些跌倒了，需要别人搀扶的人，他们义不容辞地伸出援手；但对那些一意孤行，只想离群的人，他们也会理所当然地收回全部好意，把张开的手掌攥成硕大的拳头，给予对方致命的一击。当然，这样的事情在许多其他宗教组织里并不罕见，教会成员也大多喜欢运用这种权力，只是如此行事难免遭到地方政府的非议，毕竟政府最忌讳牧师与行刑官分庭抗礼。加尔文深知此规矩，于是决定在他的管辖范围内建立一种实际上足以架空法律制度的教会纪律。

在所有奇怪的历史谬误中，有一条最让人吃惊也最广为流传。据说，与邻居条顿人相反，法国人是一个憎恨束缚，向往自由的民族。然而事实上，在宗教改革前的数世纪以来，法国一直处于官僚体制的统治中。这种官僚体制极其繁杂，办事效率也不比战前的普鲁士政府高多少。政府官员

上班迟到早退，仪容邋遢，游手好闲。而面对政府官员们粗鲁恶劣的嘴脸，平民百姓竟也不恼，只一味的逆来顺受——说实话，这怎么看都不像是会爆发宗教改革运动的地方。

加尔文是一个典型的法国人，尤其钟爱中央集权制度，他的某些做法深得拿破仑大帝治国之道的真传。可加尔文不若拿破仑，他没多重的私心，也没有多大的胃口，他不喜欢说玩笑话，性格严肃可怕。为了找寻心目中的耶和华，他翻遍了《旧约》，苦心孤诣地把其中的语句按自己的见解重新诠释，然后把诠释当成上帝意愿的直接体现，要求日内瓦市民无条件服从。一夜之间，隆河水畔这座原本欣欣向荣的城市骤然变成了罪人聚集之地。根据加尔文的建议，日内瓦成立了由 6 个议员和官员以及 12 个加尔文宗长老组成的宗教法庭，不分昼夜地密切监视人们的思想和行动。宗教法庭会传讯任何被怀疑有"犯禁异教观点"倾向的人，并要求他们坦白自己的宗教观点，坦白是什么时候、在什么地方、以什么方式接触到那些宣扬错误宗教观点并使他们误入歧途的书籍的。若被告有悔改之意，只需要多去几趟主日学校，旁听教义布道便可以获得赦免，但若被告始终冥顽不灵，就得在 24 小时内滚出城去，从此不得再踏入日内瓦神权共和国境内一步。

对于普通市民来说，缺乏正统观点并不是会被宗教法庭揪住不放的唯一罪名。想下午到隔壁村好友家玩一玩保龄球，若被人告发，少不了要挨一顿痛骂。任何玩笑和恶作剧都无异于犯罪，而婚礼上那些捉弄人的小把戏更足以叫人锒铛入狱。各种各样的法律和规章，以及众多与之呼应的法令、敕令和赦令构筑成加尔文理想中新的天国，却使市民的生活因此变得无比复杂，日内瓦也因此渐渐失去了往日的风华。不准跳舞、不准唱歌、不准玩扑克牌也不准赌博；不许办生日派对、不许搞市集聚会、不许穿戴丝绸或过于华丽的服饰。人们可以去的地方只有加尔文明确表示过许可的教堂和学校。

禁令也许可以避免人们犯下罪孽，却无法强迫人们热爱美德。而正因为知道美德源于内心的感召，加尔文也重视创办一流的大学及鼓励一切正面的教学互动。同时，他还举办有趣的集体生活，让市民们既能挥霍掉多余的精力，又能暂时忘却被监管和限制所带来的痛苦。由此可见，加尔文的制度并没有完全忽视人性，否则它不可能存活下来，甚至在近 300 年的历史中起到决定性的作用。当然，这一切还要归功于一本论述政治思想发展的书。如果问及日内瓦为宽容事业贡献如何，那根据上述所说，我们可以得出结论：被誉为"新教的罗马"的日内瓦在宗教事务的处理上并没有比天主教的罗马高明多少。

话说回来，我们不能责怪加尔文要施行这样严厉的管制，毕竟在这个充斥着诸如圣巴托罗缪之夜[1]惨案和在荷兰各地烧杀抢夺等野蛮行径的世界里，势力较弱的一方若只死守着美德良习，不啻于坐以待毙。可即便如此，加尔文也还是无法就煽动宗教法庭杀害哥路特[2]和塞尔维特[3]一事，为自己开脱。

在哥路特一案中，加尔文尚且可以说哥路特隶属于企图推翻加尔文教的某政党，在煽动市民暴动事件中具有重大嫌疑，但塞尔维特根本不可能给日内瓦的社会安全构成任何威胁。按现代护照条例的规则来说，当时的塞尔维特只是一个"过境旅客"，在 24 小时后就可以离境了，然而他却误了船，因此活活丢了性命。

弥贵尔·塞尔维特是一个西班牙人，他的父亲是一名颇有名望的公证人。公证在欧洲也算半个法律界的岗位，并非用钱就能打发的橡皮图章似

---

[1] 圣巴托罗缪之夜（Massacre of St. Bartholomew）：法国天主教暴徒对国内新教胡格诺派的恐怖暴行，开始于 1572 年 8 月 24 日，并持续了几个月。由于胡格诺派不妥协的强硬态度，该事件成为法国宗教战争的转折点。——译者注

[2] 哥路特（Jacques Gruet）：无神论者，主张更多的个人自由。后因奸淫罪和对加尔文的诬陷罪而被推上断头台。——译者注

[3] 塞尔维特（Miguel Servet）：西班牙医生，文艺复兴时代的自然科学家，肺循环的发现者。他的兴趣包括天文学、气象学、地理学和法学，以及圣经、数学、解剖学和药物学的研究。他因对以上多个领域的贡献而闻名，尤其是药物学和神学。——译者注

的闲职。在父亲的影响下，塞尔维特也渴望从事法律工作。他被送到法国图卢兹大学 [1] 就读。在那里，所有课程都用拉丁语讲授，学子们只要掌握基本的拉丁语用词和语法，就能涉猎广泛的知识，领略到全世界智慧的精华。这如何不让塞尔维特欣喜若狂。塞尔维特在大学期间认识了伊拉斯谟的弟子胡安·德·金塔纳（Juan de Quintana）。不幸的是，金塔纳在不久之后就被查理五世以宗教名义迫害至死。

在中世纪，皇帝的加冕仪式就像现代国际展会一样，吸引着来自天南地北的人们。1530 年，查理五世在意大利接受加冕时，金塔纳邀请塞尔维特以他秘书的身份，一起到意大利观礼，顺便增长见闻。这位聪明的西班牙青年跟当时许多人相似，有一颗永远满足不了的好奇心。意大利之行后，他花了 10 年的时间学习各种学科，有医学、天文学、占星学、希伯来语、希腊语，以及争议不断的神学。塞尔维特是一名能力卓越的医生，在研究神学的过程中，他提出了血液循环的理论。这个理论写在他抵制上帝三位一体教义的第一本书的第 15 章。然而，在当时所有拜读过塞尔维特著作的人中，竟无一人注意到这个划时代的发现——16 世纪神学思想之偏执由此可见一斑。

要是塞尔维特坚持医学研究该多好啊，那他便可以活到耄耋之年，然后安详地离开人世。但他身在凡世，便不能免俗，尤其是在与里昂的印刷商搭上线后，他便更热切地加入到针砭时弊的唇枪舌战中。

如今，百万富翁只要愿意出资，便能轻易说服校方以某个流行烟草的品牌名称直接取代原先"三一学院"的名字。同时媒体也会帮腔说："感谢善长仁翁如此慷慨解囊！"然后引得大众随之附和："哈里路亚！"现代社会的人们已经对这样的亵渎之事早已见惯不怪，但在过去，仅仅怀疑是不是有人对三位一体的教义不敬，便足以引起整个社会的恐慌。这也许

---

[1] 图卢兹大学（University of Toulouse）：建校于 1229 年，是一所位于法国南部比利牛斯大区的世界著名大学，为欧洲经济学和法国工科的最高学府。——译者注

听起来有点像天方夜谭，但事实确是如此。要是不能深入理解这种社会现状，我们就不可能明白当年塞尔维特的质疑为何会在 16 世纪虔诚基督教徒的心中造成不安。

塞尔维特根本不是激进人士。相反，他是我们现在常会说到的自由学者。他抵制新教徒和天主教徒都信奉的三位一体思想，强烈而又天真地坚信着自己的理念。他给加尔文去信，提议两人在日内瓦私下会晤，并深入讨论这个问题。殊不知，这封信竟是导致他惨死的主因。事实上，他并没有收到加尔文的回信，自然也没有收到来自日内瓦的邀请。而就算加尔文真的邀请了他，他也无法给予肯定的回应，因为里昂宗教裁判所的大法官早已风闻塞尔维特的亵渎行为，在秘密收到一封由日内瓦人送来的信件后（据说这个人是受加尔文指使的），他亲自出马，逮捕了塞尔维特，把他关进了监牢。不久，某些有心之人找到并向宗教裁判所提交了塞尔维特的手稿，更坐实了他的亵渎之罪。看来，加尔文为了把塞尔维特逼上绝路，不惜充当宗教裁判所的帮手。只是这借刀杀人的计划并不顺利，宗教裁判所的法官玩忽职守，让塞尔维特觑了个空逃走了。

塞尔维特原本打算直接逃亡到西班牙，但他名声在外，横穿法国南部地区实在危险，于是他决定取道日内瓦，然后经米兰、那不勒斯和地中海回到西班牙。

1553 年 8 月一个星期六的黄昏，塞尔维特抵达日内瓦。按计划，他本想马上搭船到湖对岸，可船家说，接近安息日时不能开船，要走也得等到下周一。无奈之下，他只好在日内瓦借宿一晚。第二天主日[1]，当地人和游客都必须参加礼拜，否则就是品行不端。塞尔维特也入乡随俗去了教堂。结果他被认了出来，遭到逮捕。塞尔维特是西班牙人，并没有违反日内瓦的法律，可在宗教领域里，他作为自由学者，竟不敬神明，胆敢发表反对三位一体的异端言论，死不足惜。普通罪犯尚有可被饶恕的余地，但像他

---

[1] 主日：即星期天。——译者注

这样的异教徒，想得到法律的保护根本是痴心妄想。加尔文的宗教法庭不由分说地把塞尔维特锁进肮脏潮湿的地窖，没收了他一切钱财及个人物品。两天后，他被带上法庭，并被要求就罗列出来的 38 个问题发表自己的观点。审判持续了两个月零 12 天，塞尔维特在法庭上发表的观点使法官暴跳如雷。他们认定塞尔维特犯了"企图以异端邪说破坏基督教信仰基础"罪。一般来说，犯此罪名的外国人会被即刻驱逐出境，但塞尔维特却是例外。他被判处火刑。与此同时，里昂法庭也重新开庭审理此案。而与加尔文的宗教法庭一样，里昂的宗教裁判所也判处塞尔维特死刑。他们派执行吏出使日内瓦，要求加尔文交还逃犯，让他在法国伏法。

里昂法庭的要求被回绝了，加尔文要亲眼看着火刑的执行。

走向刑场的路上，一队牧师代表还紧跟在这位"死不悔改"的异教徒身旁，嘴里念念有词，压根儿没给塞尔维特的最后一程留点清静。行刑开始，不焦不燥的火势使塞尔维特痛苦挣扎了 30 多分钟却依旧得不到最后的解脱，围观的群众看着于心不忍，擅自往行刑的火焰又里添了一捆刚砍下的柴枝，才总算结束了塞尔维特的悲剧。对于偏爱猎奇故事的读者来说，这一段的确是个不错的谈资，但眼下我们就点到为止吧，毕竟在宗教狂人横行的年代，死在火刑下的无辜者多一个或少一个又有多大区别呢？

塞尔维特的惨死并没有被默默带过，相反，他的遭遇向世人揭示了一个赤裸裸的现实：新教徒不过是伪装后的天主教徒。虽然他们口口声声说人类应拥有"各抒己见的权利"，但在对待与自己意见相左之人时，却依然残酷无比，并伺机建立自己的恐怖统治。宗教法庭施加在塞尔维特身上的手段如此狠毒，听闻之人绝对无法冷淡地耸耸肩膀，一笑而过："你还能期望什么呢？"于是，感同身受的我们翻阅了大量与这次审判有关的书面材料，也详尽地了解了外界对这次判决的看法。阅毕，不禁让人痛心疾首，掩卷深思。有人说，当时加尔文也稍微动过些恻隐之心，想把火刑改成斩首之刑。塞尔维特很感激他的仁慈，但依然坚持认为自己不过一心探求真理而已，即使意见不一，也绝对有权利公开向加尔文大师请教，因此法庭应该收回判决，让他自由获释。

闻言，加尔文气急败坏。他曾经起誓，像塞尔维特这样的异教徒一旦落入自己手里，就绝不会给他留一点生机。为了使塞尔维特罪名成立，他甚至愿意与死敌罗马教皇及宗教裁判所合作，以便进一步钉死那个不幸的西班牙人。压倒塞尔维特的最后一根稻草，则是处刑当天早上与加尔文的最后一次会面。那天，加尔文应约来到又黑又脏的牢房，面对已然"一败涂地"的塞尔维特，他本可以大度些，更人性些，可他没有。他脸色铁青地指着这个不到两小时后就要去见上帝的人，破口大骂："你该死！你这个冥顽不灵的异教徒，活该被烧死！"

上述一切已是过眼云烟。

塞尔维特死了，再传神的塑像，再宏伟的纪念碑都无法让他重生。

加尔文也死了，再多的指责，再多的咒骂也惊不起他坟前的一点尘埃。

那些曾经为宗教改革狂热的人们也死了。他们曾小心翼翼地看管着塞尔维特，以防他再次逃跑；他们曾在火刑实施时兴奋得浑身颤抖；他们曾目睹了塞尔维特的惨死，然后欢呼起舞："日内瓦万岁！大业得成！"

可最终，所有人都死了，甚至被历史遗忘得一干二净。

这样的悲剧给后世留下了警醒：宽容如同自由，不能乞求别人施舍，只能靠自己争取。在拥有之后更应时刻保持警惕，以免未来的有识之士又堕入塞尔维特的悲剧。

第十六章　再洗礼派

　　每个时代都有属于这一时代的魔魇。我们有"赤党"；父辈们有"共产主义"；祖辈们有宾夕法尼亚州的恐怖组织莫利·马圭尔帮[1]；曾祖辈们有雅各宾派[2]；300年前的祖宗也难逃一劫，他们有再洗礼派[3]。

　　1534年，有一位住在德国乌尔姆镇[4]，名叫塞巴斯蒂安的制皂工兼禁酒主义者曾出版过一本类似《世界史纲》的世界编年史。塞巴斯蒂安年轻时，与一个信奉再洗礼派家族里的女儿结成连理，作为一个坚定的自由思想者，虽然他跟妻子及其家人信念不同，但却因此对再洗礼派教义有了更详细的理解。在编年史书里他写道："……再洗礼教只教授有关博爱、信

---

[1]　莫利·马圭尔帮（Molly Maguires.）：新奥尔良市的犯罪集团和宾夕法尼亚州的恐怖组织。——译者注

[2]　雅各宾派（Jacobins）：法国大革命时期参加雅各宾俱乐部的激进派政治团体。——译者注

[3]　再洗礼派（Anabaptists）：16世纪欧洲宗教改革时期新教中一些主张成人洗礼的激进派别的总称。该派否认婴儿洗礼的效力，主张能够行使自由意志的成人受洗才为有效，故以此命名。——译者注

[4]　乌尔姆镇（Ulm）：德国小镇。——译者注

仰和肉身受难之事，他们认为，身在苦难中也必须保持耐心和谦卑。教派成员真诚互助，乐于分享，彼此以兄弟姐妹相称。"奇怪的是，再洗礼派教徒们明明都很和善，一百年来却总像无助的小动物一样被猎杀，并且在最血腥的世纪里被施予最残忍的惩罚。

要想明白个中原因，必须要先看清宗教改革的实质，那就是宗教改革根本没有解决任何问题，它只是又给世界建起了一座思想牢笼，以圣经福音代替上帝，并试图用黑袍教士取代白衣牧师，对平民进行精神控制。将近半世纪的奋斗与牺牲竟只换来这样贫乏的成果，也难怪普罗大众会心灰意冷。他们曾梦想过持续千年的社会及宗教安定，最终却只迎来新一轮的精神迫害和经济奴役。为了这次冒险，宗教改革者们本已几经绸缪，不想却发生了变故，让他们进退维谷，不得不在缝隙中挣扎求存。他们的人虽然离开了天主教会，心却无法理所当然地接受新教义。在官方的眼里，他们都是除之而后快的毒瘤，因此，他们必须千方百计地活下来，并且活着把世界从邪恶控制的愚昧中解放出来，至于用什么手段，就不必计较了。

脱离了旧群体的宗教改革者们决定建立一个新的组织，选出新的领袖。可头脑清醒之人又怎么可能愿意带领这群可怜的疯子呢？于是，故作深沉的鞋匠和异想天开的产婆们充当了先知的角色，他们大声祈祷，语无伦次地嘶吼着布道。聚会用的小房子几乎要被他们赞美上帝的声浪冲垮。他们这种扰民行为甚至惊动了村里的法警。接着，好几个参加聚会的人被捕入狱，村镇的议员们也开始着手所谓的"调查"——这些人既不去天主教堂，也不敬新教，那么他们是什么人？他们信仰什么教义？说真的，这些村镇议员们的处境也委实尴尬，毕竟他们抓回来的人里不乏盐油不进的硬骨头，他们对自己所坚持的信仰总是一丝不苟。幸好其中有很多宗教改革者颇懂处世之道，对他们来说，只要能过上舒适体面的生活，让步或做点妥协也未尝不可。

只有再洗礼派教徒不愿这样委曲求全。他们讨厌半途而废。既然耶稣说"不要与恶人作对，有人打你的右脸，连左脸也转过来给他打"，又说

"凡持剑者必死于剑下"，于是，再洗礼派教徒决定服从上帝的命令绝不使用暴力。虽然也有人在他们的耳边碎碎念，说什么这场宗教战争毕竟不同寻常，况且时移世易，再怎么反对，战争也会顺势而行。不过是偶尔丢出去几个"炸弹""鱼雷"而已，上帝定不会介意。然而，上帝的苦口婆心不可违逆，再洗礼派教徒拒绝入伍，拒绝扛枪，而每当敌人以"主张和平主义"的罪名逮捕他们时，他们心平气和地接受命运的安排，一边忍受苦难，一边在心里默诵《马太福音》第 26 章第 52 节[1]，直至死亡的到来。

再洗礼派的"古怪"可不只反战这一点。耶稣说上帝的天国跟凯撒的

再洗礼派教徒

[1] 《马太福音》第 26 章第 52 节的内容是：耶稣对他说："收刀入鞘吧！凡动刀的，必死在刀下。"——译者注

政权不一样，彼此不能也不应该混为一谈。这话说得很在理，意思表达得也很清晰。于是，虔诚的再洗礼派教徒都拒绝担任国家公职，只愿把别人浪费在政治上的时间用来研究《圣经》。耶稣说不要争吵，要彼此饶恕。于是再洗礼派教徒即使被迫失去一切财产也不向法庭提出异议。再洗礼派的这些做法，不但使他们与这个社会格格不入，还会引起周围人的疑心和厌恶。虽然总说要"待人宽，律己严"，可一旦涉及宗教问题，人们的眼里便只有官方教义。

其实，再洗礼派也可以像其他持异见者一样，跟官方商讨出一个折衷的和解方式，那就不再担心会被朋友出卖，遭邻居告密了。

16 世纪温和虔诚的再洗礼派身上总是背负着很多奇怪的罪名。例如，他们经常翻阅《圣经》——这当然不是什么坏事，但前提是研究《圣经》时必须不带任何偏见，要是有人表现出对《启示录》的特别偏爱，事情就会变得复杂而危险。直到 15 世纪，《圣经》中的这一章节依然因其"不着边际"而屡遭抵制。但是对于生活在宗教狂热年代的人来说，被流放至拔摩岛[1]的圣约翰所书写的语言非常能引起同为弱小者的共鸣，因此十分受欢迎。每当圣约翰大声疾呼有关现代巴比伦的可怕预言时，所有再洗礼派教徒都会齐声高唱"阿门"，并祈祷新天国、新大地快快降临。软弱的灵魂容易屈服于社会压力，而对再洗礼派教徒的每一次迫害，几乎都是由宗教狂热的暴力爆发引起的。歇斯底里的男人女人们赤身裸体地冲上大街，一边大喊着世界末日，一边希望以无谓的牺牲平息上帝的怒气；莫名其妙的老巫婆突然打断其他教派正在举行的神圣仪式，还鬼哭狼嚎地说什么"恶龙来了"之类的胡言乱语。仔细想想，类似上面所说的事情，其实在现代也时有发生。翻开报纸，我们总会看到这样的新闻：在俄亥俄州或爱荷华州或佛罗里达州某个偏僻的小村庄里，有女人因为听到天使在她耳边"教唆"，于是用切肉刀把丈夫大卸八块，或是某个人人称道且头脑精明

---

[1] 拔摩岛（Patmos）：希腊在爱琴海的小岛。——译者注

的父亲，因受到七支号角的感召，动手杀死了他的妻子以及 8 个小孩。当然，这些都是个案，而且犯罪之人很快便被警方逮捕了，不会给国内其他市民的生活和安全带来巨大的影响。然而，1534 年在德国明斯特[1]小镇上发生的事情却跟这不一样。按再洗礼派教徒的话说，那一年，新天国在明斯特降临了。而在那一年间发生的事，让所有北欧人一提起就不寒而栗。

事件的核心得从一个长相帅气的裁缝说起，他本名约翰·博克森，史书上习惯称之为"莱顿的约翰"[2]。顾名思义，博克森出生于荷兰莱顿市，后来在莱茵河畔度过了他大部分的孩提时期。身为裁缝学徒，他与其他学徒一样，不得不东奔西跑、走南闯北地学习行业里的经验和秘诀。博克森从未受过正规教育，他的读写能力只够应付日常最基本的需求。照理说像他这样一无社会背景，二无丰富学识之人，难免会心生自卑，但他没有，恃着天生的一副好皮相，他每天嘻嘻哈哈，打扮得像孔雀一样。离开了英国和德国后，他回到了故乡，一边做长袍和礼服的生意，一边加入由托马斯·闵采尔[3]领导的宗教组织，开始了不寻常的生涯。闵采尔虽然只是一个面包师傅，却在世界范围内广有才名。1521 年，他连同再洗礼派另外两位先知，到维滕贝格向马丁·路德指出通往救赎的真正道路。他们没有恶意，却还是遭到当地新教徒的驱赶，甚至被禁止再次出现在萨克森地区。到 1534 年为止，再洗礼派已经历过无数失败，于是他们决定孤注一掷，把一切身家财产都押在接下来的一次大规模行动上。

---

[1] 明斯特 (Munster)：德国北莱茵－威斯特法伦州北部的城市。——译者注

[2] 莱顿的约翰 (John of Leiden)：1509 年出生，荷兰再洗礼派领袖。1535 年明斯特城被兼任主教的公国君主率军攻陷，被处死。——译者注

[3] 托马斯·闵采尔 (Thomas Münzer)：1489 年—1525 年，德意志平民宗教改革家，农民战争领袖。空想社会主义的先驱者之一。神学博士，精通古典文学和人文主义文学。——译者注

德国威斯特伐利亚州^[1]的明斯特会成为再洗礼派最后一搏的试验点其实也可以想见，因为该城的采邑主教弗兰兹·冯·瓦尔德克（Franz von Waldeck）是一个鲁莽之人，他长年在女人堆里花天酒地，打 16 岁起就因为生活堕落和行为不检让所有正派人士怒不可遏。当新教在明斯特刚兴起时，他没说什么，还好心地与新教徒签订了和平条约，只是他的欺世盗名已众所周知，就算握有和平条约，新教徒也没觉得有安全感，只能继续惶惶不可终日，并心急火燎地等待下一次选举的来临。可就在大家措手不及之际，城市的政权突然落入了再洗礼派教徒的手里。政变的领导者叫贝恩特（Bernard Knipperdollinck），他白天是布商，晚上是先知。

瓦尔德克主教大致把局势掳了一遍，然后脚底抹油，溜了。接着就轮到"莱顿的约翰"出场了。他作为杨·马笃斯^[2]（Jan Matthysz）的圣徒来到了明斯特。先简单介绍一下杨·马笃斯吧，他原是荷兰哈勒姆镇（Haarlem）上的面包师傅，后来创建了一个新的教会组织，并把自己奉为圣人。"莱顿的约翰"从这位圣人嘴里听说了明斯特的大业，于是决定前往助上一臂之力，顺道帮忙清除原主教遗留在教区内的势力。再洗礼派为了斩草除根，先是拆毁了新教教堂，封查了用来收留无家可归之人的修道院，然后又烧掉了除《圣经》以外所有的书籍，更有甚者，把拒绝接受再洗礼仪式的人集中到原采邑主教的领地，以"消灭异教徒"之名，或斩首，或溺毙。

再洗礼派的恐怖统治到这里才只是刚刚开始而已。在世界其他角落，信仰不同教义的牧师们听说了明斯特的事后，立刻兴致勃勃地涌向这个新的圣城。他们本以为可以号召吸纳一些积极虔诚的正直之士，不想在面对政治和权谋之事时，他们却像孩童一样幼稚。在明斯特被占领的 5 个月

[1] 威斯特伐利亚州（Westphalia）：德意志西北部的历史地区，相当于现在的德意志联邦共和国北莱茵－威斯特伐利亚州全部及下萨克森与黑森两州部分地区（加上前利珀邦）。——译者注

[2] 杨·马笃斯（Jan Matthysz）：再洗礼派领导人之一。——译者注

里，再洗礼派几乎尝试了一切与社会及精神重建有关的计划和议程，而每一个初出茅庐的先知都曾在法庭上大放厥词。其实，像明斯特这种逃犯、瘟疫和饥饿横行的小城镇，根本不是一个用来做社会学实验的好地方。不同宗教派系之间的分歧和斗争大大削弱了军队的力量。在这个危机关头，"莱顿的约翰"挺身而出，迎来了他如昙花一现般的荣耀时刻。对于忍受饥饿和饱尝苦难的人们来说，没有什么事是不可能的。好不容易有机会大展拳脚的约翰开始着手在明斯特城建立属于自己的统治。他照搬在《旧约》里读到过的旧神权政府形式，把明斯特的市民分成 12 个犹太部落，然后自封为王。除了发妻贝恩特先知的女儿，他还迎娶了从前的老师杨·马笃斯的遗孀，后来又效仿犹大所罗门王，纳了两三房姜侍，从而引出了一幕幕令人作呕的滑稽闹剧。约翰整天坐在市集的中央，像坐在大卫王的宝座上，指示周围的人们，仔细聆听宫廷牧师宣读的最新政令。随着明斯特城境况的日益恶化，这些政令也一天一个样。走投无路的人们也迫切期待着，改变能真的带来希望。对此，约翰很乐观。他完全相信文书条令的无上权威。例如，为了解决食物紧缺的问题，他会请国王批下一道圣旨：把明斯特城的全部财产集中起来，平均分配给富人和贫民；同时把街道变成菜园，让所有人吃同一锅饭。

起初，这样的政令推行得还算顺利。可有人告密说，富人还私藏了部分财产，没有全部交出来。约翰一听，不高兴了。他一边安抚臣民，一边又追加了一条法令：谁胆敢不按国王的圣旨行事，马上就地正法。这可不是一句随随便便的恐吓，毕竟这个裁缝手里除了有剪子，还有斧头，他还经常亲自执行死刑。渐渐地，人们陷入了各种各样的宗教狂热之中。成千上万的人开始不分昼夜地聚集在市集，焦急地盼望着加百利 [1] 吹起的号角。而在这段时期，约翰的统治愈发恐怖和严厉，他嗜血成性，甚至残杀了自己的一名妻子。

---

[1]　加百利（Angel Gabriel）：基督教中替上帝把好消息报告世人的天使。——译者注

也许是应了那句：善恶到头终有报。当两个不堪重负的市民在绝望中给罗马教皇的军队打开城门后，"莱顿的约翰"马上被抓起来，关到铁笼子里，然后在威斯特伐利亚的各处游街示众，最后被折磨致死。

裁缝的闹剧虽然草草收场，但对其他人来说，接踵而来的后果才更加可怕。约翰一死，教皇的军队立即屠杀明斯特城的再洗礼派教徒，就算有侥幸逃过一劫的，也会遭到通缉，一旦被发现，马上就地处决。每一个传教士在布道时，都痛斥再洗礼派为叛徒或暴乱者，谴责他们竟妄图推翻现有的社会秩序，实在是禽兽不如。

在那样的情况下，对再洗礼派的围剿取得了空前的成功。作为教派，再洗礼派已不复存在，但奇怪的是，他们的思想竟延续了下来——有些被其他教派吸纳了，有些融合到不同的宗教和哲学体系里。再洗礼派之名也慢慢变得令人肃然起敬，成为了每个人精神和智慧遗产的一部分。这样的变化要逐一列出来倒是不难，难的是去解释为何会出现这样的变化。首先，再洗礼派非常节俭，是一群连墨水瓶都认为是无用奢侈品的人。其次，过去撰写再洗礼派历史的人总习惯将它形容成一个恶毒的宗教激进派别，可将近一个世纪的研究表明，在把基督教事业发展得更理智和更宽容的过程中，这些平民和艺术家的思想起到了无法取代的重要作用。然而，思想就像雷电，没有人知道下一个灵光会在哪里闪现。而当宗教的狂风暴雨在锡耶纳[1]破空而至之时，明斯特的避雷针又能给人们什么指望呢？

---

[1] 锡耶纳（Sienna）：意大利托斯卡纳大区城市。——译者注

第十七章　苏西尼叔侄

在意大利，宗教改革运动从来没有成功过，事实上，宗教改革也不可能在意大利取得成功。原因有二：首先，意大利南部的市民并没有把宗教看作是值得为之奋战的事；其次，罗马教廷和天主教的宗教裁判所近在咫尺，谁又敢以身试法？当然，偌大的意大利半岛上居住着成千上万个人文主义者，其中不乏特立独行之人。他们重视亚里士多德的思想，却不太理会圣若望的布道；他们喜欢聚在俱乐部或咖啡馆，进行休闲而愉快的讨论交流，在不得罪官方的前提下，充分发挥自己的智慧和知识。在他们的眼里，生活就应该是这样，不管是过去还是未来，都需要调和和退让——这跟世界末日是否降临以及何时降临无关。也正因如此，他们满心疑窦：为宗教信仰这样的小事大动肝火，值得吗？

看了以上的开场白，我想读者们对接下来出场的两位主角应该心中有数了，毕竟他们正是那种高调做事，低调做人的传奇人物。在推翻使世界受难许久的宗教暴政上，这两位的贡献远远大于那一大群咋咋呼呼的宗教运动改革者。会出现这样意料之外的结局，我们打心底感到庆幸，但若要细究产生这种结局的原因，还真是无人能说得清。

这两位默默耕耘的学者便是苏西尼叔侄。不知是什么缘故，叔叔李立欧·苏西尼在拼写自己的姓氏时，习惯写成 Sozini，只有一个字母 Z；而侄子法斯多·苏西尼则习惯写成 Sozzini，多一个字母 Z。不过，相对于他们姓氏的意大利语写法"索齐尼（Sozzini）"，人们更为熟悉的应该是写成拉丁语形式的姓氏"苏西尼（Socinius）"。这一点，我们不妨留给语法学家或词源学家去研究。

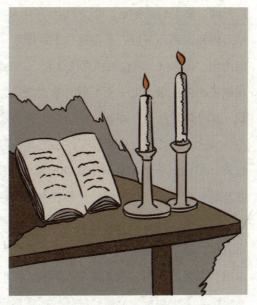

苏西尼家族

从对后世的影响上说，叔叔的作用远不及侄子重要，因此我们先谈谈叔叔李立欧，再仔细分析侄子法斯多。李立欧·苏西尼是意大利锡耶纳市人，出身于银行和法官世家，如无意外，应该在博洛尼亚大学[1] 毕业后从事法律工作。然而，也许是受到了同时代许多人的影响，李立欧对神学十分感兴趣。他不再钻研法律，反而专注学习希腊文、希伯来文和阿拉伯语。最后，他跟走相同道路的人一样，成为了一个理智的神秘主义者——时而天真阔达，时而老练圆滑。这听起来有点奇怪，也有点复杂。可我相信，能明白个中真谛的读者无需我多费周章也能明白；无法理解的则再多费唇舌也是无益。李立欧的父亲不知道出于何种考虑，总觉得自己的儿子很有登顶世界文坛的可能，于是给了他很多的盘缠，让他去闯荡世界，增

---

[1] 博洛尼亚大学（University of Bologna）：位于意大利，是西方最古老的大学，欧洲四大文化中心之首，与巴黎大学（法国）、牛津大学（英国）和萨拉曼卡大学（西班牙）并称欧洲四大名校，被誉为欧洲的"大学之母"。——译者注

广见闻。离开锡耶纳后，李立欧花了 10 年的时间，从威尼斯走到日内瓦，从日内瓦走到苏黎世，从苏黎世走到维滕贝格，再从维滕贝格迈向更遥远的伦敦、布拉格、维也纳和克拉科夫 [1]。在游历的过程中，他不时会在某些城镇或小村庄里待上一年半载，希望能找到有趣的伙伴并学到有趣的新知识。那个年代的人一提起宗教信仰，也会像现代人谈起生意时那样滔滔不绝。而这，也让李立欧积累了许多五花八门的奇思妙想。他竖起耳朵到处打听，很快便熟悉了从地中海到波罗的海所有的"异端邪说"。当他带着智慧的行囊来到日内瓦时，只收到客气冷淡的欢迎。加尔文用阴沉的目光疑心重重地打量着这个来自意大利的访客。诚然，李立欧是当代少见的杰出青年。他出身高贵，不像塞尔维特那样无依无靠，可他竟然也有认同塞尔维特思想的倾向，这真是令人不安。在加尔文看来，明明三位一体的思想已随着那个西班牙异教徒的死亡而盖棺定论，不想事实却恰恰相反。从马德里到斯德哥尔摩，塞尔维特的惨剧已经成为人们热议的话题。世界各地的思维严谨之人开始站起来反对三位一体理论，并利用古登堡发明的印刷术，四处宣扬自己的观点。由于远离日内瓦，反对者们只管实话实说，才不理会言辞是否不敬。

在这之前不久，一本惊世骇俗的小册子出版了。它收录了历代教会神父就宗教迫害及惩治异教徒之事所发表的言论。这本小册子在某个特殊的人群里大受欢迎，这些人，按加尔文的说法，是"反上帝"的异教徒，但按他们自己的说法，应该更准确地定义为"反加尔文"的先驱。加尔文曾有意与该书的作者面谈，但因为作者有先见之明，早隐去了封面处的姓名，以至于加尔文没有了可以邀请的对象。据说，这本书的作者叫塞巴斯蒂安·卡斯特利奥 [2]，他曾经是日内瓦一所中学的老师。因为看不惯花样百

---

[1] 克拉科夫（Cracow）：全称克拉科夫皇家首都，是波兰克拉科夫省首府、直辖市。——译者注

[2] 塞巴斯蒂安·卡斯特利奥（Sebastian Castellio）：法国的传道士和神学家，亦是 16 世纪宗教自由及良心自由的主要倡导者。在基督教神学上被认为是反三一主义者。——译者注

出的宗教迫害，他十分推崇蒙田，却极度憎恨加尔文。当然，这不过道听途说，没有人能证实。只是，既有人起头反对加尔文，其他人就难免会跃跃欲试，甚至紧随其后，亦步亦趋。因此，加尔文对李立欧敬而远之，只是不咸不淡地说了句：瑞士巴塞尔的气候温和，也许要比潮湿的萨伏依更适合这位来自锡耶纳的来客。而当李立欧决定动身去伊拉斯谟追随者的大本营时，他立刻衷心地祝他一路平安。使加尔文感到庆幸的是，苏西尼叔侄的事很快引起了宗教裁判所的怀疑。被没收了全部财产的李立欧·苏西尼，年仅 36 岁便因高热症卒于苏黎世。他的英年早逝让日内瓦的教徒们欢腾了好一阵子，但这样"舒心"的日子转瞬即逝。李立欧过世后，只留下了一名遗孀、几箱笔记和一位侄子。这位名为法斯多·苏西尼的青年不仅继承了叔叔未完成的手稿，还成为了比李立欧更广为人知的塞尔维斯追随者。

关于法斯多的说法有很多，例如：他从小就像李立欧一样周游列国；他有一小块自祖父那里继承得来的不动产；为了把全部的时间都用在神学的研究上，他将近 50 岁才结婚，以及他在里昂做过一段时间的生意。

我不知道法斯多是个怎样的商人，但他在经营实物商品（而非精神财富）的买卖中深刻认识到，如果对方已抢占了交易的先机，那么就算自己喊打喊杀、乱发脾气也无济于事。终其一生，法斯多始终保持着犹如会计师般清醒冷静的头脑，而这在宗教圈子里可谓凤毛麟角。1563 年，法斯多回到意大利。在返程途中他来到日内瓦。在日内瓦逗留期间，他似乎完全没有去拜访加尔文的打算，而加尔文，因为老年体弱，也不想再接待任何苏西尼家族的人。在接下来的 10 年里，年轻的法斯多为伊莎贝拉·德·美第奇（Isabella de' Medici）效力。然而就在 1576 年，这位太太竟在婚礼几天后就被丈夫保罗·奥尔西尼（Paolo Orsini）杀死了。于是，法斯多递交了辞呈，离开了意大利，辗转去到巴塞尔的他决定把《旧约》中的赞美诗翻译成通俗易懂的意大利语，同时着手撰写一本关于耶稣的书。

无论对待生活还是对待自己的著作，法斯多都十分小心谨慎——这也许是因为他听力不好，耳聋的人天性如此。他喜欢生活在不同的地方，收益却固定来自阿尔卑斯山那头的几片不动产。意大利托斯卡纳[1] 当局曾暗示过他，那些疑似"路德学派"的人不管想传播什么理论都行，就算会引起宗教裁判所的不满，只要不过激，万事都有商量的余地。于是他在写作时不停地转换着笔名，同时在出版前让朋友们统统过目一遍，以策万全。因此，他的书全都没有被列入《禁书目录》。而那本关于耶稣生平事迹的著作更是一路流传至罗马尼亚的特兰西瓦尼亚[2] 地区，落入另一个追求思想解放的意大利人手里。这个意大利人原是米兰和佛罗伦萨地区一些贵妇人的私人医生，后与波兰及锡本布尔根公国的贵族联姻。当时的锡本布尔根公国对欧洲而言是个人迹罕至的远东地区，直至 12 世纪，那里还是一片被德国人用来安置剩余人口的荒地。勤劳的撒克逊农民在这片沃土上建立了一个繁荣昌盛、秩序井然的小国家。国家里有城市，有几所中小学和大学。虽然这个小国家远离旅行及通商要道，但有些人恰恰因为某些原因不希望离宗教裁判所的势力范围太近——准确来说应该是越远越好，于是这个小国家便成了这些人心中最理想的栖身之地。

现代人一提起波兰，可能马上会联想到它的"保守"和"沙文主义"。让人既高兴又惊讶的是，远在 16 世纪前期，波兰对于那些在欧洲其他地区饱受宗教迫害的人来说却是名副其实的避难之地。这种意外情况的出现主要是由波兰学生引起的。众所周知，波兰向来是整个欧洲大陆中政府管理最为拙劣的国家，没有之一。但由于当时在其他西方各国，主教生活放荡、牧师酗酒成性之事已见怪不怪，波兰的上层教士再如何玩忽职守，相比之下也不值一提。在 15 世纪后半期，德国大学里的波兰学生人数迅速增多，并引起了维滕贝格和莱比锡政府的关注。当局开始质疑学校，甚至操纵搞垮了长期由波兰教会管理的克拉科夫学院，以至于越来越多的波兰

---

[1] 托斯卡纳（Tuscan）：一个意大利中部大区。——译者注

[2] 特兰西瓦尼亚（Transylvania）：罗马尼亚中西部地区。——译者注

学子们为了读书不得不背井离乡。后来，德国很多大学都受到了新教义的影响，于是来自华沙、拉多姆[1]和琴斯托霍瓦[2]的学子们也纷纷投向新教的怀抱。当他们学成返乡时，俨然已经是羽翼丰满的路德派了。

在宗教改革前期，想要扑灭错误观念的传播对国王、贵族和牧师来说还是很容易的，不过前提是，政府的管理者们必须就此达成共同明确的决定，否则任何政策都无法落实，因为在波兰这个古老的国度里有一项最神圣的传统，即一票反对权，也就是说只要有一张反对票，便能推翻一条其他议员都赞成的法律。马丁·路德这位著名的维滕贝格教授在宣扬新教义的同时，还向人们灌输一个新的经济学观点，即教会的所有财产应该收归国有。于是从波罗的海到黑海这片肥沃平原上的统治者，包括皮雅斯特王朝[3]的国王们、瓦迪斯瓦夫一世[4]及其子嗣，还有其他的公爵、伯爵、子爵、男爵和骑士都纷纷表现出一个明显的倾向：他们希望通过支持路德的行动，让自己口袋里的财帛越多越好。随着这个想法的深入，政府对修道院土地的明争暗斗悄悄展开，而波兰的新教徒正是利用教会与统治者进行角力无法面面俱到的这段期间，发展壮大起来。不到一年，他们便在全国各地建起了自己的教堂，培植起自己的势力。然而，由于新教不同派别间不间断的神学争吵，一脸茫然的平民们又回到了原教会，波兰再一次成为天主教会不可攻克的坚实堡垒。到了16世纪后期，西欧各国天主教和新教为了更有效地联手打击再洗礼派，波兰竟破天荒得到了宗教派别和平并存的许可。这厢残存的再洗礼派教徒还在被一路追杀，不得不向东逃亡，

---

[1] 拉多姆 (Radom)：波兰中部地区第二大城市，位于波兰首都华沙的南部。——译者注

[2] 琴斯托霍瓦 (Częstochowa)：波兰南部城市。——译者注

[3] 皮雅斯特王朝 (Piast Dynasty)：966年—1385年，波兰历史上第一个封建王朝，从962年起，这个王朝的成员们以大公或国王的名义，断断续续地统治着波兰。——译者注

[4] 瓦迪斯瓦夫一世 (Wladyslaw I)：波兰恢复王国地位后的第一位国王，1320年—1333年在位。——译者注

最后决定在波兰中部的维斯瓦河 [1] 畔落脚；那厢医生乔尔乔·比安德拉塔 [2] 早已拜读完由法斯多·苏西尼撰写的关于耶稣生平的书，正心心念念地想着怎样与作者结识。

乔尔乔·比安德拉塔是一位多才多艺的意大利人，他毕业于蒙彼利埃大学 [3]，专门研究妇科疾病。他天性桀骜不驯，却也医术高明。与同时代很多医生，如拉伯雷以及塞尔维特一样，乔尔乔也有双重身份——既是医生，又是神学家。他在这两个角色间穿梭自如，十分懂得如何把这两个角色的功用发挥得淋漓尽致。例如：他曾以医生的身份成功地治愈了罗马神圣皇帝西吉斯蒙德 [4] 的妻子，孀居在波兰的皇后博纳·斯福尔扎 [5]。然后又以神学家的身份让斯福尔扎皇后对"三一学说"的态度从生病前的无条件赞成，转为病愈后的打心底反对。后来，这位皇后被情人杀死了，她那两个早已嫁给当地贵族作人妇的女儿便邀请乔尔乔当他们的医疗顾问，让他有机会在政治领域发挥他的影响力。随着波兰国内宗教斗争越演越烈，乔尔乔知道，事态再发展下去，内战一触即发，在所难免，为了制止这种情况的出现，他计划先让对立的宗教派别理清各自的界线。而要达到这个目的，就得找来一个比他更精于错综复杂的宗教论战的人。这时，他灵机一动——撰写这本耶稣之书的作者，最为合适！于是他马上给法斯多写了一封信，请他东行。不幸的是，当法斯多到达锡本布尔根公国时，乔尔乔却因为自身丑闻，被迫辞职远走他乡。法斯多虽然失望，但还是选择留在了

---

[1]　维斯瓦河（Vistula）：波兰最长的河流。

[2]　乔尔乔·比安德拉塔（Giorgio Blandrata）：1515 年—1588 年，文艺复兴时期欧洲专攻妇科病的医生，曾担任波兰孀居王后的医生，后来在特兰西瓦尼亚宫廷为王室妇女服务。他还因为坚持信仰而闻名。——译者注

[3]　蒙彼利埃大学（University of Montpellier）：成立于 1289 年，是世界上最古老的大学之一，地位由教皇尼古拉四世授予。——译者注

[4]　西吉斯蒙德（Sigismund）：1368 年 2 月 15 日—1437 年 12 月 9 日，卢森堡王朝的神圣罗马帝国皇帝，1433 年—1437 年在位。

[5]　博纳·斯福尔扎（Bona Sforza）：米兰公国及波兰女王。——译者注

这片远离家乡的土地上，娶了一个波兰姑娘，最后于 1604 年与世长辞。

法斯多在波兰度过了他临终前最有意思的 20 年。利用这段时间，他具体而清晰地表达了他对宽容的定义与想法，并以此著下《拉寇问答》。这本书反映了所有热爱世界和平，希望停止宗教纷争的人的共同心声。

16 世纪后期，有很多关于教理问答、教义告解的书，在德国、瑞士、法国、荷兰、丹麦等地相继出版发行。这些随处可见、质量参差不齐的宣传小册子无一例外都在鼓吹一个可怕的理论：有且只有他们书中所记载的才是真正的教义。教会当局的职责便是宣誓效忠于这唯一的真理，并以刀剑、绞架和火刑惩罚那些肆意信奉异教的人。法斯多的《拉寇问答》却不一样。它先是开门见山地表明了态度：此书发行的本意绝非挑起口舌之争，然后再细细讲述一个事实：即有不少虔诚的信徒抱怨说，那些由各个教会出版的有关教理问答和教义告解的书，正是眼下新教徒之间产生分歧的根源。而这样的指责不无道理，因为这些书以及其作者们都试图把某些原则强加在人们的良知上，然后把持不同意见者视为异端。在这个前提下，法斯多以最正式的文字宣布，苏西尼派绝不主张排斥或压制任何人的宗教信仰自由，并且就人道主义精神一事，作出了如下呼吁。

他说："让每个人都拥有宗教及信仰的自由吧，因为那是《新约》中的规定，且远在教会成立初期便立有先例。若人们已得感召，我们一介凡夫又有什么资格熄灭上帝为人类点起的神圣火苗？我们谁敢说自己独得《圣经》的奥义？在基督跟前，既然都是手足兄弟，谁又有权力逼迫其他人听从命令？毕竟，就算兄弟中有得天独厚的，在基督眼里，我们都同享一样的平等和自由。"

法斯多说的每一字每一句都在情在理，只是这话说太早了，足足早了300 年。在那段动荡的岁月里，苏西尼派和其他新教教派都无法长久地坚持自己的立场。反对宗教改革的风云已起，大批耶稣会会士趁着新教徒内讧，在被新教徒占领的土地上大肆活动，很快，欧洲东部的城市又重新收归天主教的管控。如今，在波兰这片远离欧洲文明之地旅游的人们可能很难想象，曾几何时，这里竟曾是世界上宗教思想最先进、最自由的地方；而在立陶宛境内那一片绵延的山脉中，竟还有一座小村落——从那儿，世界上的人们第一次看到了实现宽容思想的明确途径。

　　出于些许好奇，我抽了一上午的时间来到图书馆，翻阅了一下我国学生在学习历史时最常用的几本教科书，却发现几乎所有教科书都从社会民主党直接跳到汉诺威王朝选帝侯夫人苏菲亚[1]，然后从波兰扬·索别斯基[2]跳到阿拉伯的萨拉森人[3]，竟只字不提苏西尼派以及苏西尼叔侄。其实，在这段被跳过的历史中，伟大的宗教革命领袖比比皆是，除了苏西尼叔侄，起码还有厄科兰帕迪乌斯[4]。在我翻阅的教科书中，只有一本提到了这两位来自锡耶纳的人文主义者，只不过他们的名字只出现在附录中，用来佐证路德或加尔文说过的话而已。

　　我不是一个喜欢随便下结论的人，但我相信再过 300 年，这一切会有所改变——苏西尼叔侄的事迹也许会被详尽地翻查、记录下来，流传后世；而那些曾经倍受瞩目的宗教改革家们则失去了昔日的光芒，他们的名字也会渐渐被人遗忘，连放在脚注里做注释都嫌碍事。

---

[1] 苏菲亚：英王詹姆士一世的外孙女。——译者注

[2] 扬·索别斯基 (Sobieski)：1629 年 8 月 17 日—1696 年 6 月 17 日，波兰立陶宛联邦最后一个强有力的国王，称约翰三世·索别斯基，1674 年—1696 年在位。——译者注

[3] 萨拉森人 (Saracen)：指从今天的叙利亚到沙特阿拉伯之间的沙漠阿拉伯游牧民。——译者注

[4] 厄科兰帕迪乌斯 (Oecolampadius)：神学家、宗教改革家。提出包括救赎之约、行为之约和恩典之约这三大圣约的圣约神学。被伟大的改革宗神学家波兰努誉为"第一位改革宗圣约神学家"。——译者注

第十八章 蒙 田

有人说中世纪城市的风气有助于自由的发展，也许吧——毕竟躲在各自院落的高墙中，谁都可以对贵族或教士嗤之以鼻。而随着欧洲大陆的局势渐趋稳定，跨国经商再次成为了可能，于是，又产生了另一种历史解读：商贸促进宽容。这个观点可以从我们每天的生活，尤其是周日的活动中可以得到证实。以美国为例，俄亥俄州的政府可以出面支持三K党，纽约可不行。纽约人们如果要掀起一场运动，把所有犹太人、天主教徒或外籍人士驱逐出境，华尔街就会乱成一团，同时工人运动一触即发，整个城市会在转眼间陷入瘫痪。

在中世纪末期，情况也是一样。当时的莫斯科只是一个公爵的领地，当然可以毫不在乎地轻视新教徒；但对于当时的国际商贸中心诺夫哥罗德[1]来说，却不能这样做。若不能小心处理与各个教派人士的关系，来自瑞典、挪威、德国和比利时的生意人就会转而光顾瑞典的维斯比[2]。同样，

---

[1] 诺夫哥罗德（Novgorod）：俄罗斯一个最古老的城市，建城于859年，是诺夫哥罗德州的首府。——译者注

[2] 维斯比（Wisby）：瑞典古城，是哥德兰岛首府。——译者注

孤楼里的主

一个纯农业国家的政府想动用火刑烧死几个农民也许不算什么，但要是谁想在威尼斯、热那亚[1]或布鲁日[2]屠杀异教徒的话，城里那些外国公司的人便会闻风撤离，同时抽回所有投资资金，搞垮当地的经济。中世纪，有些国家不懂得从根本上汲取教训，如西班牙以及一些教宗的领地，他们自以为是地坚守着"对信仰的忠诚"，粗鲁地把自己与持异见者对立起来。到头来，这些国家不是被吞并了，便是降格成一介末流小镇。相反，在那些商贸发达的国家和城市里，统治者通常十分尊重既定事实，他们清楚知道自己的利益所在，所以在宗教问题上严守中立。无论是天主教徒、新教徒、犹太人还是中国人，都能在这里自由经商，同时继续忠于各自的宗教信仰。

为了维持表面上对天主教会的顺从，威尼斯曾通过一项反对加尔文宗的法案，但制定法案的十人委员会[3]却在私下嘱咐宪兵们千万别把这条法令当一回事儿——只要不过分，那些教徒想干嘛就干嘛吧，除非他们丧心

[1] 热那亚（Genoese）：意大利最大商港和重要工业中心，利古里亚大区和同省省热那亚省的首府。——译者注

[2] 布鲁日（Bruges）：比利时古城，旅游胜地，西佛兰德省省会，是位于比利时西北部的文化名城。——译者注

[3] 十人委员会（Council of Ten）：1310年—1797年，威尼斯共和国的主要管理组织之一。——译者注

病狂地想把威尼斯的护城神圣马可[1]搬到自己的聚集地上。会这样"阳奉阴违"的还有阿姆斯特丹，每逢主日，新教牧师们在这头严肃地布道，叱责女性的不贞，天主教徒便在其对面街区一座不显眼的小房子里默默地做弥撒。小房子外面还有新教警长帮忙站岗，以防加尔文教的狂热信徒闯入了天主教徒的集会，吓跑了这些来自法国和意大利的投资人。当然，上述情况并非用以指责威尼斯和阿姆斯特丹人们对信仰的不虔诚。总的来说，他们始终都是忠于自己的所属教会的。只是对城市而言，一个来自汉堡或吕贝克[2]或里斯本的异教商人可比一堆来自日内瓦或罗马的穷酸教士强多了，所以统治者们才会如此便宜行事。

有人说，蒙田的父辈一直经营海产生意，而他的母亲又是个西班牙人和犹太人的后裔，这使得蒙田对启蒙与自由另有一番特别的见解。在我看来，这有点牵强附会了。不过，长辈们在波尔多[3]港口附近做生意的经验对蒙田的世界观形成确实有很大影响。蒙田自小就对盲信和偏执深恶痛绝，这样的性格特点在他成为著名的思想家后，也没有丝毫改变。

这些话，如果当着蒙田的面说，他肯定会觉得我是在故意卖乖弄俏，毕竟在他出生时，那些家族经商的"不光彩"历史，已被尽数抹去。蒙田的父亲在获得了一座位于波尔多附近的蒙田府邸后，便想花大钱把儿子培养成绅士。蒙田刚学会走路，父亲便请来家庭教师，教蒙田学拉丁文和希腊语；蒙田才刚满 6 岁，便马上被送去贵族学校念书；不到 20 岁，他便已是波尔多市政议会的常客。接着，他入伍了一段时间，又在法院工作了一段时间。在蒙田 38 岁那年，他的父亲去世了。那之后，蒙田谢绝了所有外界活动，除了有几次不情愿地被牵扯进政治风波里外，他余下的 21 年人生几乎都用来研究马匹、狗和书籍了。

---

[1] 圣马可 (San Marco)：基督教《圣经》中的故事人物，传说他根据彼得的叙述撰写《马可福音》。——译者注

[2] 吕贝克：位于德国北部石荷州，是北欧著名的旅游城市。——译者注

[3] 波尔多 (Bordeaux)：法国南部城市，世界上最大的美酒之乡。——译者注

蒙田府邸

可以说蒙田是一个划时代的人物，但他身上还是有些明显带有时代烙印的情感怪癖，并认为这才是真正绅士的表现。例如，他至死都不愿意承认自己是个作家，只说由于冬日漫漫，身为乡绅的自己闲来无事，所以才会草草写下些略有点哲学内容的随思。谁信哪？要说谁能像他一样，把整副心思、整个灵魂、一切善恶都献给书籍，恐怕也只有那位忠心不朽的火枪手达达尼昂[1]了。

蒙田慷慨大方，教养良好，把整副心思、整个灵魂、一切善恶都反映在自己的随笔中，而他的随笔也同样以其崭新的生活哲学，以及其体面而实用的生活规范超越了同时代的其他文学作品。

蒙田由始至终都是一名天主教徒，他年轻时甚至还加入过法国天主教贵族联盟（League of Catholic Noblemen），致力于把加尔文宗教徒逐出法

---

[1] 达达尼昂（D'artagnan）：大仲马小说的火枪手三部曲《三个火枪手》《二十年后》《布拉热洛纳子爵》的角色之一。——译者注

国。但在 1572 年 8 月的一天，当他听到教皇格列高利十三世 [1] 不但下令杀害三万名法国新教徒，而且还为之大肆庆祝时，蒙田的心便与天主教会越走越远了。虽然他未曾转投别教的怀抱，为免旁人闲话，也总是参加天主教的礼拜弥撒，然而自圣巴托罗缪之夜后，他的作品就开始带有与马可·奥勒留、爱比克泰德及其他希腊或罗马哲学家们一样的痕迹。其中有一篇名叫《论信仰自由》(*On the Freedom of Conscience*) 的文章尤其值得回味。他字里行间的用词，他的思想与观点，根本不像是凯瑟琳·德·美第奇 [2] 王后的臣仆，反而更像是与伯里克利同时代的鸿儒。文中，他以"叛教者尤利安"为例，阐述了一位真正宽容的统治者应该作出的贡献。读者若有兴趣，可以打开《蒙田随笔》[3] 第二册第十九章看看。文章篇幅不长，只有短短 5 页。

蒙田看够了天主教徒的冥顽不化和新教徒的不可救药，虽然他们都在鼓吹绝对的自由，但依当时的情形，这一切只会导致新一轮内战的爆发。若有一天，情势缓和下来了，新教徒和天主教徒之间不再剑拔弩张，枕戈待旦，聪明的统治者就应该避免干涉人民的信仰，并允许他们以最能使自己心灵获得幸福的方式侍奉上帝。当然，这些想法并非蒙田特有，他也不是第一个敢把这些想法公诸于世的法国人。早在 1560 年，凯瑟琳·德·美第奇王后的前大臣米歇尔·德·洛皮塔尔 [4] 和几个意大利大学生就曾提出"对异见者只宜用文字论战"的观点，并被认为是受了再洗礼派的毒害。

---

[1] 格列高利十三世：第 227 任教宗。他在公元 1582 年改革历法，形成今日的公历。任内，教会在巴黎组织圣巴托罗缪之夜大屠杀，大批胡格诺派教徒被害。——译者注

[2] 凯瑟琳·德·美第奇 (Catherine de′ Medici)：法国王后。她是瓦卢瓦王朝国王亨利二世的妻子和随后 3 个国王的母亲。——译者注

[3] 《蒙田随笔》(*Les essais de Michel de Montaigne*)：法国人文主义作家蒙田的主要作品，与《培根人生论》《帕斯卡尔思想录》一起，被人们誉为欧洲近代哲理散文三大经典。——译者注

[4] 米歇尔·德·洛皮塔尔 (Michel de L′Hôpital)：1505 年—1573 年，文艺复兴时期法国掌玺大臣。他支持对宗教宽容，并试图把国家利益置于宗教利益之上，最终因为教会的反对而被迫辞职。——译者注

在他们看来，信仰自有本相，并不会受外界影响，因此米歇尔用了两年的时间促成《宽容法令》（Edict of Toleration）的制定，使由加尔文追随者组织起来的胡格诺派有权召开集会，举行宗教会议讨论教内事务，成功地摆脱了从前寄人篱下的困境，渐渐成为一个自主独立的教派。

巴黎律师让·布丹[1]是一个备受景仰的公民，他曾主张保护私人财产，反对托马斯·莫尔在《乌托邦》里宣扬的共产倾向。他对信仰自由的想法跟米歇尔相似，也不认为国王有权力用武力强迫人民支持或反对某个宗教。也许，前大臣的演讲和政治哲学家们的拉丁语论文不受民众待见，但蒙田的书却在有识之士间引起了巨大的反响。他们以智慧之名聚集起来，一起阅读、翻译、研讨，并把蒙田的思想不间断地往后传承了300多年。

蒙田的随性，和单纯只为乐趣而写作的坚持，使他本人及其作品深得普通民众之心。否则，通常情况下，一般百姓是绝不会购买或借阅任何一本被官方列为"哲学"的书籍的。

---

[1] 让·布丹（Jean Bodin）：近代西方最著名的宪政专家，他的《国家六论》也被誉为西方关于国家主权学说的最重要论著。——译者注

第十九章　阿民念

通常，"有组织的社会"会把集体的长治久安放在所有考量的最前面，而具有天赋智慧或非凡精力的英雄则坚信，世界进步不能指望社会变革，只能依靠个人的力量，因此，他们认为个人权力比集体权力更重要。为宽容而战正是这两者之间由来已久的冲突中不可或缺的一部分。

如果我们接受了这样的前提，那么一个国家宽容的程度便与它大部分居民可享受的个人自由成直接的正比关系。过去，偶尔会出现一两个非常开明的统治者，他们对臣民们说："我坚信待人宽，律己严的原则。我希望所有人都有一颗善待他人的宽容之心，否则，就会自食其果。"于是，某些急性子的人赶紧弄出一堆官方徽章，上面刻着几个字：宽容第一。然而，这种突然的改变只是出于对严刑厉法的畏惧，并不能长久。统治者只有在施压的同时，通过逐步教育，建立起一套日常行而有效的理智体系，才能取得成果。

16世纪后期，这种完美的结合在遥远的荷兰共和国出现了。荷兰原是由数千个能基本自给自足的乡镇组成。乡镇里的居民大多是渔夫、水手和商人。这三类人在各自领域中习惯独立行动，而他们的职业也迫使他们必须具备迅速决断的能力，以及能随时根据所处环境，分析工作利弊的能力。我的意思并不是说他们比世界其他地方的人更聪明，心胸更开阔，但他们的勤劳和不屈不挠的干劲确实使他们成功包揽了几乎整个北欧和西欧的粮食及海产买办。在荷兰人眼里，天主教徒和新教徒都是客人，而对做生意的人来说，习惯付现金的伊斯兰教徒可比那些喜欢装模作样，赊账六个月的长老会成员要讨喜得多。就这样，荷兰借着天时地利人和，成为了尝试建设宽容国度的理想场所。

古语有云：要治世，先涉世。被后人称为"沉默者威廉"的荷兰国王威廉一世 [1] 则是这句古语最忠实的践行者。威廉·奥兰治年轻时不但衣着入流，家财万贯，而且还是当时神圣罗马帝国皇帝的机要秘书，享有令人羡慕的社会地位。以往，他为办一场晚宴或舞会不惜一掷千金，他先后迎娶了几房妻子，个个都是当时颇为闻名的女性名流。他生活随性，大有一副今朝有酒今朝醉，明日愁来明日愁的架势。对他而言，宗教布道算什么？还不如一张用来竞马的赛程图有趣。所以，起初他总以为，宗教改革运动以及由此引起的一系列社会暴乱不过是雇主与劳工之间的又一次矛盾激化，只要稍用些手段，再让几个五大三粗的警察出来站站岗，吓吓人，就能平息。但当他了解到引起国王和臣民之间争端的事情的本质后，这位和事佬般的富贵闲人瞬间变成一个能力卓绝的领导，竭力为一项在当时看来已绝无希望的事业挽回颓势。很快，他的宫殿、良驹、财宝、地产或被变卖，或遭没收。虽然拼到最后，他几乎分文不剩，但这个来自布鲁塞尔的花花公子却成为了哈布斯堡王朝 [2] 最顽强的敌手。财富的多寡并没有改变威廉的心智天性：他在腰缠万贯时是个哲学家，在穷困潦倒不知该如何

---

[1] 威廉一世（Willem I）：1533 年 4 月 24 日—1584 年 7 月 10 日，也称沉默者威廉（William the Silent），奥兰治的威廉，他是尼德兰革命中反抗西班牙哈布斯堡王朝统治的主要领导者，八十年战争领导人之一。曾任荷兰共和国第一任执政。——译者注

[2] 哈布斯堡王朝：欧洲历史上统治领域最广的王室，曾统治神圣罗马帝国、西班牙帝国、奥地利帝国和奥匈帝国。——译者注

度日时，也还是个哲学家。就像他从前不允许天主教教皇对新教徒肆意屠杀，现在，他也不会眼睁睁地看着加尔文宗的教徒把黑手伸向天主教。

只是，他的努力几乎是白费心机，因为当时已有两万到两万五千人惨遭杀害，宗教裁判所的监狱里也关满了新的待宰的囚徒。一支军队在遥远的西班牙迅速集结起来，准备在叛乱还没有传播到欧洲其他地区前将其粉碎。

你不可能跟那些殊死作战的人说，要去爱你的敌人——哪怕他刚刚把你全家都杀了。这样的话，任谁都说不出口。但威廉以自己为榜样，用面对敌人时平和的态度向追随者们表明，智者应该超然物外，不必睚眦必报。威廉在推广公共道德运动的过程中，曾得到一个杰出人物的支持，这位杰出的人物就是迪尔克·库恩赫特。若读者有机会去一趟豪达教堂，便会看到一段十分精炼的碑文。石碑就立在迪尔克·库恩赫特的埋骨之处，上面列举了他的若干美德。说起库恩赫特的生平，还挺有意思的。他出身富裕，年轻时长年在外游历，专门收集德国、西班牙和法国国内的第一手消息。当旅程结束回国后，库恩赫特与一个身无分文的姑娘相爱了。他的父亲本着荷兰人的精明，反对这段婚姻，可儿子不听，于是他的父亲便做了一般长辈在这种情况下必然会做出的决定——以儿子不孝为名，剥夺了他继承家产的权利。心高气傲的库恩赫特因此不得不努力赚钱谋生。一开始确实有些困难，但他毕竟年轻，且多才多艺，很快便找到了窍门，成为了一名专业的铜版画家。

不管白天的工作如何繁忙，库恩赫特始终坚持荷兰人一日三省的习惯，一到晚上就急忙扔下刻刀，拿起鹅毛笔，记下一天内所发生的事。他的文笔也许没有现代人所喜欢的"引人入胜"，所探讨的内容也不若伊拉斯谟的高深，但他在字里行间却阐述了很多平易近人的常规与道理，恍如一股浑然天成的清流，吸引了无数知音，也吸引了我们上面提到的威廉·奥兰治。威廉对库恩赫特的能力寄予厚望，礼聘他为机要顾问之一。

没多久，威廉就被卷入了一场奇怪的纷争之中。当时，西班牙国王腓

力二世 [1] 伙同罗马教皇，一边计划着铲除"人类之死敌 [2]"的行动，一边雇凶谋杀自己的政治对手，也就是威廉。腓力二世以 25000 个金币、贵族头衔和免罪令作为悬赏，让人去荷兰杀死这个头号异端分子。而威廉，虽已五次差点丧命，却在库恩赫特的帮助下，始终坚持"对付敌人只宜论战"的原则。

威廉的论战直指哈布斯堡王朝。当然，对那些"统治者在舆论压力下可能会变得宽容"的指望原就是痴心妄想。只是在那段时间，整个世界都在关注威廉与腓力二世的角力，他们的辩论也迅速地被翻译成不同国家的语言，广为流传。其中有不少话题，从前人们都只敢低声说两句，现在却可以大大方方地热议了起来。

不幸的是，争论很快结束了。1584 年 7 月 9 日，一个法国天主教徒因成功刺杀威廉拿到了 25000 个金币。六年后，库恩赫特还没来得及把伊拉斯谟的作品翻译成荷兰语，也跟着与世长辞。

接下来的 20 年，世界烽烟四起。震耳欲聋的炮声湮没了观点不同的神学家之间的嬉笑怒骂。天主教的敌人最终被逐出国境，但国内却不再有像威廉一样能把国内事务管理得井井有条的领导。那些为利而来的教派，眼下是暂时和解了，但转个身，又开始策划铲除对手的阴谋诡计。

想发动战争，当然要师出有名。于是，那些神学家们的抱怨便成了最好的借口。

在莱顿大学，有两位教授意见对立——这样的事情本不新鲜也不罕见，只是他们的分歧点事关人类意志自由的问题，这就不得了了，兴致勃勃的人们立刻加入到讨论中。不到两个月，整个国家便因此分成了两个敌

---

[1] 腓力二世 (Philip II)：1527 年 5 月 21 日—1598 年 9 月 13 日，哈布斯堡王朝的西班牙国王和葡萄牙国王。他的执政时期是西班牙历史上最强盛的时代。在腓力二世治下，西班牙的国力达到巅峰。腓力二世雄心勃勃，试图维持一个天主教大帝国，但最终未能成功。——译者注

[2] 这里指新教徒。——译者注

争吵的教授们

对的阵营：一边是阿民念[1] 的朋友；一边是霍马勒斯[2] 的信众。

请允许我先介绍一下后者吧。霍马勒斯虽然出生在荷兰家庭，却在德国度过了一生。他是条顿教育体系下杰出的学者，一方面学问广博，另一方面却缺乏起码的常识。他的大脑精通希伯来韵律学的奥秘，心脏却随着阿拉米语[3] 的语法规则跳动。

---

[1] 阿民念（Jacobus Arminius）：1560年—1609年，荷兰新教神学家，阿民念主义创始人。——译者注

[2] 霍马勒斯（Franciscus Gomarus）：1563 年—1641 年，荷兰神学家，坚定的加尔文义者。——译者注

[3] 阿拉米语（Aramaic）：是阿拉米人的语言，也是《旧约》后期书写时所用的语言，被认为是耶稣基督时代犹太人的日常用语，《新约》中的《马太福音》即是以此语言书写。一些学者更认为耶稣基督是以这种语言传道的。它属于闪米特语系，与希伯来语和阿拉伯语相近。——译者注

他的对手阿民念却迥然不同。他出生在一个叫奥德瓦特[1]的荷兰小镇上，那儿离斯泰因（Steyn）修道院不远，伊拉斯谟正是在那儿度过了他不甚愉快的年幼时期。阿民念自小聪明伶俐，少年时更是与邻居——当时马尔堡大学[2]著名的数学及天文学教授交好。这位教授名叫鲁道夫·斯奈留斯（Rudolf Snellius），他把阿民念带到德国，让他接受更良好的教育。不幸的是，当第一个学期结束，阿民念放假回家时却发现，家乡早已被西班牙人洗劫一空，亲戚们也相继遇难了。在这个可怜的孤儿眼看就只能辍学之际，一些好心的有钱人听说了他的遭遇，纷纷慷慨解囊，把他送到莱顿大学学习神学。阿民念刻苦努力，只用了六年的时间便完成了所有的课程，然后便动身寻找新的智慧源泉。在那个年代，总会有人愿意出钱赞助那些出类拔萃的学生。阿民念拿着阿姆斯特丹几个公会为他开具的推荐信，兴冲冲地朝南出发，渴望寻找更多的学习机会。

作为一个未来的神学界大家，阿民念首先来到了日内瓦。彼时加尔文已过世，迎接他的是完美继承了加尔文的学说的忠实信徒，博学之士泰奥多尔·贝扎[3]。他与自己的导师一样，对异端分子极度敏感。在第一次见面时，他便从阿民念的言谈间嗅出了浓重的拉梅主义味道，于是找了个由头，匆匆地打发他离开。看到"拉梅主义"一词，现代读者们可能一头雾水。但对于十分熟悉弥尔顿文集的人而言，那可是300年前最危险宗教新说。拉梅主义由一个名叫皮埃尔·德·拉·拉梅的法国人提出。这个法国人在学生时期对老师过时的教学方法十分反感，于是故意给自己的博士论文选了一个叫人目瞪口呆的论题——《亚里士多德的一切教诲都是错误的》。不用说，这个论题肯定把老师气得够呛。几年后，他又把自己

---

[1]　奥德瓦特（Ondewater）：位于荷兰乌特勒支省，最出名的是1595年建的女巫审判所。——译者注

[2]　马尔堡大学（University of Marburg）：成立于1527年，德国国立大学，该校是德国有着悠久传统的大学，也是第一所奉行新教教规的大学。——译者注

[3]　泰奥多尔·贝扎（Theodore Beza）：加尔文的重要门徒，在早期的宗教改革运动中扮演了重要角色的法国籍新教神学家与知识分子。——译者注

的想法付梓成书，到处宣扬。保守的教会组织怎能容得下他？他的死在这一刻便已成定局，于是，他自然而然地成为了圣巴托罗缪之夜的第一批受害者。

让教会意料不到的是，拉梅的著作非但没有随着作者之死而消失，反而以其惊人的逻辑体系在西欧和北欧大受欢迎。不过，也有很多虔诚的教徒认为拉梅主义实际上是魔鬼的诱饵，为的是引诱人类堕入地狱。于是也有人说着风凉话，建议阿民念去巴塞尔——那个因为中了伊拉斯谟的魔咒，会把对崇尚探索精神的自由学者奉为先进的榜样的城市。

不久，被事先警告过的阿民念决定启程北行。这期间，他做了一个颇为反常的决定：首先，他大胆走入敌人的境内，并在信奉传统天主教的帕多瓦大学[1]学习了几个星期；随后，他又去了一趟罗马。当他在 1587 年返回故土时，不知怎么竟成为了国人心中的危险分子。幸好他行为端正，言谈间不卑不亢，进退得宜，因此很快又重新赢得了大家的好感，甚至被推举为阿姆斯特丹新教的牧师。

在家乡瘟疫爆发之时，阿民念凭借其智慧成功拯救了百姓，博得了英雄的美名。百姓们真心拥戴他，委托他重建阿姆斯特丹的公共教育体系。1603 年，他接受莱顿大学的邀请去担任神学教授一职。离开时，首都所有的居民都不禁离情依依。

若阿民念能预先得知莱顿城里的局势，也许就不会想去了。他到达之际，堕落后预定论与堕落前预定论[2]两派的战争正发展到最白热化的阶段。其实，不管从家庭出身还是所受的教育来说，阿民念都必属堕落后预定论者无疑，但他依然希望能不带偏见地与同事——堕落前预定论支持者霍马勒斯平心静气地讨论交流。无奈两派之间的差异不容调和，逼得阿民念最

---

[1]　帕多瓦大学（University of Padua）：像博洛尼亚大学、巴黎大学、牛津大学和剑桥大学一样，是西方重要的文化中心之一。——译者注

[2]　堕落前预定论（Supralapsarians）：指神在创造之前，已经先行预定哪些人得救，哪些人灭亡，然后再定其堕落的思想。——译者注

阿民念

后只能公开宣布自己是堕落后预定派者。

说到这里，可能有读者要问了：这堕落后预定派和堕落前预定派到底是什么？其实啊，我也不知道，也说不出个所以然来。只是听说这两派的斗争由来已久，以阿民念为首的堕落后预定派认为，人类拥有一定程度的自由意志，能决定自己的命运；而以索福克勒斯[1]、加尔文及霍马勒斯为代表的堕落前预定派则坚信，人类的一生早在出生前就已注定，所谓的命运完全取决于上帝在造物时的一个转念。截至1600年，北欧大部分人都是堕落前预定论者。他们喜欢听传教士说除了自己之外的大部分人，都注定要堕入地狱。就算牧师想宣讲仁慈博爱的福音，人们也只会怀疑他的居心叵测，认为他就像那些不负责任的医生，不敢予人苦口良药，却因为心慈手软害死了自己的病人。

莱顿城的长舌妇人一发现阿民念是堕落后预定论者后，马上把他变成了众矢之的。阿民念被从前的朋友和支持者大肆辱骂，折磨至死。到了17

[1] 索福克勒斯（Sophocles）：雅典三大悲剧作家之一，他既相信神和命运的无上威力，又要求人们具有独立自主的精神，并对自己的行为负责，这是雅典民主政治繁荣时期思想意识的特征。他根据他的理想来塑造人物形象，即使处在命运的掌握之中，也不丧失其独立自主的坚强性格。——译者注

世纪，堕落后预定论与堕落前预定论两派的纷争不可避免地卷入了政治旋涡中。随着堕落前预定论者的胜利，堕落后预定论者瞬间沦为公共秩序的违反者、国家的叛徒。从这里开始，这场荒谬的争战非但没有结束，还出现了愈演愈烈之势。约翰·范·奥尔登巴内费尔特[1]是继沉默的威廉之后的第二个荷兰独立之父，却因宗教问题遭政敌逮捕，最后枭首示众；世界上第一个国际法体系伟大的倡导者格劳秀斯[2]因为宗教冲突被监禁，虽然后来成功逃脱到瑞典，得到瑞典女王的赏识，却还是只能仰人鼻息，勉强度日。沉默的威廉为之奋斗半生的事业，眼看就要半途而废了，不过，加尔文宗教徒也没有因此得偿所愿。

后来，情势又出现了变化。荷兰名义上是共和国，实际上却是商人和银行家的俱乐部。国内主要事务由几个有财有势的家族控制，他们对平等友爱没兴趣，只相信法律与秩序。他们承认并支持已有的教会，每逢主日也会去从前的天主教大教堂，如今的新教布道厅做礼拜。若牧师想趁着工作日，就某人的宗教信仰面见市长大人或议员并说长道短之时，官员们总是很不巧地"在开会"，无法接见这些虔诚的教徒们。而若这些虔诚的教徒依然坚持不懈，甚至召集好几千名教徒在镇公所前示威的话，官员们当然会出面，郑重其事地接过教徒们抄写整齐的请愿书，只是当最后一个请愿人士离开后，那些费尽心血写成的文稿就会变成官员们手上点烟的工具。商人和银行家已受够了堕落前预定论者的偏执，也深深恐惧于内战时期艰苦的日子，于是，他们本着"一次足矣，下不为例"的决心，坚定地压抑宗教狂热发展的态势。

后世之人对这些贵族的行事褒贬不一。贬的是他们把国家视为私有财产，不能做到完全的公私分明；而且，他们在管理国家时缺乏宏观概念，

---

[1] 约翰·范·奥尔登巴内费尔特（Johan van Oldenbarnevelt）：1547 年—1619 年，尼德兰联省共和国首相、大议长，杰出政治家。——译者注

[2] 格劳秀斯（Grotius）：近代西方思想先驱，国际法学创始人，被人们尊称为"国际法之父"与"自然法之父"。——译者注

以至于常常捡了芝麻，丢了西瓜。但他们确实为世界立了一个值得所有人真心赞颂的先例，即把国家打造成一个国际交流中心：所有人，不管信仰为何，都能在这里随心所欲地发言、思考、写作、出版，不受任何拘束与限制。当然，凡事都有不尽如人意之时，例如，若受到来自新教牧师的压力，市政官员偶尔也会打压一下天主教的秘密集会，或没收某些言论过激的异教宣传单子。但总体来说，只要人们不站在市集中央，高声诋毁宿命论的宗旨，不把天主教的玫瑰经[1]带到公共餐厅，不在哈勒姆[2]南部卫理公会教堂上否认上帝的存在，便可以确保一定程度上的相安无事。在近两个世纪的时间里，其他人还在世界其他地方因宗教信仰受迫害，持不同意见者却在荷兰找到了他们的人间天堂。

这样的消息一出，荷兰境内又涌现了无数印刷厂，咖啡室里又挤满了形形色色的狂热之士。他们是接下来两百年间的奇特新军，为精神解放事业身先士卒，一往无前。

---

[1] 玫瑰经：正式名称为《圣母圣咏》，于 15 世纪由圣座正式颁布，是天主教徒用于敬礼圣母玛利亚的祷文。——译者注

[2] 哈勒姆（Haarlem）：荷兰最古老的小城之一，以生产郁金香而闻名。——译者注

第二十章　乔尔丹诺·布鲁诺

据知情人士透露，第一次世界大战其实是军士间的战争。那些将军、上校、战术家们都躲在荒废的别墅里，围坐在外表光鲜的大厅中央，盯着好几米长的地图沉思，然后自以为是地使上一些新奇战术，以前线三千多战士的生命为代价，夺回一星半点的领地。与此同时，下级的军官、军士和下士却在百姓的帮助和鼓动下，出生入死，击溃了德国的防线。

为精神解放而发动的伟大征战却与之不同——没有投入几十万兵力的正面交锋，也没有会让士兵沦为敌方炮兵活靶子的、孤注一掷的冲锋。我敢断言，在那种情况下，大多数人甚至不知道在打仗，只是偶尔有人受好奇心的驱使询问一下早晨烧死了谁，或明天下午又有谁将会被绞死。就算人们发现还有一小撮亡命之徒，冒着天主教和新教的反对，不屈不挠地为某种程度上的自由原则抗争，也不过惋惜几句而已，除非这些人里还有自己家的亲戚，才会为他们所遭遇的不公感到痛不欲生。

对于殉道者而言，事实是残酷的。他们为争取自由意志献出了宝贵的生命，而这样的功绩，既无法粗鲁地简化成数字公式，也不能用安培和马力等量化概念来表示。攻读博士学位的学生若想以"乔尔丹诺·布鲁诺[1]（1549年—1600年）和他的宗教信仰自由原则"为题，写一篇能被人接受的论文，不妨先仔细阅读他的文集，并从中吸收那些饱含哲理的句子，如："国家无权要求人民应该信仰什么"或"社会不应该以暴力惩罚那些反对公认教理的人"等。但若我们的侧重点不在于这些会引起激愤的字眼，那么看问题的角度就要变一变了。

我之前说过，有那么一小撮人，他们深深地震惊于当时人们对宗教的狂热，以及当时人们身上所背负的生活枷锁，于是他们奋起反抗，就算只剩两袖清风，甚至找不到一个固定的栖身之所，他们还是坚持怀抱着心中神圣的火焰，四处游历、宣讲、写作、布道。他们偶尔把高等学院里的资深教授拉进学术的辩论中，偶尔流连在乡间的小酒馆，谦逊地与普通百姓进行交流。这些人一如既往地传播着福音，希望能让所有人心怀善意，互相理解，博爱仁慈。衣衫褴褛的传道人提着经书和小册子四处奔走，有些因为肺炎悲惨地死在波美拉尼亚的穷乡僻壤，有些被粗鄙的苏格兰村民以私刑处死，有些则在法国的城镇里惨遭五马分尸。

乔尔丹诺·布鲁诺并不是上述那群人中的唯一，但他的生活、他的思想和他对自己坚持的渴望所怀抱的那种永不息止的热情，使他成为了精神解放先驱中的典型例子。布鲁诺的父母都很穷，他们的儿子也只是一个普通的意大利男孩，没有太远大的前程，所以只能按一般惯例来到修道院，当一名道明会的僧侣。不过，道明会的僧侣都狂热地支持所有的宗教迫害，布鲁诺实在不愿与他们同流合污。道明会被当时的百姓称为"教会的忠犬"，异端者几乎不用做任何事，写任何东西，只需一个眼神、一个手势或一个耸肩的动作便足以让宗教裁判所起疑。

我不知道布鲁诺是如何摆脱唯命是从的成长环境，放弃《圣经》转而

---

[1] 乔尔丹诺·布鲁诺（Giodano Bruno）：意大利思想家、自然科学家、哲学家和文学家。他勇敢地捍卫和发展了哥白尼的太阳中心说，并把它传遍欧洲，被世人誉为是反教会、反经院哲学的无畏战士，是捍卫真理的殉葬者。——译者注

布鲁诺去日内瓦

捧起芝诺和阿那克萨戈拉的著作的，但这个奇怪的神学界新手还没有完成规定的课程，就被赶出道明会，成为大地上的流浪者。他首先翻过阿尔卑斯山，在他之前，有多少勇敢的年轻人冒险穿过这个古老的山口，希望在隆河与阿尔沃河[1]的交界处找到由新信仰筑起的自由堡垒；又有多少人因为发现教义的革新不代表心灵想法的改变，然后便心灰意冷地离开了。布鲁诺在日内瓦住了不到三个月，那时，日内瓦城里挤满了意大利的难民。他们给这位同乡一套新衣服，还给他找了一份校对员的工作。布鲁诺白天工作，到了晚上，就开始读书写作。在偶然的机会下，他看到了德·拉·拉梅的书，立马惊为天人，将其视为志同道合的朋友。与此同时，拉梅也坚信，要是不能推翻中世纪过时的教育方法，世界就不可能进步。布鲁诺虽然也有同感，却没有他的导师想得那么远，也不认为希腊人的教导都是错的。只是他也不明白，为什么16世纪的人还会被写于耶稣出生前4个世纪的字句所束缚。这究竟是为什么呢？正统信仰的支持者可能会这样回答他："因为这是祖宗留下来的规定。"而年轻的传统观念反对者则会这样回答他："其实祖先如何行事与我们有什么关系呢？就让过世的人与他们的观念一起入土为安吧。"

---

[1] 阿尔沃河（Arve）：法国东部和瑞士一条河流。源出萨伏依阿尔卑斯山脉，向北流经日内瓦后注入隆河。——译者注

在布鲁诺想明白之前，日内瓦当局便已经找到他，希望他能慎重考虑一下"出国探索"的计划。从此，为了寻找一个适合居住和工作，既自由又安全的地方，布鲁诺的生活变成了一段无休止的旅途。离开了日内瓦后，他首先去了里昂，之后又去了图卢兹。从那时起，他开始专心研究天文学，并成为哥白尼的热情支持者。这着棋最是凶险，毕竟同时代所有人都在质疑："什么！说地球不过是绕着太阳瞎转的普通行星？这又是谁家的胡言乱语？！"

对于布鲁诺来说，法国的图卢兹并不能让他感到称心，于是他横越法国，徒步到巴黎。然后又作为法国大使的私人秘书，去到英国。没想到，等待他的是另一个失望的结局。其实，英国的神学家与欧洲大陆其他国家的神学家相比，并没有强多少，唯一可说的也许是他们更为实际。譬如在牛津大学，如果有学生做出有违亚里士多德教诲之事，学校并不会惩罚学生，而是会对老师处以十先令的罚款。为此，布鲁诺变得愤世嫉俗。他开

布鲁诺去威尼斯

始写些言辞危险的散文，以及以宗教、哲学和政治为题的对话集，并在著作中对整个现存的秩序做了一次细致无遗的批判。除此之外，他还在学校教授他最喜欢的科目——天文学。通常，校方对受学生爱戴的老师都没什么好感，于是布鲁诺只好又一次被迫离开。他先是回到法国，然后抵达马尔堡[1]。不久前，路德和慈运理才就变体论[2]的本质在马尔堡的圣伊丽莎白教堂（Elisabeth of Hungary）进行了辩论。

布鲁诺"自由派学者"之名早已广为人知，渐渐地，他连授课的资格都被剥夺了。原本，他还期望维滕贝格能更好客些，可这座路德信仰的堡垒自从被加尔文家教徒控制后，便再也容不下像布鲁诺这样的人了。无奈之下，他只好向南行，到约翰·胡司的地盘碰碰运气。然而失望再次降临。布拉格被纳入了哈布斯堡皇室的版图，新的统治者刚到，他便与自由一同自后门离开，一路潜逃至遥远的苏黎世。在那里，布鲁诺收到了一封由意大利青年乔瓦尼·莫塞尼戈寄来的信，邀请他去威尼斯。我不知道布鲁诺出于什么考量接受了邀请，也许是因为出身贫寒让他很容易被贵族光鲜的名字所迷惑，大感受宠若惊。可叹的是，就算莫塞尼戈的前辈们敢蔑视教宗与皇权，他自己却没那种本事。莫塞尼戈弱不禁风，胆小如鼠，当宗教裁判所的人找上门要把他亲自邀请来的客人布鲁诺带回罗马时，他连手指头都没敢动一下。其实，威尼斯政府对手上的权力一向非常重视，如果布鲁诺是一个德国商人或一个荷兰船长，那么威尼斯当局便很可能会对外国军队擅自在他们辖区抓人一事大发雷霆，甚至不惜诉诸武力。然而，布鲁诺既不是商人，也不是船长。他只是一介学者，是一个除了思想学说外，无法给城市带来任何好处的流浪汉。为了他得罪教皇？太不值得了。而

---

[1] 马尔堡（Marburg）：全称"兰河畔马尔堡"，1211 年建市。马尔堡是德国中西部城市，位于兰河畔，人口 7.7 万，市内城堡广场有露天剧场，每年举行音乐戏剧节。——译者注

[2] 变体论（Transubstantiation）：基督教神学圣事论学说之一。耶稣在最后的晚餐上祝圣饼和酒时曾说："这是我的身体""这是我的血"。以后教会在作弥撒时由主礼的神父照此述说。按照天主教的传统观点，此时饼和酒的质体转变为耶稣的血和肉，原来的饼和酒只剩下五官所能感觉到的外形。——译者注

且，要说到学者，威尼斯城内比比皆是，又何需担心少这一个呢？

布鲁诺自威尼斯离开后，便是永别——愿圣马可护佑他的灵魂。他被囚禁在宗教裁判所的监狱里长达六年之久。1600 年 2 月 17 日，他被绑在火刑柱上活活烧死，他的骨灰随风而去。他行刑的地点是罗马鲜花广场 [1]，精通意大利语的人，也许能从中看到这世界上最深刻的讽刺。

---

[1] 罗马鲜花广场（Campo dei Fiori）：罗马的一个长方形广场，毗邻纳沃纳广场。广场中心矗立着著名哲学家乔尔丹诺·布鲁诺的雕像。1600 年，布鲁诺因宣传日心说而被罗马教会烧死在广场中央。——译者注

第二十一章　斯宾诺莎

　　历史有些事情我无论如何都没能弄明白，其中之一就是过去那些艺术家和文学家的工作量。如今写作行业里有很多现代化的帮手，例如打字机、录音笔、书记官，最不济还有好写好用的钢笔，所以我怎么都想不明白，莎士比亚明明有那么多会分散他注意力的工作，又有一个爱唠叨的妻子，连鹅毛笔都不好使，他是怎样写出 37 部之多的作品的呢？另外，像西班牙无敌舰队的老兵洛佩·德·维加[1]，他明明一生忙忙碌碌，却还是能找到那么多墨水和纸张写下 1800 篇喜剧和 500 篇散文。最夸张的就是约翰·塞巴斯蒂安·巴赫[2]，带着 20 个吵吵闹闹的孩子的他竟然有时间谱下 5 首清唱剧，190 首教堂合唱曲，3 首婚礼合唱曲，十几首圣赞曲，6 首庄严弥撒曲，3 首小提琴协奏曲（仅 1 首双小提琴协奏曲就足以使他的名字

---

[1]　洛佩·德·维加 (Lope de Vega)：文艺复兴时期西班牙黄金世纪最重要的诗人和剧作家。有"西班牙民族戏剧之父""天才中的凤凰"以及"大自然中的魔鬼"之称。——译者注

[2]　约翰·塞巴斯蒂安·巴赫 (Johann Sebastian Bach)：巴洛克时期的德国作曲家，杰出的管风琴、小提琴、大键琴演奏家。巴赫被普遍认为是音乐史上最重要的作曲家之一，并被尊称为"西方近代音乐之父"，也是西方文化史上最重要的人物之一。——译者注

永垂不朽），7 首钢琴管弦乐协奏曲，3 首双钢琴协奏曲，2 首三架钢琴协奏曲，30 首管弦乐曲，以及足够让普通学生练上一辈子的长笛、竖琴、风琴、提琴及法国号练习曲，实在是不可思议。还有伦勃朗和鲁本斯[1]，他们在 30 年间几乎每个月都要创作出 4 个新的作品；而安东尼奥·斯特拉迪瓦里[2] 身为一个不起眼的的平民，竟能在短短一生中制造出 540 把小提琴，50 把大提琴和 12 把中提琴。

我并不怀疑他们的头脑能构思出奇妙的情节，听到美妙的音乐，看到微妙的颜色与线条，选到绝妙的木材，我只是好奇他们怎么能有这么好的体力？他们都不玩游戏放松吗？他们都不睡觉吗？他们是真的不知疲倦，还是没有叫"疲倦"的这条神经？生活在 17 世纪和 18 世纪的艺术家与文学家大多都是这样的人。他们完全不管健康与否，随心所欲地吃喝玩乐，根本没有意识到身为人类一员所应肩负的崇高使命。不过他们很会利用时间，并且充分发挥自己的艺术天赋与才智。

艺术和科学上的突飞猛进同样出现在其他繁杂的学科上，例如神学。若有机会参观任何一个 200 年前的图书馆，你便能在地窖和阁楼里发现无数八开、十二开和十八开的宗教小册子、布道书、论集、驳论、文摘和评论。这些文字或写在皮革上，或写在羊皮纸上，或写在普通纸张上。这些著作早已被人忘却，上面积满了灰尘，内里蕴含广博却无用的学识。这些书中所谈论的话题，所使用的字句，在现代人看来都失去了意义。这些过时的词语虽然看着一无所长，但至少洁净了世界的空气。它们有些解答了大家热议的问题，有些则使读者们相信，世上总有些问题不能只靠逻辑或争辩解决，与其针锋相对，还不如置之不理。

这听起来像是讽刺，不过我倒希望将来 30 世纪的批评家在审视我们

---

[1] 鲁本斯（Peter Paul Rubens）：佛兰德斯画家，是巴洛克画派早期的代表人物。——译者注

[2] 安东尼奥·斯特拉迪瓦里（Antonio Stradivarius）：1644年—1737年，意大利提琴制作师。——译者注

留下的文学和科学成就时也能这样仁慈。

这一章的主角名叫巴鲁赫·德·斯宾诺莎 [1]，他并没有像当时大多数人一样留下大量作品，他的文集也不过是三四卷书和几捆信札。但若想要正确地用数学方法解决伦理和哲学等抽象问题，必须进行大量学习，而这会使普通的正常人无所适从。斯宾诺莎正是因为试图通过九九乘法口诀来理解上帝，才会劳累至肺结核去世。

斯宾诺莎是一个犹太人，那时的犹太人还没有受过犹太隔离区的侮辱，他们的祖先在西班牙半岛定居时，那里还是摩尔人聚居的一个省。可当一条名为"西班牙的领土归西班牙人所有"的政策颁布以后，斯宾诺莎一家便不得不离开故乡，走水路来到荷兰。到达阿姆斯特丹后，他们买了一幢房子，辛勤工作，积攒财富，很快便成为了"葡萄牙移民"中最受尊敬的家族之一。

若说斯宾诺莎之所以会开始意识到自己的犹太血统，除了儿时小伙伴们无心的嘲弄外，更要归结于他在培养拉比的宗教学校里所受到的教育，因为当时的荷兰等级制度极其森严，单纯的种族偏见反而变成了小菜一碟。沿着荷兰北海及须德海 [2] 海岸，各个族群都能在各自的避难所里相安无事地生活在一起。有容乃大是荷兰众多特点之一，而这个特点也在现代游客的旅行日志中被屡屡提起。

在欧洲其他地方，就算是到了中世纪晚期，犹太人和非犹太人之间依然风波不断，剑拔弩张。实际上，他们双方皆有对错，彼此的身份也总是在专制的施害者与受害者之间徘徊。另外，就像我在本书中不断说到的，暴徒以不宽容为手段达到自我保护的目的，因此，一旦基督徒和犹太人只愿意忠于各自的宗教，就会认定对方是自己的死敌。具体的缘由和表现大

---

[1] 巴鲁赫·德·斯宾诺莎（Baruch de Spinoza）：犹太裔荷兰籍哲学家。近代西方哲学公认的三大理性主义者之一，与笛卡尔和莱布尼茨齐名。——译者注

[2] 须德海（Zuider Zee）：原北海的海湾。在荷兰西北。

斯宾诺莎

致有二：首先，基督徒和犹太人都坚信自己信仰的是唯一真正的上帝，其他人所供奉的都是虚伪的神明；其次，基督徒和犹太人在商业上是最旗鼓相当的对手。

像最初去巴勒斯坦寻找新家园那样，犹太人成群地移民到西欧。那时，因为工会无法保障所有人的就业，大部分犹太人只能做些当铺和放贷的小生意勉强维生。在中世纪的人们看来，这两种职业的本质是一样的，正派人士完全不屑于去做。同时，直至加尔文时代，大部分教会对税务之外的金钱收益都十分深恶痛绝，更是把收受利益视为罪孽。当然，没有一个政府会容忍高利贷。早在 4000 多年前，巴比伦政府就通过了一项严厉的法令，严禁任何金融交易者利用其他人的钱财谋利。而在 2000 年前写下的《旧约》中，摩西也曾严厉禁止追随者放高利贷——借方是外国人时除外。随后，伟大的希腊哲学家，包括亚里士多德和柏拉图，也表示十分反对利滚利、钱生钱这样的生意模式。教会神父们对此态度也很明确——在整个中世纪时期，放贷者是最让人瞧不起的，但丁在他的地狱里甚至给那些放贷者准备了一个专门收监的地方。

从理论上说，开当铺的和做放贷的都是些不受欢迎的人，这些人要是能从世界上消失就好了。不过，世界一旦跳出单纯的农业发展，就不可能不依靠信用贷款，否则，连最简单最普通的生意都做不下去。于是，放贷者因此成了大家离不开的魔鬼。按基督徒的说法，那是最适合注定会下地狱的犹太人所从事的不体面的行当。

当这些不幸的流浪者被迫从事这种不光彩的工作后，他们自然而然地便成了富人与贫民的对头。一旦他们通过努力工作发了点小财，对方立马翻脸无情，或诋毁谩骂，或将他们驱赶至城市底层最脏乱之地，或一时冲动把他们当成异教徒或基督叛徒私刑处死。多么愚蠢又无知啊！无休止的攻击和迫害并没能使犹太人喜欢上基督徒，反而使成千上万原本有机会在商业、科学或艺术界一展所长的聪明人把所有才智和精力都浪费在古书上。他们窝在臭气熏天的屋子里，殚精竭虑地研究书中深奥的难题以及吹毛求疵的诡辩，一边听着老一辈人说自己族人是上帝的选民，注定要继承世上所有的财富和土地，一边又惶惶不可终日地承受着周围人的谩骂，说他们是猪猡，只配在绞刑架或断头台上不光彩地死去。要让这种在逆境中生活的人用正常人的眼光看待周遭发生的一切是不太可能的。面对基督徒的压迫，被逼到死角的犹太人只好一次一次地奋起反抗，甚至采取疯狂的报复行动，这使基督教徒们更加认定犹太人就是"叛徒"和"恩将仇报的恶棍"，就算在他们身上施加更严重的欺侮与限制也不过分。而这样的心态与做法又恶性循环地使更多犹太人对基督教怀恨在心，对世界心灰意冷。渐渐地，在犹太人聚集区里，仇恨与不甘开始蔓延滋生。

斯宾诺莎因为出身在阿姆斯特丹，并没有遭遇到其他族人生来就必须面对的苦难。首先，他被送到犹太教会堂开办的学校接受教育，在习得希伯来文后，又跟随范·登·恩德博士攻读拉丁语与科学。范·登·恩德博士出身于天主教家庭，有传闻说他是鲁汶大学的毕业生，而按阿姆斯特丹教区执事的说法，这位范·登·恩德博士实际上是一个危险的耶稣会会士。当然，这不过是以讹传讹。范·登·恩德年轻时确实在天主教学校呆过几年，但当时的他对学业心不在焉，离开家乡安特卫普[1]后，

---

[1] 安特卫普（Antwerp）：位于比利时西北部斯海尔德河畔，是比利时最大港口和重要工业城市，居民大多使用荷兰地方方言。——译者注

他来到了阿姆斯特丹，并在这里开办了属于自己的学院。他会使用独特的教学方法，让学生们对古典文学充满好奇。由于他教出来的学生在韵律学和词语变格上掌握得特别好，阿姆斯特丹城里信奉加尔文教的父母都直接无视他过去与天主教的渊源，十分乐意把孩子托付给他，并引以为豪。

范·登·恩德是斯宾诺莎年幼时的拉丁语老师，同时也是科学领域最新发现的狂热追随者，对乔尔丹诺·布鲁诺崇拜得五体投地，于是，在教学过程中，他不可避免地教给了这孩子一些正统犹太家庭一般不会提及的事情。与当时大部分人不一样，斯宾诺莎求学时并没有在学校寄宿，而是住在了家里。他渊博的学识使家人颇为惊讶，亲戚们也都自豪地称他一声"小博士"，毫不吝啬地给他零用钱作为奖励。斯宾诺莎也十分争气，没有大手大脚地把钱花在其他地方，而是买来了大量哲学书籍。他对其中一个作者最感兴趣，那便是笛卡尔[1]。

勒内·笛卡尔是一位在图尔市与普瓦捷[2]交界处城镇出生的法国贵族。一千年前，查理曼大帝在那里阻断了伊斯兰教企图征服欧洲的步伐，笛卡尔不到 10 岁就被送到耶稣会接受教育。俗话说，食物没进过嘴巴就不知酸甜。耶稣会里的会士可能是世界上唯一知道如何在不挫伤孩子们锐气的前提下，把小孩调教得十分乖巧的人。经过 10 年的学习，笛卡尔变得十分喜欢思考，不会轻易相信没有经过证明的事情。若我们的现代教育学家也能掌握耶稣会的教育方法，说不定我们国家就能诞生出几个笛卡尔了。

笛卡尔在 20 岁那年应征入伍，随军来到荷兰。在那里，拿骚的莫里

---

[1] 笛卡尔 (Rene Descartes)：法国著名的哲学家、物理学家、数学家、神学家，他对现代数学的发展做出了重要的贡献，因将几何坐标体系公式化而被认为是解析几何之父。他与英国哲学家弗兰西斯·培根一同开启了近代西方哲学的"认识论"转向。——译者注
[2] 普瓦捷 (Poitiers)：又译普瓦提埃，法国西部城市。普瓦捷是法国西部重要的政治、经济、文化和交通中心之一。——译者注

斯[1]已彻底完善了他的军事体系，使他的军队成为了野心勃勃且志在将军之位的年轻人进修的学校。笛卡尔作为一名虔诚的天主教徒，怎么可能效忠一位新教的领导，这与叛变何异？于是，他经常刻意回避，不去拿骚亲王的司令部报道。而当荷兰与西班牙宣布休战后，他更是马上辞职，奔向慕尼黑，转投至巴伐利亚天主教公爵的麾下。笛卡尔参加战争的时间并不长，唯一一场至关重要的战役在拉罗谢尔[2]附近进行。胡格诺派的教徒正是在那里抵御枢机主教黎塞留[3]军队的攻击的。后来，为了学习高级的攻坚战术，笛卡尔又回到了法国。只是军营生活实在枯燥，没过多久他便决定告别戎马生涯，专心研究哲学与科学。

笛卡尔生平没什么物欲，也不想结婚，凭借着一笔小小的固定收入，他如愿以偿地过上平静快乐的生活。

我不知道笛卡尔为什么会选择荷兰作为他的栖身之地，不过这个国家确实有很多出版商、印刷厂和书店，而且只要出版物中没有刻意攻击政府和宗教的内容，所谓的出版审查也只是形同虚设。再者，笛卡尔完全不懂荷兰语（虽然对于真正的法国人来说，要学起来一点都不难），自然就避开了很多不必要的社交活动，把全部时间（每天将近 20 个小时）都用在自己的工作上。对于当过兵的人来说，这样的生活未免太沉闷，但笛卡尔自有追求，且十分满足于这种在外人看来是自我折磨式的放逐生活。随着时间的推移，他愈发相信，世人仍然被困在深不见底的"无知地狱"里，那些被称为"科学"的东西实际上没有半分"真理"的影子。若社会还想取得一些简单的进步，首先要做的必定是根除陈旧

---

[1] 拿骚的莫里斯（Maurice of Nassau）：或者叫作奥兰治的莫里斯亲王，著名的军事改革家和将领，他重新在欧洲复活了职业军队。被公认为近代欧洲职业化军队的鼻祖。在尼德兰联省共和国执政期间，他发展了军事战略、战术和军事工程学，使荷兰军队成为当时欧洲最现代化的军队。——译者注

[2] 拉罗谢尔（La Rochelle）：法国西部城市。——译者注

[3] 黎塞留（Armand Jean du Plessis de Richelieu）：法王路易十三的宰相及天主教枢机，波旁王朝第一任黎塞留公爵。——译者注

的荒谬和错误。这样的挑战可不小，幸好，笛卡尔极富耐心。自他 30
岁那年起，笛卡尔开始慢慢地向世人展现一套全新的哲学体系，并在原
计划基础上，加入了对几何、天文和物理问题的详细阐述。他在工作上
的公正客观引得天主教指责他为加尔文派，而加尔文派又诋毁他为无神
论者。

这些纷扰世事虽然传到他的耳里，却丝毫左右不了他的心。他安静地
在斯德哥尔摩继续自己的探索，然后在前往与瑞典女王谈论哲学的路上，
安详地死去。

17 世纪，以笛卡尔之名命名的哲学主义——笛卡尔主义就如同维多
利亚女王时代的达尔文主义，在当时的社会上引起了很大的争议。生活在
1680 年的笛卡尔主义者是普通百姓眼中的危险分子、龌龊小人、现存社会
制度的死敌、苏西尼派的信众，以及不配与正派人士同行的下等刁民。但
就算如此，还是有大量学者如饥似渴地探讨笛卡尔主义，那感觉，就像是
我们的祖辈们面对达尔文主义时那种兴奋之情。不过，在远在阿姆斯特丹
的正统犹太人圈子里，类似的课题无人问津，笛卡尔主义也没有出现在犹
太人的法典里，这一切理应不为人知。要是有谁发现斯宾诺莎竟知晓此
事，再向犹太教会堂的权威人士告密，不需要等他们出面调查或采取官方
行动，斯宾诺莎也许就命丧黄泉了。

彼时，阿姆斯特丹的犹太教会堂刚经历了一次严重的危机。在斯宾
诺莎 15 岁那年，一位名叫乌利艾尔·达科斯塔的犹太人从葡萄牙流亡
至此。他之前屈从了死亡的威胁，被迫成为天主教徒，如今又回归了
祖辈历来的信仰。话说回来，这个达科斯塔可不是等闲之辈，他是一
个喜欢在帽子上别羽毛，在腰间挎剑的犹太绅士。那些在德国及波兰
神学院里接受教育的荷兰籍犹太拉比们所表现出来的无知自大使他大
为震惊，进而愤怒不已。骄傲的他甚至不屑于掩饰自己的观点及对他
们的鄙视。

在那种小圈子里，公然藐视权威的后果不容忽视。于是一场你死我活

的斗争开始了，一边是半贵族半先知的清高梦想家，另一边则是铁面无情的律法卫士——结局注定是悲剧。首先有人到当地警察局告密，说达科斯塔写了几本亵渎神明的小册子，并否认灵魂不朽的教义。这激起了加尔文教士对他的不满，虽然事实很快便得到澄清，对达科斯塔的控告也撤消了，但犹太教会堂还是抓着这个小辫子将他逐出教会，甚至还断了他的生计。

在接下来的几个月里，这个可怜的人只好在阿姆斯特丹街头流浪，贫困与孤独使他不得不向犹太教会堂低头。他们说他并非不能回归教会，但前提是他要当众认罪，还要承受所有族人的拳打脚踢，恶言詈辞。一向自傲的他最终没挺过去，最后选择吞枪自尽。

达科斯塔的死成了阿姆斯特丹市民关注的话题，犹太教会堂心惊于这样的结果，认为短时间内不应再引起类似的丑闻。因此，当发现拉比学堂里最有前途的学生斯宾诺莎俨然已被笛卡尔的异端思想所污染时，他们果断采取行动试图加以掩饰，甚至以金钱利诱，要求斯宾诺莎好好表现，继续去犹太教堂，且不能再发表或散发任何反教义的言论。

可惜斯宾诺莎生平最讨厌妥协，几乎想都不想，他便草草回绝了此事。结果，根据教义中自耶利哥城[1]时代一字不改流传至今的天罚准则（Formula of Damnation），他被逐出了教会。作为整个事件的无辜受害者，斯宾诺莎还是像平日那样，工作之余，看看报纸，了解时事。就算某个狂热的犹太教徒发誓要取他性命，他也没想过离开这座住习惯了的城市。

这对犹太教徒而言，无疑又是一个沉重的打击。他们明明日夜乞求

---

[1] 耶利哥城（Jericho）：位于约旦河西，在死海西北约 10 里。圣经首次提到耶利哥城，背景是以色列人出埃及，《旧约》中的耶利哥之所以闻名，是因为它是第一个被以色列人攻陷的城池。——译者注

约书亚 [1] 和以利沙 [2] 的庇佑，却没想到达科斯塔去世后仅短短几年内，便又有人公然向他们发起挑战。劳身焦思的他们越想越不甘心，便去到镇公所，想约见市长，当面告诉他斯宾诺莎是一个信仰不可知论且不敬上帝的危险分子，因此他没有权利继续留在阿姆斯特丹，而可敬的基督教团队也没必要容忍这样的人。幸好当时荷兰的达官贵人们都有一个习惯，那就是从不插手宗教事务，而是把它转交给牧师委员会处理。牧师委员会在调查后发现，斯宾诺莎并没有做出任何违反城镇法律的行为，于是如实禀告了市政府，同时为免其他犹太教众不满，还加上一条建议：不妨请这位看起来相当独立的年轻人离开阿姆斯特丹几个月，等风波平息后再回来。自那之后，斯宾诺莎的生活又恢复了平静，一如他从卧室窗口外看到的四季嬗变。离开了阿姆斯特丹的他在莱顿城附近的莱茵斯堡租了一间小房子，白天打磨光学镜片，晚上一边抽烟斗，一边随心所欲地读书写作。他终生未婚，虽然有谣传说他和前拉丁语老师范·登·恩德的女儿有些暧昧，但斯宾诺莎离开阿姆斯特丹时不过 10 岁，想来这是子虚乌有之事。

斯宾诺莎有几位挚友，他们每年至少会来探望他两次，每次来探望他时，都会提议说想给他一些经济上的支持，让他可以专心研究科学。斯宾诺莎很感谢他们的好意，但他更喜欢独立，况且他已经接受了一位年轻富有的笛卡尔主义者每年 80 美元的接济，实在不应再生贪心。他只想像一个真正的哲学家那样，安贫乐道。他本有机会去德国当教授，却礼貌地回绝了。有名的普鲁士国王曾给他写信，表示愿意给予他赞助和保护，但他还是笑着摇摇头，安分地继续他平静而恬适的放逐生活。在莱茵斯堡住了几年后，他搬去了荷兰的海牙。因为长年磨镜，半成品镜片上的玻璃硒尘损害了他的健康。1677 年，孑然一身的斯宾诺莎溘

---

[1] 约书亚 (Joshua)：《圣经》中的人物，希伯来人的领袖。——译者注
[2] 以利沙 (Elisha)：以色列国的先知。——译者注

然而逝。

让当地教士们极度不满的是，竟有六辆以上载着宫廷及豪门成员的四轮马车，来为这样一个"无神论者"送葬。而 200 年后，当斯宾诺莎的雕像落成之时，警察们甚至要全员出动，竭力保护参加这个隆重揭幕式的人，以免狂热的加尔文教徒盛怒之下横加冲撞。

这就是斯宾诺莎。也许有人会问，他到底为世界带来了什么影响？难道他仅仅是一个勤奋的哲学家？他是会没完没了地把似是而非的理论塞进书山文海中，还是会以语言为武器，把莪默·伽亚谟 [1] 气得跳脚？

答案是否定的。

斯宾诺莎的成就并非单靠他杰出的才智或巧言善辩，他之所以伟大，主要是因为他有勇气。他深知，从昔日早已被忘却的黑暗年代开始，人类社会里便存在这样一套法律，它一成不变，并为那些自以为能上知天意的教士们创立出具有同样本质的精神专制体系。可想而知，在斯宾诺莎生活的世界里，思想自由的观点跟政治上的无政府主义几乎是同义词。因此，他所提出的逻辑体系不但会得罪犹太人，也会惹恼非犹太人。只是，斯宾诺莎从来没有动摇过。他在做研究时，会有意识地归纳出问题的联系性与普遍性，并无一例外地将其视为无所不在且绝对客观的意志的表现。这样的逻辑无论是在审判日，还是在创世纪都同样适用。怀抱着这样的想法，斯宾诺莎为人类的宽容事业作出了巨大的贡献。

他与前辈笛卡尔一样，摈弃了过去宗教埋下的偏执，以百万星辰为基石，建立起自己崭新的思想体系，并成功恢复了在希腊和罗马时代后就被歪曲的，人类作为世界真正一员的形象。

---

[1] 莪默·伽亚谟（Omar Khayyam）：波斯诗人、数学家、天文学家、医学家和哲学家。——译者注

PART IV

近代新篇章

这中间可能需要花费一万年，甚至十万年的时间去实现。但这一天终会来临，且必定在人类第一次成功证服自身恐惧之际，崛地而起。

第二十二章　新的天国

教会实在无需担心斯宾诺莎的著作，因为对普通人来说，这些作品就像教授三角函数的教科书一样无趣，很少人能坚持读上两三句，更别说一整章了。所以，要向平民传播斯宾诺莎的思想得靠另一拨人。

在法国，人们独立思考和调查的热情随着国家君主集权制度的建立而褪去。在德国，三十年战争 [1] 带来的贫穷与恐惧，在接下来至少 200 年的时间里，扼杀了无数的个人创造力。到了 17 世纪后期，英国成为这种大环境下唯一一个在独立思考方面有进步可能的欧洲大国。国王与国会之间的长期不和虽然增加了不稳定因素，但事实证明，这极大地促进了个性自由的发展。

首先，我们来谈谈英国的君主。多年来，英格兰国王一直夹在权势滔天的天主教以及人数众多的清教之间，左右为难。英国的天主教臣民和一

---

[1] 三十年战争（Thirty Years War，1618—1648）：由神圣罗马帝国的内战演变而成的全欧参与的一次大规模国际战争，也是历史上第一次全欧大战。——译者注

些暗地里投靠了罗马的圣公会 [1] 教徒一直要求回归到国王服从教皇的幸福时代；而清教徒们则梦想着英国能取消君主制，发展成像日内瓦一样偏安一隅的幸福联邦。当然，这样的冲突只是发生在英格兰境内，英国的国王还必须听取苏格兰人民的意见。苏格兰人很清楚自己在宗教方面的诉求，他们坚决反对宗教信仰自由，并且认为在新教的土地上不应该存在别的教派，更别说允许异教徒信仰别的教义了。他们要求把天主教徒和再洗礼派教徒赶出大不列颠，同时绞死所有像苏西尼派、阿米尼乌斯派和笛卡尔主义者那样胆敢质疑上帝存在的人。

意想不到的是，这样的三角矛盾竟产生了出奇的积极效果。由于要在两个对立教派之间保持中立，所有人不得不采取更宽容的心态处理事情。如果要问，英国的斯图亚特王室 [2] 和护国公克伦威尔 [3] 为什么坚持给予各个教派对等的权力，那绝对不是因为他们对长老会或高教会派 [4] 有什么特殊的感情，也绝对不是因为得到了各个教派教众的爱戴。这只是他们在互相博弈为争取自身利益最大化时附带的结果而已。况且，发生在马萨诸塞湾殖民地 [5] 上的恐怖事件足以证明，教派一旦从默默无闻壮大至一手遮天，后果就会不堪设想。若在英格兰境内互相倾轧的某个小教派也像这样在全国范围内确立了专制，那么英国的命运从此便注定是悲剧了。

---

[1] 圣公会（Episcopalians）：也称为安立甘会或英国国家宗教，是基督新教的一个教派圣公宗。与信义宗、归正宗同属基督新教三大主流教派。——译者注

[2] 斯图亚特王室（Stuarts）：初名为斯迪特王朝（House of Stewart），1371 年—1714 年间统治苏格兰及 1603 年—1714 年统治英格兰和爱尔兰的王室。——译者注

[3] 克伦威尔（Oliver Cromwell）：英吉利共和国护国公，英国政治家、军事家、宗教领袖。——译者注

[4] 高教会派（High Churchmen）：基督教（新教）的派别之一，与"低教会派"对立。19 世纪，因为牛津运动和英国天主教会派的兴起流传于英国，并被路德宗的瑞典国教等教会使用。主张在教义、礼仪和规章上大量保持天主教的传统，要求维持教会较高的权威地位，因而得名。——译者注

[5] 马萨诸塞湾殖民地（Bay of Massachusetts）：17 世纪英国在北美马萨诸塞湾东海岸的殖民地，被划分至新英格兰，并且包含当时重要城市塞勒姆和波士顿。——译者注

作为护国公克伦威尔当然可以为所欲为，但他知道他的统治是主要依靠对"铁骑兵"——也就是后来的"新模范军"[1]的控制，因此他会小心回避所有极端的行为和法令，以免他的敌人有理由联合起来对付他。他的宽容之心仅限于此。对"无神论者"——也就是上面提到的苏西尼派、阿米尼乌斯派、笛卡尔主义者以及其他宣扬人类神圣权力的人来说，他们的性命仍然危在旦夕。

英国的"自由学者"有一个很大的优势，他们傍海而居，只要不怕晕船，一旦嗅到危机，马上就能逃去荷兰避难。荷兰的印刷厂对出版南欧和西欧的禁忌文学青睐有加，这让富有野心的旅行者十分愿意横越荷兰北海去赚一笔稿酬，顺便看看还有哪些来自其他国家的最新的禁忌作品，也让真正的学者有机会进行安稳的研究和宁静的思考。其中最负有盛名的是约翰·洛克[2]。

约翰·洛克与斯宾诺莎同年出生，他跟斯宾诺莎及其他独立思想家一样，出身于信仰虔诚的家庭。斯宾诺莎的父母是正统的犹太人，而约翰·洛克的父母则是正统的天主教徒。为了孩子的前程，父母们总会以自己信奉的规条严格地教育自己的孩子。只不过，这样的教育不是摧毁了孩子们的心灵，就是使他们变得叛逆。约翰·洛克与斯宾诺莎一样，都是宁折不弯之人，所以他也同样在年纪轻轻时便咬紧牙关，背井离乡，独立谋生。二十岁那年，洛克孤身来到英国牛津，在那里，他第一次听说了笛卡尔的事迹。而在法国波尔多圣凯瑟琳大街上的书店里，他也挖掘出不少尘

---

[1] 新模范军（Iron Brigade）：英国革命时期国会组织的军队。1645 年组建，称"新军"，后被称为"新模范军"。共二万二千人，基本由自耕农组成，由奥利弗·克伦威尔负责指挥。在英国两次内战中发挥巨大作用。——译者注

[2] 约翰·洛克（John Locke）：英国的哲学家。在知识论上，洛克与乔治·贝克莱、大卫·休谟三人被列为英国经验主义的代表人物。也在社会契约理论上作出重要贡献。——译者注

封已久，却十分对味的书籍，其中就包括托马斯·霍布斯[1]的作品。

托马斯·霍布斯是一个相当有趣的人：他曾就读于牛津大学的莫德林学院（Magdalen Collage），也曾到意大利游历；他曾发表过与伽利略相左的意见，也曾与闻名遐迩的笛卡尔通信。为了躲避清教徒的怒气，他一生大部分时间都游走在欧洲广袤的大陆上。旅途中，他偶尔会伏案写作，并在书中把所有他能想到的题目以及他的思想都涵括进去。其中有一本书的书名特别引人注目，叫《利维坦，或教会国家和市民国家的实质、形式和权力》（Leviathan, or the Matter, Form and Power of a Commonwealth, Ecclesiastical and Civil）。

在洛克读大学二年级的时候，托马斯·霍布斯的这本博学之书问世了。在书中，他详细指出了诸侯的本质、他们的权力，并特别着重指出了他们的责任。这些分析是如此入木三分，连最顽固的克伦威尔一派成员也不得不心悦诚服，甚至有党员呼吁宽恕这位对一切事物都持有怀疑态度的学者——毕竟虽然他支持保皇党，却在这本重量不到五磅的书里揭露了保皇党的虚伪。托马斯·霍布斯并不是一个容易被分类的人物，但由于与基督教的教义与教条相比，他对基督教的伦理学更感兴趣，所以被同辈人称为"自由主义者"。他主张教会应让人们在一些无关紧要的问题上保有一定程度上的"观点自由"。

洛克与霍布斯有着相似的性情，他们同样一生忠于教会，对生活和信仰自由也充满向往。洛克和朋友们认为，若国家摆脱了一个戴皇冠的暴君，迎来的却是另一个戴黑色宽边软帽的滥用权力的独裁者，这样的结果有何意义？对民众而言，今天背叛这个教会，明天又投靠那个教会，殊不知后者与前者一样专横跋扈，这样做又是何必？当然，从逻辑上说，这样

---

[1] 托马斯·霍布斯（Thomas Hobbes）：英国政治家、哲学家。他创立了机械唯物主义的完整体系，指出宇宙是所有机械地运动着的广延物体的总和。他提出"自然状态"和国家起源说，指出国家是人们为了遵守"自然法"而订立契约所形成的，是一部人造的机器人，反对君权神授，主张君主专制。——译者注

的想法没错；可一旦自由主义者掌权，死板的社会体制就可能会变成一个伦理辩论学堂，从而影响某些人的生计，因此，这些思想无法被他们所接受。

洛克本人似乎颇有些魅力，结交的朋友中不乏权贵之士，能保他免受地方长官的怀疑。但没过多久，他还是被贴上了"无神论者"的标签，受到了质疑。事情发生在 1683 年的秋天，当时洛克刚抵达阿姆斯特丹。虽然斯宾诺莎去世已有五六年，但荷兰首都的学术氛围还是十分自由，洛克有机会在这里学习和写作，且不受任何官方的干涉。勤奋的他用了四年的时间，终于写下著名的《论宽容》，这使他成为了我们这本小历史书中的英雄。在《论宽容》及之后出版的另外两本著作中，洛克反复强调，国家不可以，也不应该利用宗教干涉人们的自由。

说到这里，有一个人不得不被提及，那就是从法国流亡至荷兰的哲学家皮埃尔·培尔。在鹿特丹生活时，他仅凭一人之力，全力以赴地编撰百科全书，是个相当有学问的才子。受了培尔的影响，洛克认为国家不过是一个保护性组织，由一部分人出于共同利益和安全考虑创建和维持。既然如此，这样一个组织为什么会有权控制人们的信仰呢？洛克与他的追随者们尤其不明白，国家明明没有规定人们应该如何吃喝，为什么却非要限制他们去哪个教堂做礼拜不可呢？

清教教义的不完全胜利使 17 世纪的宗教信仰进入了奇怪的妥协期。威斯特伐利亚通过一条和平法令，终止了所有由宗教信仰引起的战争。它规定所有臣民都必须服从统治者的宗教信仰。如此一来，某领地上的百姓可能前一天才和大公一起信奉路德教，第二天，又摇身一变跟着领主男爵投奔天主教。

洛克曾以理性批判国家对人们的精神控制。他说："如果国家有权决定人们灵魂的归宿，那么至少有一半人注定要在地狱里万劫不复，因为清教和天主教在这个问题上不可能都是对的（按照《教义问答手册》第一章的说法），生在边界这边的人能上天堂，生在边界那头的注定要下地狱，那是否意味着人出生时的地理位置就能决定他的死后救赎？"

实在可惜，洛克在讨论宽容这个命题时没有把主要攻击点放在天主教上，但这种结果也不难理解。在 17 世纪普通英国百姓眼里，天主教已不仅是一种宗教信仰，还代表着一股强大的政治力量。它帮助西班牙建造出无敌舰队[1]，并企图以大桶大桶的火药威胁大不列颠的国家安全。因此，洛克主张宁愿把权力交给殖民地的异教徒，也不要被天主教控制，甚至希望天主教徒再也不要踏入英国境内。他的反对主要源于对天主教会所实施的危险政治活动的担心，而并非因为双方怀有不同的宗教信仰。

像洛克这样的观点最初出现在 16 个世纪前，那时，罗马皇帝提比略曾颁布一道著名的规定：宗教是个人与神明之间的私事，神明若觉得自己被亵渎了，自然会自己讨回公道。英国人在不到 60 年的时间里经历了四次权力更替，因此他们比较能接受这样一个以常识为基础的宽容理念所包含的本质真理。当奥兰治的威廉亲王[2]于 1688 年横越荷兰北海时，洛克也紧跟其后，当时同船的还有英格兰的玛丽王后。回到英国后，洛克开始了他安稳平静的生活，不仅摆脱了被人唾弃的异端之名，成为受人尊敬的作者，而且平安幸福地活到 72 岁高寿，安详离世。

内战固然可怕，但从另一个角度说，却能给国家注入新鲜的血液。17 世纪的政治分歧消耗了英国国内多余的精力。在其他国家的人民还在为"三一学说"和堕落预定论争个你死我活之际，宗教迫害在大不列颠境内已几乎绝迹。间或可能会有一两个评论家对现存教会出言不逊，像丹尼

---

[1] 无敌舰队：也称最幸运的舰队或不可击败的舰队，是西班牙 16 世纪后期著名的海上舰队。——译者注

[2] 奥兰治的威廉亲王（William of Orange）：即后来的英格兰威廉三世。1689 年 1 月，英国议会宣布立詹姆士二世的女儿及女婿玛丽二世和威廉三世为国王，并通过"权利宣言"。4 月，威廉三世与玛丽二世共同加冕为英国国王。——译者注

尔·笛福 [1]，但这位《鲁滨逊漂流记》的作者之所以会被法庭盯上，倒不是因为他粗糙的神学知识，反而是因为他过人的幽默感。要知道盎格鲁－撒克逊人对讽刺之辞天生就反感至极。

假如说笛福用严肃的文字为宽容辩护，这还不至于为人诟病，可他偏偏把对教会专横的攻击写成一本半幽默半讽刺的小册子，还要起一个叫《消灭不同教派的捷径》这样的书名，这明显就是在"耍流氓"了，其无礼的程度甚至连新门监狱 [2] 里的小偷都自愧不如。说到底，笛福还是幸运的，毕竟他没有因此被驱逐出大不列颠群岛。专横暴政从发源地被赶出去后，不想却在大洋彼岸的殖民地受到了热烈的欢迎。这样的结果与其说是新移民的性格问题，还不如说新世界比旧世界具有更广阔的经济潜力。英格兰是一个人口稠密的小岛，就算是本土居民，也仅有些许立足之地。在这里，如果人人都不愿意遵守古老而可敬的"等价交换"原则，那么所有的商贸都会停滞。然而美国不一样，那是一个地广物博的国家，偌大的土地上，只寥寥生活着一小撮农民和工人，要他们做这样那样的妥协未免不切实际。正因如此，在马萨诸塞湾殖民地出现了自诩正统的专制教派，其偏执程度与加尔文刚开始在日内瓦建立神权政体时相比，简直有过之而无不及。

马萨诸塞州寒冷的查尔斯河 [3] 畔终于有人定居了，那是从英国远道而来的"清教徒前辈移民"。这个称呼的字面意思原是"朝圣先驱"，而"朝圣"，一般指"为表达宗教虔诚前往圣地的旅程"，所以，按这个意思来

---

[1] 丹尼尔·笛福 (Daniel Defoe)：1660 年—1731 年，英国作家。英国启蒙时期现实主义丰富小说的奠基人，被誉为欧洲的"小说之父""英国小说之父"和"英国报纸之父"。——译者注

[2] 新门监狱 (Newgate Prison)：英国监狱，位于伦敦市新门街和老贝利街的拐角处。——译者注

[3] 查尔斯河 (Charles River)：马萨诸塞州东部河流。——译者注

新的天国

说，五月花号[1]上的旅客并不是什么朝圣先驱，他们只是一群来自英国的瓦匠、裁缝、纤夫、铁匠和车匠，因为憎恨其他人所崇拜的天主教教义才会逃离英国。这群移民首先渡过北海来到荷兰，他们到达时，不巧撞上了全国经济大萧条期。我们的教科书说清教徒前辈移民们之所以不选择在荷兰落脚，是因为不想自己的后代学习荷兰语，然后被这个国家同化。这个推论不太可靠，因为这些粗鄙之人真的是不知感恩图报，一心只想去美国淘金。

没办法，谁叫他们之前一直在英国贫民窟里打滚，根本无法在这块人口密集的土地上维持生计呢？对他们而言，与其在荷兰的莱顿剪羊毛，还不如试试在美国种烟草，说不定还能收获一笔不少的财富。于是，他们结伴乘船朝美国弗吉尼亚出发，谁知受到海上逆风的影响，他们的船被刮到马萨诸塞海湾，为免再遇上海难，他们决定就地住下。

第一批新移民虽然有惊无险地上了岸，但危机依然步步紧逼。由于这批人大多来自英国的中心城市，他们并不具备开创生活的能力。他们的共产思想被异常寒冷的气候冻僵，他们对城市建设的热情被永不息止的狂风

---

[1] 五月花号（Mayflower）：英国盖伦船，1620 年 9 月 6 日，该船载有包括男、女及儿童在内的 102 名清教徒由英国普利茅斯出发，在北美建立了第一块殖民地。——译者注

吹散，他们的妻儿因为没有像样的食物饿死，而他们自己内心那点仅有的宽容之心，也在好不容易熬过头三个冬季后，因为第二批到达的几千号新移民的洗脑而被吞噬殆尽。那些后来者无一例外全是更为严厉且绝不妥协的清教徒。他们把马萨诸塞州变成查尔斯河畔的日内瓦，进行了长达数世纪的宗教专制统治。

清教徒们在弹丸之地上挣扎求存，不断地徘徊在生与死的边缘。他们比从前任何时候更想从圣经《旧约》中找到依据，支持他们的所思所想，所作所为。他们把人类社会的文明抛诸脑后，自诩为摩西与基甸[1]的后裔，并试图通过一套自创的宗教思想，让自己迅速变成犹如备受西部印度安人尊敬的马加比家族[2]成员那样的人。他们无法从艰苦乏味的生活中找到安慰，只好坚信如此受难是为了唯一真正的信仰，除此之外，一切皆为谬误，就算他人不过出于善意，含蓄地提醒说清教徒的思想和行为不一定都正确，也会被他们视为异见者，以残酷的刑罚伺候——无情鞭打，或割耳拔舌。除非这些异见者能幸运地逃到邻近的隶属瑞士和荷兰的殖民地，否则，落到清教徒的手上只有死路一条。

这块殖民地对发展宗教自由和宽容事业毫无兴趣，但它却歪打正着地作出了重大的贡献。这在人类进步的历史上并不罕见。残暴的宗教专制让人们向往更为自由的政策，于是，在宗教暴政持续了将近两个世纪后，社会上涌现出了新的一代。他们公开与教会统治作对，认为应该政教分家，对前人把政治和宗教混为一谈的做法不敢恭维。宗教自由的发展过程虽然缓慢，却带有些运气，因为在大不列颠和其美国殖民地爆发战争之前，社会都没有因此出现过危机。取得战争胜利的一方，让自由主义者和对旧加尔文主义阳奉阴违的人撰写美国宪法。他们在宪法里注入了高度现代化的原则，而事实证明，这些原则在维护国家安全稳定上有着巨大的价值。

---

[1]　基甸（Gideon）：以色列的著名英雄和士师。——译者注

[2]　马加比家族（Maccabees）：公元前 2 世纪—公元前 1 世纪巴勒斯坦地区耶路撒冷附近的犹太教世袭祭司长家族。曾为保卫和恢复犹太人的政治和宗教作出贡献。——译者注

新世界的冬天

　　新世界在宽容领域里还实现了一个意料之外的突破，而且这个由卡尔弗特一族主导的突破就发生在美国马里兰境内的天主教区。卡尔弗特父子祖籍佛兰德[1]，后来，父亲乔治·卡尔弗特迁居到英国，为斯图亚特王室效力。乔治·卡尔弗特起初是新教徒，但他在给英国国王詹姆斯一世做秘书和总管时，实在是烦透了同代人那些无聊的神学争吵，于是决定重新信仰天主教。在乔治看来，不管别人如何评价，天主教起码言行一致，不至于指鹿为马，更不会把宗教教义的最终解释权托付给一帮半文盲的牧师。

　　看来这位乔治·卡尔弗特是一位颇有手腕之人，他的改旗易帜非但没有让他失去国王的恩宠，反而还被封为"巴尔的摩男爵"，统辖巴尔的摩地区。在他计划为受迫害的天主教徒建立一小片安居之地时，也受到了多方关照。说起这个计划，起初，他想先在加拿大的纽芬兰[2]碰碰运气，没

　　[1]　佛兰德（Flanders）：比利时西部的一个地区。——译者注
　　[2]　纽芬兰（Newfoundland）：加拿大的十个省之一。——译者注

马里兰的基础

想到那些天主教移民前脚才到，后脚就被当地人赶出家门。于是，他向国王请求赐予他弗吉尼亚 800 多公顷的土地。然而，因为在弗吉尼亚定居的大多是顽固的圣公会教徒，他们不欢迎这些宗教危险分子，国王只好回绝了乔治的请求。这位不死心的巴尔的摩男爵又向国王申请，想要得到弗吉尼亚与荷兰及瑞典殖民地之间的一小块荒野作为领地。可惜，他没等到批准就过世了。他的儿子西里厄斯·卡尔弗特继承了他的遗志，1633 年到 1634 年的冬天，方舟号和鸽子号，两艘满载旅客的船在乔治的兄弟伦纳德的命令下起航，横穿大西洋，并在 1634 年 3 月顺利抵达切萨皮克湾[1]。卡尔弗特一族为致敬法王亨利四世的女儿玛利亚，把新的领地命名为马里兰。玛利亚的父亲法王亨利四世原本打算建立一个欧洲国家联盟，却在行

---

[1] 切萨皮克湾（Chesapeake Bay）：位于美国东海岸中部，是大西洋由南向北伸入美洲大陆的海湾，也是美国面积最大的海湾。——译者注

动之前遭遇宗教狂人的刺杀，而她的丈夫，英国国王查理一世，也因宗教问题被清教徒处死。

在这片特殊的殖民地，印第安人不会受到歧视，长期饱受迫害的天主教徒和新教徒也都能获得平等的对待。当然，这并不是一蹴而就的。起初，殖民地里有很多圣公会的教徒，他们是因为惧怕马萨诸塞州清教徒的暴政才跑到这里来的；随后，有些清教徒也逃到这片领地，为的却是躲避弗吉尼亚圣公会的专制。这两伙人虽然都是亡命之徒，却不改其自视甚高的恶习，一心想用自己的"正确信仰"统治这个临时的安身之地。幸好，由于有法律明令禁止"一切会引起宗教狂热的争执"，前一代的移民有权要求圣公会教徒和清教徒都闭嘴，安静过日子。时间一长，大家慢慢习惯后，倒也都相安无事。这时，保皇党和圆颅党[1]在英国本土爆发了战争，马里兰州的移民们开始担心，不管哪一方获胜，他们过去的自由怕是会一去不复返了。1649 年 4 月，查理一世被处决的消息刚传来，西里厄斯·卡尔弗特便马上提议并通过了著名的《宽容法案》[2]，其中有一段是这样写的：

由于宗教对思想的高压统治在所及的范围内常常产生有害的结果，为了本省份政权的安定，为了保护居民相互之间的友爱和团结，特此决定，任何人不得以宗教或宗教信仰为由，对本省所有信仰耶稣基督的人进行干预、骚扰和迫害。

能在一个被耶稣会会士掌控的国家里通过这样的法案，卡尔弗特一族

---

[1] 圆颅党（Roundheads）：17 世纪中期英国国会中的一知名党派。该党发迹于 1642 年—1651 年的英国内战时期。圆头颅党最大的特色是，身为清教徒的议会成员，皆将头发理短，在样貌上与当时权贵极为不同。因为没有卷发，头颅相较之下显得十分的圆，因而以此命名。——译者注

[2] 《宽容法案》（Act of Tolerance）：马里兰殖民地的一项法案。允许所有基督教徒享有有限的宗教信仰自由。凡有违反者和辱骂他人为异教徒、偶像崇拜者、清教徒或耶稣会教徒者将按规定处以重罚。——译者注

的政治能力和非凡勇气可见一斑。然而，这样的宽宏大度却没有得到新移民的支持。法案刚通过不久，一群逃亡至马里兰的清教徒推翻了原来的政府，废除了《宽容法案》，并以自创的《关于宗教的法案》（Act Concerning Religion）取而代之。根据新的法案，所有自称是基督徒的人都可以拥有宗教信仰自由，但天主教徒和圣公会教成员除外。

幸运的是，这段反动的时间为期不长。1660 年，斯图亚特王室重掌政权，巴尔的摩男爵一派也再次夺回了对马里兰州的控制。遗憾的是，圣公会在英国本土的反击胜利又引发了新一轮的宗教问题。它要求治下所有教区都必须把圣公会奉为国教，包括殖民地。卡尔弗特一族虽不甘心，却也明白大势已去，整整一代人的努力，就这样付诸东流。

新教徒赢了，专制与偏执也在暗处洋洋得意。

第二十三章　太阳王

在现代人的眼里，18 世纪既是启蒙时代，也是中央集权发展的鼎盛时期。但与如今信仰的民主制度相比，无论专制如何开明，终究不是理想的施政模式。历史学家自是不会干涉普通百姓的观点，但每每谈起路易十四，就算最喜欢为历史人物说好话的历史学家，也难免指指点点，口出责难之言。这个才华横溢的国王没登基之前，法国天主教和新教已然势均力敌，分庭抗礼。双方经过将近一个世纪的厮杀后，在天主教占尽优势的情况下，最终达成和平协议。他们许诺会承认并尊重彼此的存在，即使互相在宗教信仰上仍有分歧。法王亨利四世于 1598 年颁布了"永久的、不可撤销的"《南特敕令》[1]，其中包含了天主教和新教之间签订的各项协议，并声明立天主教为国教，但同时，新教徒也可以拥有充分的宗教自由，不会因其信仰而遭至迫害。另外，新教徒还获准建造自己的教堂，甚至可以

---

[1] 《南特敕令》（Edict of Nantes）：法国国王亨利四世在1598年4月13日签署颁布的一条敕令。这条敕令承认了法国国内胡格诺教徒的信仰自由，并在法律上享有和公民同等的权利。而这条敕令也是天主教在欧洲取得支配地位以后，欧洲第一份有关宗教宽容、部分承认宗教自由的敕令。——译者注

在法国境内约 200 个要塞城市里担任要职。

当然，世上本就没有天上掉下馅饼似的好事。胡格诺派绝非易与之辈，当局怎么可能真把 200 多座繁荣的城市双手奉送给仇视政府的政敌？放在美国，这就像把芝加哥、旧金山和费城交给民主党人，以换取他们接受共和党人的统治一样荒谬。黎塞留是个聪明人，丰富的治国经验让他很快便看清了这一点。虽然他时任天主教枢机主教，经过长期奋战后，好不容易剥夺了新教徒的政治权利，但他依然尽量避免干涉百姓的信仰自由，只一点：胡格诺派再也不可以像之前一样，与国家的敌人进行单独的外交谈判了。除此之外，他们能享受的权利还是一样，无论是想唱赞歌，还是想听布道，都悉听尊便。

黎塞留之后，同样以类似政策治理法国的是天主教枢机主教马萨林 [1]。在他 1661 年去世后，年轻的路易十四开始当政，这标志着宽容时代的终结。

这位优秀却富有争议的国王为人潇洒不羁，一生中唯有一次不得不与正派人士为伍，却不幸落入了一个宗教狂徒的手中。她叫弗朗索瓦丝·奥比涅 [2]，是御用文人斯龙卡 [3] 的遗孀。她的传奇故事要从她决定担任路易十四和蒙特斯潘侯爵夫人 [4] 七个私生子的家庭教师开始说起。随着蒙特斯潘侯爵夫人年华老去，国王也愈发对她疏远之时，这位女教师便不着痕迹地取而代之。弗朗索瓦丝与国王以往的情妇的唯一不同之处是，在她点头愿意分享国王的大床之前，巴黎大主教就已经为他们的婚礼举行了隆重的宗教仪式。

---

[1] 马萨林（Jules Cardinal Mazarin）：又译马扎然，法国外交家、政治家，法国国王路易十四时期的首相及枢机主教。——译者注

[2] 弗朗索瓦丝·奥比涅（Francoise d'Aubigne）：法国国王路易十四的第二个妻子。1652年和作家保罗·斯卡龙结婚。1660 年夫死后孀居曼特农城堡。1675 年，路易十四赐她为曼特农侯爵夫人。1683 年法国王后死后，路易十四娶她为妻。——译者注

[3] 斯卡龙（Paul Scarron）：1610 年—1660 年，法国诗人、小说家、剧作家。——译者注

[4] 蒙特斯潘侯爵夫人（Marquise de Montespan）：法王路易十四的情妇。——译者注

在接下来的二十年里，除国王之外，就数这位女士——路易十四的第二任妻子——最有权有势，偏偏她又总爱听凭她的忏悔神父的摆布。法国天主教会的神职人员，从来就没有认同过黎塞留和马萨林对待新教徒的招安态度，如今，他们终于有机会搅黄那些精明政治家的苦心孤诣了，于是便开始虎视眈眈，摩拳擦掌，毕竟，他们不仅仅是王后的官方顾问，也是国王的财政大臣。

说到这一点，不得不提起教会与国家之间一些奇怪的财政渊源。在过去的 8 个世纪里，修道院没向国家交一分钱税，却挖走了法国的大部分财富。在国库空虚之时，他们雄厚的财力显得更有吸引力。路易十四是一位好面子、爱排场的国王，他将这种现状看成是能让国库重新充盈的好机会，于是便开始有意识地多给教士们一些好处。作为回报，他可以随意向教会借钱，且多少不限。

国王的废纸篓

这样一来，"不可撤销"的《南特敕令》开始被逐条废弃。最初，新教信仰并没有真的遭到禁止，只是胡格诺派教徒的生活开始变得不再安宁。在某些据说"错误信仰"坚持者较多的城市里，甚至会有天主教会彪悍的骑兵团大肆横行。这些无耻的士兵闯进无辜市民的家里，像敌国的入侵者一样净做些烧杀抢掠、淫人妻女的丧尽天良之事。若主人家实在气不过，跑到法庭寻求庇护，还会被无情嘲弄，说这些麻烦都是非天主教徒们自找的，如果真想天下太平，就应该服从政府的命令。

尽管如此，也只有一小部分人无奈屈从现实，到最近的教区牧师那里接受洗礼，改信天主教。大部分纯朴之人还是坚持从祖辈传承下来的教义。不过，当他们的教堂一座接着一座被摧毁，他们的神职人员一个跟着一个被送上绞架时，这些胡格诺派教徒才真的感到大难临头。他们不愿投降，想一走了之，好不容易跑到边境时却发现，天主教会早已布下追捕的重兵，被捕的和协助逃亡的全都难逃一死。幸好，天无绝人之路，虽然从埃及的法老时代开始，每个政府都曾定下"闭关锁国"的政策，但实际上，却几乎没有成功过。那些决意潜逃的人只要无惧千难万险，总能找到出路。正因如此，数以万计的法国新教徒通过形形色色的"秘道"逃至伦敦、阿姆斯特丹、柏林和巴塞尔。尽管仓皇出逃使他们的财产蒙受了巨大的损失，但他们大部分都是以忠诚实干闻名的商人和艺术家。凭借良好的信誉和充沛的精力，没过几年，便又过上了富足安稳的日子。法国政府，因其对天主教会的纵容，平白失去了这一批本可以为国家创造无限繁荣的人才。

毫不夸张地说，取缔《南特敕令》直接导致了法国大革命的爆发。法国一直是一个发展蓬勃的国家，只是国内的商业和宗教始终无法站在同一条战线上。自政权只能匍匐在石榴裙和教士袍下的那天开始，法国的命运便已然注定。写下驱逐胡格诺教徒规定的那支笔，后来也签署了国王路易十六的死刑执行令。

第二十四章　腓特烈大帝

霍亨索伦家族 [1] 的平民化统治虽然不曾使之深受爱戴，但他们毕竟都是思维严谨、头脑清醒之人，在被巴伐利亚王室维特尔斯巴赫家族 [2] 疯狂污染之前，也曾为宽容事业作出不少贡献。之所以会产生这样的结果，很大程度上是客观环境过于严峻的原因。霍亨索伦王室继承了欧洲最穷的地方，那是一片只有寥寥几户人家的荒漠和森林。三十年的战争使这片土地上的居民一无所有，为了重建家园，他们把种族、信仰和身份的问题放到一边，开始寻找各种人力物力及一切可用的资源。

腓特烈大帝的父亲腓特烈·威廉一世举止粗鲁，活像一个喜欢与酒吧女侍应调笑的煤矿工。不过在会见外国避难者代表时，他倒还显得彬彬有礼。在国家人口问题上，他的格言是"越多越好"。从前，为了编建一个特殊的掷弹兵团，他不惜到欧洲各国绑架身材高大的巨人；现在，为了发

---

[1]　霍亨索伦家族（Hohenzollern）：欧洲的三大王朝之一，为勃兰登堡－普鲁士（1415 年—1918 年）及德意志帝国（1871 年—1918 年）的主要统治家族。——译者注

[2]　维特尔斯巴赫家族（Wittelsbachs）：1180 年—1918 年间统治巴伐利亚的德国家族。德国历史上重要的王朝之一。——译者注

展国家经济，他也同样积极地吸纳新移民。

腓特烈大帝不像他的父亲，他文质彬彬，修德立行。虽然他的父亲不允许他学习拉丁语和法语，但他还是对这两种语言兴趣不减，甚至颇有研究。他喜欢蒙田的散文，讨厌路德的诗歌；喜欢爱比克泰德的睿智，不屑于小先知书[1]里似是而非的道理。腓特烈大帝的父亲信仰《圣经·旧约》，对孩子十分严厉。为了迫使孩子服从，甚至当着年轻腓特烈大帝的面让人手刃了他最好的朋友。然而无论父亲怎么做，腓特烈大帝始终没有接受当时备受路德宗和加尔文宗盛赞的"正直"的犹太教义。他认为，所有宗教都是史前人类恐惧和无知的延续，这种情绪被一小撮聪明却寡廉鲜耻的家伙小心控制着。这些人知道该如何充分利用自己的优势和地位，把自己的快乐建筑在别人的痛苦上。腓特烈大帝不仅对基督教感兴趣，他对耶稣基督本人也十分有兴趣，但在面对这个命题时，他更愿意借用约翰·洛克和苏西尼的观点，所以在宗教事务上，他至少是一个思想开明的人，甚至毫不夸张地说，在他的国家里，"每个人能按自己的方式找到属于自己的救赎"。

腓特烈大帝的这个愿望成为了他进一步开展宽容事业的基础。他认为，只要教义的追随者都是正直守法的公民，那么这个宗教就一定是好的。好的宗教就能享受一切平等的权利。政府不应干涉宗教事务，只需充当执法者和不同教派间调停者的角色即可。作为国王，腓特烈大帝只要求自己的臣民忠于国家，服从政府。至于评判个人的一生功过之事，那是"全知全能的上帝"的权力，他无可置喙，以免普通人以为上帝需要人的帮助，非得用残酷与暴力推行其神圣目的不可。

从他的这些想法我们不难看出，腓特烈大帝在宽容方面有着比同代人更高的思想境界。当得知他决定在首都中心给国内天主教徒拨出一块土

---

[1] 小先知书（Minor Prophets）：又称十二先知书，是基督教对《圣经·旧约》中篇幅较短的先知书的称呼，与大先知书相对。——译者注

地，让他们修建自己的教堂时，其他国家的皇帝皆不以为然；当发现他吸纳了被其他地区天主教徒驱逐出境的耶稣会教士，并为他们挺身而出之时，各大教会间开始传出些恶毒的谰言；当听到他宣布道德伦理和宗教信仰是两个风马牛不相及的概念，每个人只要肯交税和服兵役就能拥有信仰自由之时，几乎所有人都认定他愧为一个基督教徒。然而，批评家们因为身处普鲁士境内，不敢公然挑战国王的权威。加上腓特烈大帝能言善辩，只要在皇家法令的页缘加几句注释，就能使不得他欢心的人陷入进退维谷的尴尬境地。

总体而言，腓特烈大帝还算一个开明的封建君主，在执政三十年间，他第一次给欧洲带来了近乎完美的宗教信仰自由。在这个欧洲大陆的角落里，新教徒、天主教徒、犹太人、伊斯兰教徒和不可知论者第一次享有平等的权利与待遇。喜欢穿红衣服的人不能对着喜欢穿绿衣服的人称王称霸，反之亦然。如此，那些一心想去尼西亚[1]找寻精神慰藉的人，与那些喜欢恶魔崇拜的人，以及那些忠于罗马教皇的人，都必须和平友好地相处。

若问腓特烈大帝是否对自己努力的成果感到满意？对此，我深表怀疑。在他弥留之际，他让人把向来忠诚的狗儿叫来身边。英明的国王陛下用最直接的行动证明，越是重要的时刻，狗儿越是比所谓的人类更适合陪伴在身边。

腓特烈大帝就像是另一个马可·奥勒留[2]，才能非凡，却误入了一个错误的世纪。他殚精竭虑，追随先辈的步伐，最后给继承者们留下了一笔丰厚的遗产。

---

[1] 尼西亚（Nicaea）：即伊兹尼克，土耳其布尔萨省的一座城市。——译者注

[2] 马可·奥勒留（Marcus Aurelius）：121年—180年，思想家、哲学家。161年—180年担任罗马帝国皇帝。代表作品有《沉思录》。——译者注

第二十五章　伏尔泰

如今我们总会听到大量关于出版社中一些不法分子的传闻，也有不少人谴责传媒是现代魔鬼的化身，是一种用来引起大众对某人或某事注意的不体面的方式。这样的抱怨由来已久，而当我们不带偏见地反观过去时便会发现，其实传媒，或者说宣传，绝非近代的产物。《圣经·旧约》里提到的先知，不管伟大与否，都是利用传媒操控人心的能手。而从我们现代新闻界的角度看来，在希腊和罗马悠久的历史中也存在着不少"做秀节目"。这些"秀"有名副其实能唤起大众共鸣的，但更多却是俗套的照本宣科，那些浮夸的陈词艳曲连百老汇都不屑一顾。

改革者如马丁·路德和加尔文之流十分懂得精心安排的宣传能带来的极大价值。我们不应责怪他们，毕竟他们不是雏菊，只要谦卑愉快地生长在路边就行；他们认真努力，一心想让自己的宗教信仰发扬光大。但要想取得胜利，缺乏追随者的支持又怎么能成事？举个例子：托马斯·阿·坎

贝 [1] 曾在修道院的角落里安静地生活了整整八十年，这种长年的苦修即使只是平铺直叙，也能成为非常有影响力的事迹，甚至能被打造成一个绝妙的卖点，让人们愿意去阅读那本记录了他一生祈祷和冥想心得的书籍。然而，若圣方济各或罗耀拉想在有生之年看到自己努力的实际成果，就不得不借助像马戏团或电影明星那样的宣传手法，推波助澜。

基督教强调谦逊，从不吝啬赞美那些思想谦卑的人。但有关这些美德的布道之所以直到现在还会被人提起，却是因为使用了当时特定的宣传手段。这些手段在某些情况下非常有效，所以，难怪那些被遣责为教会死敌的男男女女，在针对禁锢了整个西欧大陆的思想专制展开对抗之时，也会照搬教会的方法，有样学样。

我之所以会说起这些，是因为伟大的思想家伏尔泰正是自由宣传领域中的佼佼者。虽然他总是被抨击不顾公众的良知，以不甚高明的手段达到自己的目的，但那些因为他而得救的人肯定不会如此认为。再说了，食物没进过嘴巴就不知酸甜，要评说伏尔泰的一生功过，主要得看他对同辈人作出了什么样的贡献，而非只盯着他的个人穿着喜好、开玩笑时的言词和家里的装潢，然后就开始指手画脚。

这个思想奇特的人——伏尔泰，有一天忽然觉得自己很了不起，他说："没有权杖又有什么关系？我还有一支笔呢。"事实上，他可不是只有一支笔，他有很多很多支笔，简直可以说是天鹅的死敌。他用过的鹅毛笔的数量几乎是一个普通作家的 20 倍。伏尔泰跟过去的文学巨人一样，即使是在最可怕的逆境之下，也能凭一己之力创作出卷帙浩繁的文章。他曾在肮脏的乡下客栈里伏案疾书，也曾窝进遗世独立的乡村小屋，在那冰冷的客房里写下无数六韵步诗句。他在格林威治寄宿时，身边的手稿能铺满整栋公寓的地板；被投入巴士底监狱关押时，为了写作，甚至连印有巴士

---

[1] 托马斯·阿·坎贝 (Thomas à Kempis)：1380年—1471年，他是一位德意志修道士和作家。主要作品为《效法基督》。——译者注

底典狱长名字的私人信纸都用上了。遥远的普鲁士国王欣赏他的才华，特意邀请他到柏林，许他宫廷文学侍从的职位待遇。在伏尔泰还沉迷于滚铁环、丢弹珠等游戏的孩提时期，妮娜·狄朗克洛丝 [1] 就曾给过他一笔数目可观的零用钱，让他去"买些书看"。八十年后，同样在巴黎的一个小镇里，我们又听到他说要买一大叠稿纸和散装咖啡，以便在无法逃脱的死亡长眠来到之前，再完成一部著作。

坦白说，他所撰写的悲剧、小说、诗歌、哲学及物理学论文都不值得用本书整整一个章节来介绍，毕竟他写的诗并没有比同时代的诗人更好。作为历史学家，他挖掘的史料乏味且不可靠，而他在科学领域所谓的探险成果，也不比我们在星期日娱乐报纸上看到的高明多少。但他勇敢、不屈、无所畏惧地跟愚蠢、偏见、固执和残忍作斗争，其影响力一直持续到1914 年世界大战爆发前。

伏尔泰出生在一个极端时代：一方面，是现存腐败且过时的宗教、社会及经济体系，另一方面，大批年青男女梦想着创建太平盛世。他们虽是一片好意，却没有任何实质基础，也做不出任何有帮助的事情。伏尔泰是一个普通公证员的儿子，他自小体弱，命运却偏偏把他丢入危险汹涌的人潮中，叫他自生自灭。伏尔泰好不容易闯出了属于自己的一片生天，可他用以对抗逆境的方法却总会被某些人诟病。他们喜欢把伏尔泰在成为文学大家前，向人乞求、献媚和扮丑的事情拿出来消遣。但无论如何，我们都得承认，伏尔泰的作品从不粗制滥造，皆是精益求精，他用自己的文字向教会专制宣战，并带领人民扔出第一块石头。

在伏尔泰漫长而繁忙的一生中，他与无知的对抗从未停息，那些一不小心就会砸到脑门上的砖头也不会使他却步。经历过无数挫折的他既能坦然面对来自公众的暴力，也无惧小混混们丢过来的香蕉皮。作为一个不屈不挠的乐天派，伏尔泰的一生充满了柳暗花明又一村的奇遇：今天的他不

---

[1] 妮娜·狄朗克洛丝（Ninon de Lenclos）：18 世纪法国著名交际花。——译者注

得不被关在国王陛下的监狱里荒废时日，明天的他也许就会在驱逐他的宫廷里谋得一份有头有脸的要职；今天的他不得不任由愤怒的教区牧师指责他为基督教的敌人，明天的他也许就会告诉你，在那个塞满了情书的抽屉里，静静地躺着一枚漂亮的勋章，那是教皇的赐予，以证明他既受得住教廷的非难，也有资格博得教会的赞赏。

这样的事例在别人身上难得一见，在伏尔泰的一生中却不足为奇。他尽情地领略着人间的欢乐，日复一日、年复一年地享受着这光怪陆离又丰富多彩的生活。

伏尔泰出身于家境良好的中产阶级，关于他父亲的职业，因为实在没能找到更确切的定义，我们姑且将他与私人信托公司职员归为一类吧。伏尔泰的父亲阿鲁埃年轻时是许多富豪及贵族的心腹，为他们处理法律问题，打理财政收益。长年与上流阶层打交道的经历为阿鲁埃之后的生活积累了不少优势。伏尔泰的母亲是一位名叫玛莉·玛格丽特·德马的贵族小姐。德马家空有贵族头衔却一名不文，以至于德马家小姐与阿鲁埃结婚时，甚至没能给丈夫带去一分钱的嫁妆。万幸的是她的姓氏中带了一个小小的"德"字，这足以让所有法国中产阶级、普通欧洲市民以及众多的美国人肃然起敬，也让她的丈夫与有荣焉。身为人子的伏尔泰也沉浸在祖辈的贵族荣光里。刚开始从事写作时，他就把自己那个听起来相当平民化的名字弗朗索瓦－马利·阿鲁埃改成更具贵族气息的弗朗索瓦－马利·德·伏尔泰。但他是在什么时候、用了什么方法更改了自己姓氏，却还是个不解之谜。伏尔泰有一个哥哥和一个姐姐。姐姐在母亲去世后一直照顾伏尔泰，让他打心底感激。哥哥是一个虔诚的詹森主义[1]者，虽然非常的热情正直，却总是与伏尔泰话不投机，而这也是伏尔泰尽量不与家人同住的原因之一。

---

[1] 詹森主义（Jansenism）：由康内留斯·奥图·杨森（Cornelius Otto Jansen，1585 年——1638 年）创立，其理论强调原罪、人类的全然败坏、恩典的必要和宿命论。——译者注

　　父亲阿鲁埃毕竟是见过世面的人，他很快就发现自己的小儿子天资聪颖，于是他把他送到耶稣会，希望他能成为一个精通拉丁语六韵步诗，并且像斯巴达勇士般自律的人。教区神父们尽他们最大的努力给这位体弱的学生以良好教育，让他有机会习得拉丁语从过去到现在所有的语法基础知识。只是他们总觉得这孩子与众不同，身上似乎有些不可能被他人左右的"古怪"才能。十七岁那年，伏尔泰顺利地离开了耶稣会，为了讨父亲的欢心，年轻的他决定学习法律。但人总不能整天都在死读书啊，尤其是在百无聊赖的漫漫长夜，于是，伏尔泰开始不时地给地方报纸写些滑稽风趣的小故事，要不就到附近的咖啡屋给他亲密的朋友们朗读自己的文学新作。伏尔泰这样的生活方式在两个世纪前的当时不啻于放荡与堕落，他的父亲深知自己的孩子正以身涉险，于是立马拜托一位颇有影响力的朋友，为伏尔泰在驻荷兰海牙的法国使馆中谋得秘书一职。之所以会舍首都阿姆斯特丹而就海牙，无非就是担心阿姆斯特丹的保守与单调会愈发地使伏尔泰感到无聊。只可惜，事与愿违。游手好闲的伏尔泰刚到海牙不久便开始和一个长得不太好看的女孩谈起了恋爱。女孩的母亲是一名严肃得令人生畏的记者，她对自己女儿的期望很高，盼着她能嫁给一个前途无量的政客。于是，在一得知他们的恋情后，她连忙找到法国大使，不断地祈求他尽快把伏尔泰赶回法国，以免这对小情人之间的丑事闹得全城皆知。法国大使被她烦得七窍生烟，无奈之下，只好匆匆把自己的秘书撵上返回巴黎的驿车。丢掉了工作的伏尔泰回到祖国，再一次过起了被父亲支配的生活。

　　阿鲁埃虽然对儿子感到失望，但还是动用了自己在法律界的关系，托人要来了一封"带有国王签字"的信。他把信放到伏尔泰面前让他选：要不在类似监狱的家里继续无所事事，要不申请到法律学校用功念书。伏尔泰谦卑地选择了后者，并向父亲保证会努力成为勤奋好学的典范。他确实信守诺言，不再游手好闲，只不过他选择全身心地投入了文学创作的事业中，其热忱让整个镇子的人都议论纷纷。阿鲁埃对此甚为恼怒，于是他决

伏尔泰在法国上学

定行使父亲的权力，剥夺了儿子在塞纳河畔的舒适生活，逼他到乡下朋友家寄宿一年。在那里，伏尔泰利用所有能利用的闲暇时间，认真学习文学，并开始创作他的第一个剧本。

在乡间清新的空气和健康规律的生活方式足足陪伴了伏尔泰 12 个月后，他才终于被准许回归到首都的灯红酒绿中。他才刚到达，就迫不及待地伏案疾书，仿佛要追回之前落后的进度般，一口气写下了一系列讽刺当时摄政王奥尔良公爵的文章。其实对于那位老政客，伏尔泰的抨击并没有过分的夸张失实，只是当事人做贼心虚，自然就容不得别人说半句真话。因为这些文章，伏尔泰遭遇了第二次流放，甚至还被抓到巴士底监狱关押。幸好当时的监狱对像伏尔泰这样在社会上少有名望的年轻绅士总有些特殊照顾，例如：虽说囚犯不允许擅自离开房间，却可以随心所欲地做自己的事情。这样的安排听起来还挺贴合伏尔泰的所需。而事实证明，巴黎中心的孤独的牢房给了他专心工作的机会。被释放时，伏尔泰已完成了好几个剧本。这些剧本一被搬上舞台即反响热烈，其中一个更是连续上演 45 个晚上，打破了 18 世纪所有舞台剧的上演纪录。

藉此，伏尔泰终于赢来了渴望已久的名利双收，然而，这对于一个还得继续为前途奋斗的年轻人来说却不见得是好事。这一下子，人们把所有能在短时间内传遍街头巷尾的玩笑话都当成是伏尔泰的杰作，而这不巧也成为了他日后被迫到英国学习自由国家管理研究生课程的原因之一。1725年某一天，伏尔泰针对历史悠久却大而无用的鲁昂家族说了几句俏皮话，结果招致一个名叫鲁昂·夏博的贵族骑士的不满。他决定要报复伏尔泰。当然，作为古代统治者的后裔，鲁昂骑士根本不屑于和一个金融信托职员的儿子决斗，于是他把复仇之事交给了侍从们处理。一天晚上，伏尔泰正在与父亲的一个老主顾德·苏利公爵一同就餐，突然，侍女传讯说外面有人要找他。伏尔泰毫无防备地来到房子门口，然后就被鲁昂骑士的侍从们狠狠地揍了一顿。第二天，这件事在镇子上被传得沸沸扬扬。伏尔泰即使在打扮最体面的时候也活像只漫画里的丑猴子，更何况现在，鼻青脸肿的，头上还缠满了绷带。他的狼狈成了人们茶余饭后的谈资。为了挽救自己的岌岌可危的名声，伏尔泰坚信只能用最男子汉也是最法国的方式解决问题。于是，他让见证人通知鲁昂骑士，然后自己这厢开始紧张地练习击剑，准备与对手决一生死。遗憾的是，伏尔泰没能等到大战揭幕的那个早

伏尔泰去英国上学

晨便被关进了监狱。没错，鲁昂这个厚颜无耻的纨绔子弟竟违反传统，让警察插手决斗。我们伟大的勇士就这样被拘禁了起来，后来更是被塞给一张去英国的车票。警察说，从即日起，伏尔泰只能朝西北出发离开法国，除非有国王陛下的允许，否则至死不能返回。在接下来的四年里，伏尔泰流落在伦敦及周边城市。对他来说，大不列颠虽不能说是真正的天国，但和法国相比，却是难得的人间仙境。

1649 年 1 月 30 日，那是所有身居要职之人永世不敢或忘的日子。王室被处死的消息让这块土地蒙上了一道阴影——那些发生在英国国王查理一世身上的事，同样也会发生在任何一个胆敢把私利置于法律之上的人身上。在那之后，英国国教虽然倍受优待，但抱有其他信仰之人也有权安静合法地做自己的礼拜。虽然公开声称信仰异教和公然蔑视国教权威还是有可能会入狱，但除此之外，英国的神职人员几乎不再有机会干涉政府事务了，可见在宗教自由方面，英国的普通百姓真是大大地赶超了路易十五的臣民。

1729 年，伏尔泰回到法国。尽管他已获准回到巴黎居住，却无法像从前那样心安理得。他就像一只被吓坏了的小动物，一方面很感激朋友们的援手，另一方面，却因为无法全然信任而变得战战兢兢。只要嗅到些许危险气息，他便会设法逃之夭夭。伏尔泰对文学十分用心，他采用不同题材创作出大量作品，有知识渊博、扣人心弦的历史剧，也有通俗易懂、感人肺腑的悲喜剧。这些作品里的故事不受时间地点的限制，从利马[1]讲到莫斯科，从秘鲁横越到俄国。在伏尔泰 40 岁时，他俨然已是 18 世纪独当一面的文学大家。

在伏尔泰的生命中，曾有一段让他接触到不同国家文明的经历。

在遥远的普鲁士，国王腓特烈大帝看着自己国家那群自以为是的家伙们摇头叹息，十分渴望能找到几个有趣的学者做伴。他很仰慕伏尔泰，多

---

[1] 利马（Lima）：秘鲁共和国首都。——译者注

年来一直想把他请到柏林来。但是在 1750 年，移居柏林就像被放逐到荒无人烟的弗吉尼亚，要不是腓特烈大帝一再提高赏金，伏尔泰怕是不会接受邀请。可叹的是，普鲁士国王与这个法国剧作家一样，都是不可救药的个人主义者，伏尔泰才到柏林，他们之间的矛盾也就开始了。不可能和平相处在同一屋檐下的两个人经过两年的龙争虎斗，最终以无谓的争吵和伏尔泰的离开落幕。在柏林逗留的这段时间里，伏尔泰明白了一个事实。也许正如他所说，腓特烈大帝写的法语诗歌非常蹩脚，但国王陛下对宗教信仰采取的宽容态度却无可指责，而这也正是他比欧洲任何一位君主更值得被称赞的地方。

在将近 60 岁那年，伏尔泰回到了故土。法国法庭习惯用严厉裁决来维护社会秩序，且不容任何人质疑，偏偏伏尔泰对此却从不畏惧。终其一生，他都在为人类的暴殄天物而恼火——明明上帝在创世纪第六天已赋予了他最伟大的作品以神圣的智慧之光，为何人类却不愿意利用起来发扬光大？他痛恨各种形式各种样子的愚蠢与无知，他把大部分的怒气直接指向那些"邪恶的敌人"，并时刻威胁着要摧毁他们。这些"邪恶的敌人"不是别人，正是那些只要够吃够喝有地方住就觉得万事大吉、拒绝思考的平头百姓。

从孩提时代开始，伏尔泰就觉得自己像是被一架巨大的机器驱赶着。这个机器毫无生气，却结合了战神维齐洛波奇特利的残忍和破坏神不依不饶的固执，摧毁或至少说推翻这个机器成了他长大后的梦想。而在背后支持着这鬼机器运作的法国政府总是会不小心制造出一大堆法律丑闻，阴差阳错地帮了伏尔泰的大忙。

其中一件丑闻发生在 1761 年。

法国图卢兹南部小镇住着一位名叫让·卡拉斯的商人，他是一个新教徒。当时的图卢兹是天主教徒的主城，在那里，新教徒不可以担任公职，也不可以从事医生、律师、书商、助产士等职业。另外，天主教家里也不允许聘用新教徒为佣人。每年的 8 月 23 日和 24 日，全体居民——不管信仰为何，都要以隆重的仪式和感恩来纪念屠杀了数以万计新教徒的圣巴托罗缪之夜。尽管生存的环境不太理想，但卡拉斯一家还是与左邻右舍和睦相处。卡拉斯家的小儿子甚至改信了天主教。作为父亲，卡拉斯尊重孩子的选择，不仅对他依旧疼爱，还逢人就说，孩子有自己选择宗教信仰的权利。

有一天，卡拉斯家发生了一件不可外扬的丑事，事关他的大儿子马克·安东尼。安东尼是个很不幸的孩子，他本梦想着成为一名律师，但在图卢兹，新教徒没有资格踏入那个圈子。安东尼是一个虔诚的加尔文主义者，他不愿为了屈从现实，随意改变自己的信仰。两难的困境和思想斗争使他患上了忧郁症，而病魔也逐渐摧残了这位年轻人的神智。他开始自喻为哈姆雷特，开始长时间的踽踽独行，开始向朋友们宣扬自杀的好处。卡拉斯一家对安东尼的境况十分担心，却也无济于事。终于某天夜里，趁着家人正在招待来宾，这个可怜的孩子竟跑到了父亲的储藏室，拿了一根麻绳，在门框上悬梁自尽。几个小时后，当他的父亲发现他时，他已经完全没了气息。他自杀前穿着的外衣和衬衫被整齐地叠好，放在柜子上。

那一刻，卡拉斯一家陷入了绝望。要知道在 18 世纪，自杀者的尸体会被扒光衣服，然后脸朝下地拖着游街，最后被绑在城门外的绞刑架上，任鸟禽啄食。卡拉斯一家到底有头有脸，如何舍得让儿子面临这样的奇耻大辱？他们围起来商量解决方法和准备工作，不想却被邻居听出了端倪，还通报了警察局。丑闻传开后，街上不一会儿便挤满了愤怒的市民，他们大声喊话，要求处死父亲卡拉斯，原因是"他为了不让儿子成为天主教徒而谋杀了他"。

现代的小城市可能是无奇不有，但在 18 世纪法国的乡下，无聊就像一口黑色的棺材，吞噬着人们生活的热情，因此，只要能让人们稍稍喘口气，再无知离奇的故事也有人愿意相信。

负责调查此事的官员们明白事情的严重性，于是立即行动起来，先是逮捕了卡拉斯一家，扣留了当时的来宾、佣人以及最近去过或接近过卡拉斯家的访客。他们把嫌疑人送到镇公所，给他们戴上镣铐，然后带到专门关押重犯的地牢里。第二天，官员们开始审讯。所有人的说辞都一样，包括安东尼进家门时明明还神色自然，以及虽然看到他独自离开了房间，但当场几乎每一个人都以为他只是像往常那样去独自散步而已，等等。从客观看来，这只是一起很普通的自杀案，但图卢兹城的天主教徒偏偏在此时出来添乱。他们声称这个胡格诺派教徒因为自己的儿子要重新回归正统的信仰，于是一气之下把他杀了。很快，这样的谣言被添油加醋地传遍了整个朗格多克[1]。

熟悉现代刑侦手法的人可能觉得，当时的办案官员一定会对事发现场仔细搜查。毕竟人人都知道，正值 28 岁的马克·安东尼身强力壮，他的父亲卡拉斯却已接近 63 岁，徐徐老矣。既然如此，做父亲的又是用什么办法在儿子会激烈反抗的情况下将其杀死并悬挂到门框上的呢？只需动动脑筋便能发现，这样的可能性微乎其微。然而当时的市政官员没有一人会关心这样的细节——他们正忙着收拾"受害人"的尸体。由于他们坚信，安东尼是因为想回归正统信仰才遭到杀害，所以他理应享受殉教者的待遇。安东尼的尸体在镇公所停放了三个星期，然后由身穿白衣的忏悔者们按最庄严的仪式下葬。天主教徒们一厢情愿地把已死去的加尔文主义者看作是自己教会的成员，为他涂上防腐药料，把他的尸体隆重地迎回大教堂。而这通常是主教或圣殿建造主要资助人才能享有的仪式。

在这三个星期里，图卢兹的天主教神职人员一再敦促市民尽快就卡拉斯杀子一案向政府提供足以给他定罪的证据。在安东尼自杀五个月后，也就是当地新闻界快要把这个案件研究了个底朝天之际，审判终于开始了。审判过程中，其中一个法官曾灵机一动，提出应该到老人的铺子里看看，以确定安东尼的自杀是否可行。但他的想法却以 12 比 1 的压倒性优势被

---

[1] 朗格多克（Languedoc）：原法国南部一省。东南濒利翁湾。为法国南部特殊文明的中心，深受罗马文化的影响。——译者注

卡拉斯

否决了。最后，卡拉斯被判处车裂之刑。

法官们首先把卡拉斯带到刑讯室，让行刑人绑着他的腰把他吊起来，离地一米高，然后使劲拽他的四肢，直至四肢——按官方的说法——被拉到"脱臼为止"。其间因为他拒不认罪，法官们又让行刑人把他放了下来给他灌水。转眼间，他的身体就因为水肿"被撑成两个大"。卡拉斯宁死不屈，依然否认杀子，于是愤怒的法官让人把他抬上死囚车，带到死刑室，并命令刽子手将他五马分尸。为了迫使他认罪，政府官员和天主教徒们无所不用其极，而卡拉斯则以非凡的勇气，坚持为自己作无罪申辩。首席法官被他的固执气得火冒三丈，等不及卡拉斯死于车裂，便杀红眼似的让人把他给掐死了。

卡拉斯死后，普通天主教徒的怒气才稍稍平息，于是他们决定"大度地"放过卡拉斯的家人。卡拉斯的遗孀被剥夺了所有财产，虽然还可以留在城里，却只能在忠仆的陪伴下，忍饥挨饿地低调度日。卡拉斯的女儿都被送到修道院，最小的儿子在哥哥自杀时因为刚好在尼姆[1]读书，于是在得知父亲被处死的消息后马上逃到了日内瓦。

卡拉斯一案引起了广泛的社会关注，连居住在离瑞士边界只有几分钟

---

[1] 尼姆（Nimes）：法国南部城市。——译者注

路程的法尔奈 [1] 小镇上的伏尔泰也听说了这个事情。不过，因为日内瓦的加尔文主义者总会把城里的私人剧院视为撒旦的玩意儿以及对权威赤裸裸的挑衅，无形中得罪了身为戏剧作家的伏尔泰，所以一开始他拒绝了解此事的来龙去脉，甚至一度傲慢地表示说，这个所谓新教殉教者的死并不能唤起他的怜悯，也不值得让他费心研究。在伏尔泰看来，如果说天主教是恶，那么一意孤行、蔑视他戏剧作品的胡格诺派也好不到哪里去。况且他跟其他很多人的想法类似，即那 12 个法官似乎都是颇有名望之人，要说他们会无缘无故冤死一个平民，实在有点匪夷所思。

伏尔泰在法尔奈居住时很好客，几乎每天都有拜访者。有一天，一位马赛商人来访，卡拉斯一案开庭时，他正好在图卢兹，于是在交谈过程中向伏尔泰提供了第一手的资料。直到此时，伏尔泰才意识到这桩案件的可怕之处，也是从那天开始，除了这桩案件，他再也无法专注于别的事情。人在面对不同的境况时，会激发不同的勇气，但"最勇敢"的称号应该留给那些举世无双的人，他们单枪匹马，即使在最高法院宣判之后，在整个社会都认为判决合法公正之时，依然敢于向整个社会高呼正义。伏尔泰明白，一旦他站出来质疑图卢兹法庭判决的公正性，必定会大祸临头。于是他小心地准备，像一个职业律师一样，仔细地审视将要提起的诉讼内容。为了了解案情，他专程拜访了逃到日内瓦的卡拉斯家的小儿子，给每个可能知道内情的人写信，甚至雇用了法律顾问来检查和修正他的论点，以免自己因愤慨而失去客观，以偏概全。当一切就绪，自觉胸有成竹之时，他挺身而出，向图卢兹法庭宣战。

首先，他动员所有他认识的、在法国境内颇有影响力的人，请他们给国家总理写信，要求重审卡拉斯一案。然后，他出发寻找卡拉斯的遗孀，找到后又慷慨解囊把她带到巴黎，请有名的律师帮忙照看。当时这位女士的精神已经完全崩溃了，只一味低声祈祷，希望能在自己去世前把女儿们

---

[1] 法尔奈（Farnay）：法国城市。——译者注

从修道院里接出来，除此之外，别无他求。另外，伏尔泰还积极与卡拉斯那个信奉天主教的儿子取得联系，帮助他从学校逃到日内瓦。几番努力之下，伏尔泰把收集到的所有事实编辑成一本题为《关于卡拉斯一案的原始材料》的小册子出版。这本小册子的内容主要是卡拉斯一家幸存者的书信，丝毫没有掺杂伏尔泰的个人观点。到了后来，在整个案件重审的过程中，伏尔泰依然小心地躲在幕后，继续策划并指挥这场成功的宣传战。不久，卡拉斯一案又再次成为了欧洲所有国家所有家庭所关心的事情。各地成千上万的人，包括英国国王和沙俄女皇都纷纷寄来善款以帮助被告。眼下，只要再拿下一役，伏尔泰及卡拉斯一家就会迎来最终的胜利。

这一战的主要对手是声名狼藉的法国国王路易十五。当时，法国国王的情妇对耶稣会和他们的所作所为深恶痛绝，因此总是有意无意地站到伏尔泰这一边。只是路易十五一心享乐，非常讨厌人们一直把话题绕到一个已经入土且默默无闻的新教徒身上，于是他一拖再拖，拒绝签署重审的决议。没有国王的授权，总理大臣就不敢轻举妄动，备受争议的图卢兹法庭便更加有恃无恐，甚至用高压手段阻止伏尔泰和他的律师们接触到判决的原始文书。

在焦心等待的九个月里，伏尔泰坚持不懈地做着鼓动的工作。终于，1765 年 3 月，总理大臣当众宣布，要求图卢兹法庭移交所有关系到卡拉斯一案的记录，由受命调查的特别法庭重新审理。彼时，让·卡拉斯的遗孀和她的两个女儿都已经平安到达凡尔赛团聚。一年后，特别法庭裁定让·卡拉斯无罪——他是因为一件没有犯下的罪行被错误地处死的。接着，造成这个错误的政府官员被勒令撤职。当局似乎想以此向图卢兹人民暗示，这种事情绝对不会再重演了。

法国政府一味想大事化小，小事化了的态度在法国人内心反而激起了更多的愤怒，刚取得大捷的伏尔泰突然意识到这样的误判也许不止一桩，说不定还有许多像卡拉斯那样无辜的人蒙受了不白之冤。1760 年，住在图卢兹城附近小村庄里的一位乡绅盛情招待了一个前来观光的加尔文派牧师。这本是好意，却被教会扭曲成不可饶恕的罪行。结果他被剥夺一切财产，本人也被罚为划船工。幸亏他身强力壮，即便劳累了 13 年，还是坚强地活着。后来，伏尔泰辗转知道了他的困境，便马上托人找到这个不幸的人，把他送到瑞士，让他与先一步到达、已经受到政府接济的妻儿们重聚。伏尔泰一直细心地照料他们全家，直到政府愿意归还一小部分从他们身上没收的财产，并且允许他们回到久违的故乡。

接下来的受害者是肖蒙。这个可怜虫因为参加了新教徒的露天集会被捕，法庭的判决使他不得不在船上做一辈子苦工。也是多亏伏尔泰的四处奔走，他被释放了。这些人与事虽然听着可怜，但与下面将要发生的事情相比，却不过是小菜一碟。

事情还是发生在法国朗格多克这片屡遭蹂躏的土地上。自阿尔比派和瓦勒度派等异教徒灭绝后，这里便成了无知与偏执的荒野。在图卢兹城边上一个小村庄里，住着一个名为西尔旺的老绅士。他是一名德高望重的新教徒，同时也是一个中世纪法律专家。由于当时封建司法制度非常复杂，连申请一张普通租契都像个税申报那样麻烦，身为法律专家的西尔旺也因此身价暴涨。西尔旺有三个女儿，其中最小的女儿是个幼稚的小傻子，没事儿就爱瞎琢磨。1764 年 3 月的一天，她突然离家出走。心急火燎的父母四处寻找，却音讯全无。几天后，教区牧师告诉西尔旺，他的小女儿曾到此拜访，并表示想要当修女，于是他派人把她送去了修道院。好几百年的宗教迫害已粉碎掉法国新教徒残存的骨气，面对天主教牧师，西尔旺谦恭地表示尽管情况有点出乎意料，但他坚信好人有好报，对天主教牧师的安排，他没有异议。遗憾的是，西尔旺的小女儿因为无法适应修道院里奇怪的氛围变得神神叨叨，当她开始丧失理智时，就被遣送回家。那时的她精神脆弱，郁郁寡欢，还总是说周围有可怕的声音和吓人的幽灵。她的父母很是担心，却也无计可施。没过多久，西尔旺的小女儿又失踪了。两个星期后，人们从一口枯井里打捞起她的尸体。

这一系列不幸发生时，卡拉斯才刚因为"杀子"被审讯，普通市民对新教徒的"罪恶"深信不移。西尔旺一家不愿重蹈老卡拉斯的覆辙，落荒而逃。在横越阿尔卑斯山的可怕旅途中，西尔旺的一个小孙子被活活冻死。他们好不容易跑到瑞士，却发现这样的仓促出逃还是晚了。几个月后，西尔旺夫妇在缺席审讯的情况下被认定杀害了亲生孩子，被判绞刑，而他们幸存的女儿们则被判亲眼看着父母受死，然后终身流放。从卢梭的朋友那里得知此事的伏尔泰一处理完卡拉斯这边的事情，便马上开始研究西尔旺的案子。不过，等伏尔泰正式接手时，西尔旺的妻子已经死了，剩下的任务只能是为她的丈夫申冤而已。伏尔泰用了整整七年的时间做这项工作。其间图卢兹法庭再次拒绝提供任何资料证据，作为反击，伏尔泰只好再次鼓动社会舆论，争取普鲁士国王腓特烈大帝、沙俄女皇叶卡捷琳娜二世以及波兰的波尼亚托夫斯基元帅的金钱援助，非逼得法国国王重视此事不可。终于，在伏尔泰年近 78 岁那年，也就是他坚持不懈地上诉了八个年头后，西尔旺被判无罪释放，他的家人也得到准许，重返家园。

就这样，第二个案子结束了，第三个案子又接踵而至。1765 年 8 月，在离亚眠[1]不远的一个叫阿布维尔的小镇里，有两个矗立在路边的十字架不知道被谁折断了。很快，三位年轻男性被控犯下这种亵渎上帝的罪行。其中一个在刚听到风声时就已逃到了普鲁士，另外两个不幸被捕的人中有一个年纪稍长，是一个名叫德·拉巴尔的贵族青年。人们怀疑德·拉巴尔是个无神论者，而当他们在德·拉巴尔的藏书中找到那本汇聚了自由思想家名句的《历史哲学批判辞典》时，这样的猜测得到了"证实"。为此，法官们决定仔细调查一下这位贵族青年的过去，看看在阿布维尔镇十字架被毁一案发生前，他是否有过类似的行径，如他是否曾拒绝给路过的宗教游行队伍下跪，或脱帽致敬。

德·拉巴尔承认自己的失礼，但也辩解说，之所以会这样是因为赶着去乘驿站的马车，并不是有心冒犯。法官不相信，便下令对他严刑拷

---

[1] 亚眠（Amiens）：法国北部城市。——译者注

打。德·拉巴尔虽然年轻，却不像老卡拉斯那样能忍受折磨，于是干脆屈打成招，承认是自己毁坏了其中一个十字架。最后，法庭宣布德·拉巴尔因"不虔诚，面对圣餐不下跪，不脱帽，唱亵渎上帝的歌，对渎神的书籍异常沉迷"等不敬之罪，被判死刑。判决书上写的刑罚非常残忍，按计划，刽子手们会先把他的舌头用烧得通红的铁块撕扯下来，再砍掉他的右手，最后让他被慢慢烧死。最恐怖的是，这是一个半世纪之前才会使用的刑罚！教会的无情激起了民众的非议——即便他真的犯下了所有详细罗列在起诉书上的罪行，也不至于要用这样惨绝人寰的手段来屠杀一个青年啊！人们向国王请愿，大臣们也被百姓请求缓刑的呼声所包围，但彼时正值国家多事之秋，当局认为非这样做可以杀鸡儆猴。于是拉巴尔跟卡拉斯一样，受尽酷刑后被送上断头台，而这已是政府能给的最大的宽容。拉巴尔的尸体，连同他收藏的《历史哲学批判辞典》以及其他几本皮埃尔·培尔的著作，都在大庭广众之下，被刽子手付之一炬。

对于那些忌惮苏西尼、斯宾诺莎和笛卡尔追随者的人来说，这是值得庆祝的一天，因为这清楚地向世人表明，若要误入歧途追随那一小撮激进哲学家，拉巴尔的命运就是他们不可避免的结局。然而这样的阵仗吓不住伏尔泰，即使当他听说此事时已年将八十，他还是以同样的热情、正义和理智投入到案件的调查中。首先，根据法庭判决，拉巴尔是因"亵渎罪"而被处死的，于是伏尔泰想弄清楚到底没有这样一个名叫"亵渎罪"的罪名，它的详细定义与刑罚方式又是怎样体现的，结果他没找到。接着，他把问题抛给了律师朋友们，可惜他们也摸不着头脑。渐渐地，人们从伏尔泰的调查中明白，所谓的"亵渎罪"不过是法官们凭着一己之私捏造出来的罪名，目的只是为了处死那些他们看不顺眼的犯人而已。

在处决拉巴尔的时候，各式各样的谣言满天飞。百姓的谩骂逼得法官不得不对另一个被捕之人的审讯慎重处理，以至于没完没了的一拖再拖。而拉巴尔的冤屈也因此一直未能昭雪。案子重审了好多年，直至伏尔泰去世还没有终结，但他针对教会专制打出的这一拳已经开始奏效，即使不能马上换来宽容，至少也抵制了不宽容。政府受毒舌妇人和腐败法庭唆使，对人民实施的种种恐怖行径到此为止。包藏着宗教狂热祸心的法庭已不能像过去那样以"光明正大"的方式取得胜利，想要在黑暗中偷偷摸摸地行事又不容易躲过伏尔泰的攻击，因为他会打开所有的灯，声势浩大地邀请围观者参与，让敌人无所遁形。

最后，敌人只好鸣金收兵。

第二十六章　百科全书

关于治国，世上大致分三种派系。第一种派系的学说是这样的：我们的星球上挤满了愚昧无知的可怜人，他们不能独立思考，但凡遇到重大决策，必会头昏脑胀，而且还容易受人影响。若这些人愿意接受某个理解他们想法的人的统治，不仅能造福整个世界，他们自身也会感到其乐无穷，因为他们不用为议会和投票之事烦心，可以把时间全部投入到自己的工作、孩子、小车和菜园上去。这一派系的信徒们或成了皇帝、苏丹，或成了首领、酋长、大主教。他们视工会为无物，只一味努力修筑公路、兵营、教堂和监狱。

第二种派系的学说是这样的：每个人都是上帝最高尚的子民。上帝是一个杰出的统治者，有着卓绝的智慧和崇高远大的理想。然而众所周知的是，上帝的旨意从天上行至地上难免有所延迟，因此人民应该把执政的事托付给几位值得信赖的朋友，反正这些人不用整天惦记着养家糊口，也愿意把全部的时间用来服务百姓。不用说，这种灿烂前景的鼓吹者醉翁之意不在酒，而在于想成为寡头、独裁者、首席执政官以及护国公。他们努力工作，修筑公路和兵营，然后把教堂改建成监狱。

至于第三种派系的追随者，他们会用严肃科学的眼光观察人，认清并接受人类的真面目；他们喜欢人们的美德，也了解人类的局限。通过对历史的长期研究，他们认为普通人——若没有受到感情或私心的影响——总会尽力把事情做对、做好。当然，要一直保持这样并不容易。生长的自然过程非常缓慢，想要加快人类的智慧积累，就像想要干预潮汐和四季嬗变一样，到头来只是枉费心机。第三派系的信徒极少能出任公职，可一旦有机会让他们把思想变成行动时，他们就会开始修筑公路，改进监狱，然后把剩余的财富都投资在教育上。这些坚定不移的乐观主义者相信，正确的教育一定能逐步消除世上某些陈旧腐朽的弊病，因此这样的事业应不遗余力地予以支持。而作为实现这一理想的最后一个步骤，他们通常会汇集出版一部百科全书。

跟其他需要丰富智慧和极大耐性的作品一样，第一部具有百科全书性质的书也起源于中国。清朝的康熙皇帝曾整理出一部五千零二十卷的百科全书，想博臣民们的欢心。而率先向西方引进百科全书概念的老普林尼 [1]，抱着他那 37 本知识合集便心满意足了。

在创立伊始的 1500 年里，基督教没有给人类启蒙贡献任何一点有价值的东西。后来，圣奥古斯丁的同乡，一个名叫腓利克斯的非洲人，用了许多年写成一本书，并自诩为是汇集了各种知识的宝库。为了让人们能够记住书中提到的趣事，他在创作时特意采用了诗歌的形式。结果，这一大堆可怕的谬误真的就这样在中世纪以后的 18 代子孙间以讹传讹，甚至成为了文学、音乐和科学领域中的定论。

200 年后，西班牙的塞维利亚主教伊西多 [2] 又撰写了一部全新的百科全书。从此，百科全书以每一百年两本的速度增产了起来。这些书到底好

[1] 老普林尼：盖乌斯·普林尼·塞孔都斯 (Pliny)，世称老普林尼（与其养子小普林尼相区别），古代罗马的百科全书式的作家，以其所著《自然史》一书著称。——译者注
[2] 伊西多 (Isidore)：又译作"圣伊西多尔"，西班牙主教，圣人，中世纪百科全书式学者。——译者注

编写百科全书的人

不好我不知道，我只是庆幸在这种情况下有蛀书虫的鼎力相助，否则若让这些百科全书全都保存下来，如今地球上怕是已经没有我们的立足之处了。

18 世纪上半叶，欧洲正经历求知欲爆发的时期，百科全书作者终于找到了自己的知音。和现代一样，那时的百科全书通常也都是由一贫如洗的学者编写的。他们的工作每周只能挣得 8 美金，这些辛苦钱还不够买墨水和纸。由于英国是创作这类文学作品的佼佼者，于是生活在巴黎的一位英国人约翰·米尔斯很快就看到了商机。他想把弗雷姆·钱伯斯的《钱伯斯百科全书》译成法语，以便向路易国王的子民兜售他的作品，赚些蝇头小利。出于这个目的，他找到一位愿意合作的德国教授，又攀上了法国官方出版商勒布雷顿，准备一矢中的。没想到勒布雷顿掌握了米尔斯的资源后，故意敲诈他的同伙，甚至把他们俩踢出合作圈子，用自己的名义盗印书籍。他把即将出版的著作更名为《关于艺术与科学的百科全书辞典》，还做了一系列引人注目的宣传。

这一下子，预购的订单马上就排满了。他先是买来大量的纸张，同时雇用了法兰西学院里一名哲学教授作总编辑，然后就想这样坐等成果。不幸的是，编辑一部大百科全书并没有勒布雷顿想象的容易——教授是总结出了不少笔记，却无法写成有趣的文章。订阅的时限快到了，读者们开始吵闹着要拿到第一卷，一切变得乱糟糟。在这个紧急关头，勒布雷顿突然想起来几个月前出版的《医学全书》反响还不错，于是马上找到当时的责任编辑，当场雇用了他。这个新编辑就是德尼·狄德罗[1]。这本原只想用来赚点小钱的出版物因为狄德罗的长期努力变成了举世闻名的《百科全书》，成为了 18 世纪对人类启蒙最重要的贡献之一。

在接到这份工作时，狄德罗刚好 37 岁。他的生活既不安逸也不幸福。年轻时他拒绝做一个体面的法国青年该做的事，放弃了上大学的机会，从耶稣会毕业后便马上到巴黎去以卖文为生。后来，他和一个虔诚得可怕又不可理喻的悍妇结了婚。在那个饥寒交迫的时代这样的结合并不罕见。身为丈夫，狄德罗总得想办法养活妻儿，于是不得不从事各种各样奇怪的工作，编辑各种各样奇怪的著作，如《论美德与善行》，又例如那本让他几乎名誉扫地的对薄伽丘《十日谈》的改写。尽管世事不如人意，但身为皮埃尔·培尔的弟子，狄德罗心里始终忠于自由思想。不久，政府找到了这个看起来无害的年轻人，并发现他对《创世纪》第一章所描述的创世故事持严重的怀疑态度。结果狄德罗被关进万塞讷[2]的监狱，严密监控长达三个月。

被释放后，狄德罗接受了勒布雷顿的招揽。可他毕竟是当时最才思敏捷的人之一，既然从这项终生事业中看到了的成功机会，他当然不想只是

[1]　德尼·狄德罗（Denis Diderot）：法国启蒙思想家、唯物主义哲学家、作家，百科全书派的代表人物。——译者注

[2]　万塞讷（Vincennes）：又译作万森或文新，是法国法兰西岛大区马恩河谷省的一个镇，位于巴黎东部近郊。——译者注

编辑这些钱伯斯的旧资料。要知道，当时可是轰轰烈烈的思想活跃期啊，勒布雷顿的百科全书怎么能不涵括每一个能想到的课题里最新的资讯呢？而且这些文章都要由权威学者撰写才更有价值。热血沸腾的狄德罗说服勒布雷顿让他全权指挥，而且不受时间限制。他列出一份之后可能会邀请协作的学者名单，然后拿出一大叠纸开始写道："A，字母表第一个字母……"

20 年后，狄德罗的工作终于完成了。老实说，很少人能在这种极为不利的条件下工作：先不说勒布雷顿在雇用狄德罗时因为成本增加，给他的报酬每年不超过 500 美元，就连那些本应能提供帮助的人也是一个比一个依靠不得——不是说忙得抽不出身，就是说定好了要回乡探亲，反正就是能拖就拖。无奈之下，狄德罗只好顶着教会和政府的压力，亲力亲为完成大部分工作。狄德罗的《百科全书》到了现代已经是一书难求——倒不是因为有很多人想得到它，反而是因为有更多的人想毁掉它。想毁掉它的原因，在一个半世纪前是由于它的激进，在今天，则是由于它的单调过时。无论如何，对 18 世纪的教士来说，这本《百科全书》就像是吹响了通向毁灭、无政府主义、无神论和秩序崩坏的嘹亮号角。

通常人们在讨厌一本书的时候，总会把编辑者形容成社会和宗教的敌人，认为他们是一个既不信仰上帝，也不热爱祖国，没有丝毫家庭责任感的放荡恶棍。幸好 1770 年的巴黎不过是一个地域广阔的乡村，左邻右舍之间也还都是非常了解的。狄德罗不但主张以"做好事，寻真知"为生活目的，还真正实践了自己的座右铭。他敞开大门招待饥肠辘辘的人，为人类的事业每天工作 20 个小时，除了一张床，一个写字台和一叠纸外，从未要求过任何回报。可以说，狄德罗就是正直朴实、努力工作的典范，而这正是高级教士和君主们明显缺少的，因此，想要从这个角度攻击他并不现实。于是官方专门建立了一个谍报网想方设法地找他麻烦，总在他的办公室周围打探情况，搜查他的家，没收他的笔记，甚至干脆禁止他工作。然而这些卑劣的小动作始终没能熄灭他工作的热情，最终，《百科全书》如狄德罗所期望的那样完成了。在这部伟大的作品问世之前，就已经有人在某种程度上嗅到了新时代的气息，他们明白世界亟需全面而彻底的变革，而《百科全书》给他们提供了重振旗鼓的凝聚力。

也许有读者会觉得我似乎是夸大了这位编辑的真实形象，那狄德罗到底是一个怎么样的人呢？那个每周收到好朋友兼富翁的邀请，然后一想到能饱餐一顿便高兴得像小孩子似的人，那个因为自己的 4000 册书在短时间内销售一空便倍感心满意足的人，到底有什么样的伟大之处？在他的同辈人里，有卢梭、达朗贝尔[1]、杜尔哥[2]、爱尔维修[3]、沃尔涅[4]、孔多塞[5]以及其他成就非凡之人，他们都比狄德罗享有更崇高的声誉。但是，若少了这本《百科全书》，上述诸贤便不可能发挥他们的影响力。《百科全书》已不单单是一本书，它代表了时代领导者们的真实思想，为人类构筑了新的社会及经济蓝图。它以简单的字句详细阐述了那些不久后就会改变整个世界的观念，同时把人类推向历史决定性的转折点。

能听会看的人都知道，法国已经到了最紧要的关头，必须采取特殊措施以免大厦将倾。遗憾的是，越是耳聪目明的人，在这样的时刻越是异常固执，他们认为要维持社会的安定与秩序，就得更严格地执行从墨洛温王朝[6]时代继承下来的古老法律，力求变革的一方和坚持守旧的一方势均力敌，互相拉锯，形成了一种奇怪的共存局面。同一个法国，既是自由与解

---

[1] 达朗贝尔（D´Alembert）：法国著名的物理学家、数学家和天文学家，一生研究了大量课题，完成了涉及多个科学领域的论文和专著，其中最著名的有八卷巨著《数学手册》、力学专著《动力学》、二十三卷的《文集》、《百科全书》的序言等等。——译者注

[2] 杜尔哥（Turgot）：法国经济学家，18 世纪后半叶法国资产阶级古典经济学家，重农学派最重要的代表人物之一。主要经济著作是 1766 年写的《关于财富的形成和分配的考察》，他发展、修正了魁奈和其徒党的论点，使重农主义发展到最高峰。——译者注

[3] 爱尔维修（Helvetius）：18 世纪的法国哲学家、辩论家。——译者注

[4] 沃尔涅（Volney）：18 世纪法国资产阶级革命时期资产阶级思想家。——译者注

[5] 孔多塞（Condorcet）：18 世纪法国最后一位哲学家，同时也是一位数学家，启蒙运动的最杰出代表人物，政治上属于吉伦特派。有法国大革命"擎炬人"之誉，雅各宾派当政后被杀害。——译者注

[6] 墨洛温王朝（Merovingians）：或译梅罗文加王朝，是法兰克王国的第一个王朝。——译者注

放的领导者，也是人类各种进步思想的仇敌；既会亲切地致信共济会成员乔治·华盛顿，给怀疑论及无神论者本杰明·富兰克林安排愉快地周末晚会，也会以民主意识为武器，攻击过着单调贫困生活的哲学家和农民。经过长时间的对决，双方胜负始定。只是事情改变的方式却出乎所有人的意料。虽然抗争主要是为了扫除由皇权和贵族设置的思想及社会障碍，但投入战斗的却不是实际上受压迫的人，而是少数几个公正无私的市民。他们虽然被新教徒和天主教徒所憎恶，却依然衷心期望能为所有忠直之士开创一片人间乐土。

在 18 世纪，愿意为宽容事业挺身而出的人一般不爱拉帮结派。为了工作和生活方便，表面上，他们偶尔也会出席一些重要的宗教场合，但就内心而言，他们还像生活在公元前 4 世纪的雅典或中国的孔子时代。他们常常后悔没有像同时代大部分人那样，对各种事情心怀敬畏，总一味觉得那不过是前人留下来的东西，虽然没什么坏处，却也十分幼稚。西方人出于某些微妙的原因，会从巴比伦、亚述、埃及、西台 [1] 和迦勒底 [2] 的历史中挑选出所需的部分，并使其成为道德和习俗的行为准则。但这些愿意为宽容事业献身的人，这些大哲学家苏格拉底真正的信徒们很少相信这类被人为扭曲的古代民族史，他们只倾听自己良心的呼唤，无所畏惧地生活在早已变得屈服温顺的世人中，不计后果地踽踽独行。

---

[1] 西台（Hittite）：又称赫梯，东方古文明。——译者注

[2] 迦勒底（Chaldean）：新巴比伦王国及其文明。——译者注

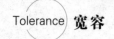

第二十七章　革命的偏执

　　法兰西王国，这座见证着贵族荣耀和平民苦难的古老大厦，终于在1789 年 8 月那个令人难忘的晚上崩塌了。经过整整一个星期的爆发，群众长期累积的怒气才稍有平息。那天晚上虽然天气闷热，但胜利的喜悦还是让所有国民体会到了前所未有的欢欣。他们高呼人权理论，要求特权阶级交出花了三个世纪的努力去争夺，好不容易才牢牢握在手中的权力，并使之成为日后人民自治的基础。

　　对于法国来说，这意味着封建制度的终结。贵族阶层中那些真正怀有崇高理想，真正具有社会进取心的人勇敢地担负起领导者的角色，为国家谋得出路，为自己谋得生机；而那些空有头衔的，则甘愿退出二线，只在不同政府部门里做些可有可无的教士工作，若放在现代，他们或者会选择在纽约的第五大道喝喝咖啡，或者在第二大道开个餐馆打发时光。

　　无论如何，过去的法兰西王国死了，也不知道是福是祸。和它一起死去的还有那个虽然看不见摸不着，但却最为残暴的统治制度。自黎塞留时

革命

代起，教会就一直把这样的统治权硬塞到圣路易斯[1]子孙手里。眼下，人类又迎来了史无前例的一次转机。这对于斗志昂扬的革命人士来说不言而喻——太平盛世将要出现，不，应该是已经来临了！集权政府的专横及其种种恶行都要彻底从地球上消失。

　　前进，祖国儿女，快奋起！[2]暴政时代一去不复返！在剧终的帷幕落下来之前，社会上许多不平之事确实被荡涤得一干二净，但在帷幕落下来之后，一切又重新开始了。我们又看到了"不宽容"那张熟悉的面孔，它穿上了无产阶级的裤子，梳着罗伯斯庇尔[3]的发型，与检察官并肩坐在一起，度过它罪恶的晚年。

---

[1]　圣路易斯（Saint Louis）：一般指法国国王圣路易斯九世。——译者注

[2]　这是法国国歌《马赛曲》的第一句歌词。——译者注

[3]　罗伯斯庇尔（Robespierre）：法国革命家，法国大革命时期重要的领袖人物，是雅各宾派政府的实际首脑之一。——译者注

　　十年前，谁要是胆敢质疑深受天恩的当权者，"不宽容"便会将他送上绞刑架；十年后，谁要是胆敢质疑人民的意志，"不宽容"同样会把他们推向死亡。这是一个多么可怕的玩笑啊！更可怕的是，这个让大众沉迷的玩笑是用成千上万无辜者的鲜血换来的。

　　我接下来要说的并非什么新鲜事，读者可以从不同古典作家的作品中找到意思相同，但表达更为委婉文雅的字句。在精神生活方面，人类之中一直明显地存在着，并且很可能会永远存在着两种完全对立的群体。一方面，少数人孜孜不倦地学习和思考，认真追寻不朽的灵魂，最后悟出某些哲学至理，摆脱常人的烦恼。另一方面，大多数人并不满足于精神上的"粗茶淡饭"，他们想找些重口味的，最好是会辣痛嘴巴、烫伤食道，或者是会让他们一下子惊跳起来的东西。至于那东西是什么无关紧要，只要它具备上述功效，使用起来简单方便，且没有数量限制就行。只是人们失望地发现，历史学家们似乎不明白这个道理。根据当地历史学家的记载，愤怒的民众明明才摧毁过去的专横堡垒，转身却让泥瓦匠们把剩下的残垣断壁运到城市的另一端，又重新建起一个地牢。这个地牢同样以镇压和恐怖统治为目的，并且有着与旧堡垒同等程度的暴虐与卑鄙。正如某些心高气傲的民族，好不容易终于摆脱了"完人"强加在他们头上的枷锁，却又落入了"圣书"的统治。就在旧日皇族装扮成仆从策马狂奔，意欲逃离国境之际，法国的自由党人也陆续踏入了这座被遗弃的宫殿里。他们把前人落下的皇袍披在身上，然后开始重蹈那迫使过去当权者不得不背井离乡的覆辙。

　　这一切都令人沮丧。但这是事实，即使再残酷，我也有义务让读者们知道真相。

　　首先毫无疑问，法国大革命的发起人本意是好的，他们颁布的《人权宣言》[1]原则是只要不犯法，不违法，也不扰乱社会秩序，任何公民都应享有思想与宗教信仰自由，且不受任何外力干预。不过，这并不意味着所有教派都享有同等权利。虽然新教徒不会再因为与天主教信仰不一而屡遭迫害，但天主教始终是"占统治地位的"国教。

　　法国政治家米拉波[2]在政治本质的认知方面有着准确无误的直觉，他知道这次国王退位虽然闹得满城风雨，却不过是教会的权宜之计。他曾希望把这场轰轰烈烈的社会大变革发展成一个人的革命，可惜却壮志未酬身先死。当年，不少贵族和主教都很后悔自己在8月4日那天晚上宽宏大量的表态，于是他们转过身就开始蓄意阻挠革命的走向，却没想到这反而给他们的国王造成了不可挽回的致命结局。两年后的1791年，教会的无力反击均宣布破产，所有宗教派别，包括新教和犹太人在内，都被赋予绝对的平等以及在法律面前同等的自由。从那时起，所有社会角色都被重新洗牌。法国的人民代表为这个新生之国制定了国家宪法。根据宪法，教士们，无论具有什么宗教信仰，都必须宣誓忠于这个新政体，并且要像学校的教师、邮差、灯塔看守者和海关职员一样，把自己严格视为国家及人民的公仆。

　　教皇庇护六世得知此事后大为恼怒，他认为新宪法对神职人员的规定直接践踏了1516年法国和罗马教廷签订的各项正式协议。然而，议会根本不想理会这些微不足道的前尘往事，教士要么宣誓，要么退职。小部分神职人员接受了议会的安排，办理了宣誓手续，绝大部分却本着初心，拒绝阳奉阴违。他们模仿多年前迫害过的胡格诺派教徒，开始在荒废了的马厩里作弥撒，在臭气熏天的猪圈里交流思想，在乡间

---

[1]《人权宣言》(The Declaration of the Rights of Man)：即《人权和公民权宣言》，1789年8月26日颁布，是在法国大革命时期颁布的纲领性文件。——译者注

[2] 米拉波 (Mirabeau)：18世纪末期法国著名的资产阶级活动家，以善于雄辩而名噪一时，一度倾向进步，曾在国会中代表中下层人民反对贵族和僧侣的势力，保护下层人民的利益，但后来被宫廷设计收买，成了宫廷的拥护者，在政治上大耍两面派手法，渐渐成了宫廷的帮凶。——译者注

的树篱后布道，在夜深人静时秘密拜访昔日信众。当然，这些天主教神职人员的生活，实际上比在类似情况下新教徒遇到的情况好太多了。而且因为当时法国的秩序已然大乱，议会连防范破坏宪法之人的措施都无暇顾及，于是那些神职人员大着胆子要求政府把他们也列入"可以被宽容的教派之一"。他们在过去三个世纪里，明明坚决反对给加尔文教徒施舍任何特权，现在却倒认为就算自己拒绝效忠宪法，也应该获得足够的尊重。

隔着一段安全距离，我们从眼下的 1925 年往前回顾，难免会觉得上述情况既冷酷又滑稽，但由于议会在当时已经完全被极端的激进分子控制，根本没办法采取什么有效而明确的措施。同时，因为法庭的背信弃义，以及国王陛下与外国势力的愚蠢结盟，惊恐与慌乱在不到一周的时间内迅速从比利时蔓延至地中海沿岸，并直接导致了从 1792 年 9 月 2 日到 7 日一系列的屠杀事件。自那一刻起，法国大革命注定沦为另一种恐怖统治。饥饿的民众开始疑神疑鬼，并总是在担心自己的领袖要把国家出卖给敌人。随着事态恶化，哲学家们想循序渐进取得成果的打算最终化为了泡影，之后便发生了历史上常见的社会剧变。在这样的危机时刻，处理政事的权力很容易落入无情无义的人手里。这样的事，每个熟读历史之人都能猜个八九不离十；但出人意料的是，在这出历史大戏中后续登场的主角竟然是一个一本正经，堪称美德楷模化身的守法公民。

法国对这些新主人的本质认识为时太晚，她发出的警告，就像巴黎协和广场上的死刑犯所留下的临终遗言一样，苍白无力。到了现代，我们总会从政治、经济和社会结构等角度研究每一场革命。然而，除非历史学家能兼攻心理学或者心理学家博古通今，否则，我们始终无法解释和理解那股在非常时刻塑造民族命运的黑暗力量。有些人认为世界充满了愉快和光明，有些人则坚信万般到头都不过弱肉强食。关于这个问题，也许再过几百年，我便能轻易地从二者中择其一，但在当下有一点是可以肯定的：将暴力神圣化的法国革命俨然已成为史上最伟大的一场社会变革。

革命初期，伏尔泰、狄德罗、杜尔哥、孔多塞及他们的追随者都试图用理性建立一个更人性化的世界。可惜这些人不是英年早逝，就是被那曾经共患难的同伴处死了。当伟人们离世后，无知的新至善论倡导者便名正言顺地成为国家命运的主人，然后把这项崇高的使命搅得像一团乱麻。在国家统治的第一阶段，胜利完全掌握在教会对头人的手里。这些人因为某些缘故十分痛恨基督信仰的一切。在过去教会横行的岁月里，他们忍气吞声地承受着极大的痛苦，以至于现在一看到牧师的衣角就气愤不已，一嗅到牧师的气息就会回想起昔日的种种不堪而火冒三丈。

革命的宽容

另外还有一些人，他们想通过数学和化学来否定上帝的存在。他们与痛恨基督教的人联合起来，打算一举摧毁教会及其势力。然而这样的计划毫无成功的可能，说到底只是革命者们徒劳无功的一厢情愿而已。不过这就是所谓的革命心理：将正常变成不正常，把不可能之事变成每天的规律。

宪法用一纸公文废除了基督教的历法，废除了万圣节、圣诞节和复活节，废除了原有的星期和月份，把一整年以十天为一个单位重新划分，同时每十天就设置一个异教徒的休息日。接着，又出现了一张声明，要求废除上帝崇拜。顿时，世界失去了信仰，人民没有了精神上的主心骨。

这段精神世界的空白时间并不长，因为大部分市民无法接受雅各宾派的"强词夺理"和虚无缥缈的主张。既然旧上帝满足不了人们的需要，那为何不效仿摩西和穆罕默德，制造出一个符合时代要求的新神呢？

终于，理智女神诞生了！关于她的来历，人们是在不久后才发现的。这位相貌标致的女神原是前任国王芭蕾舞团中的演员，后来借着某个适当的时机，穿上古典的希腊白色长袍，然后摇身一变，以新女神的形象被奉于旧信仰追随者心中早已抛弃的祭坛上。至于真正的圣母玛利亚，虽然她从许多世纪前开始就一直以包容且温柔的目光注视着灵魂受创的人们，但她的地位被一位业余雕塑家用白色石膏随意堆砌而成的智慧及自由女神像所代替，如今已自身难保，若非旧信徒的怜爱，她的雕像早化成石灰窑里最不起眼的灰浆了。另外，在教堂唱诗班所在位置的中间立着四根柱子和一个蓬顶，象征着"哲学至圣所"，在某些国家级重大场合里，它们也代表着理智女神的宝座。当这位女神既不用"出席"宗教仪式，也不用接受信众的膜拜之时，"哲学至圣所"中会燃起高高的"真理之火"，意在照亮世界的文明，直到末日来临。

不幸的是，"末日"在不到六个月后就真的来临了。

1794 年 5 月 7 日早晨，法国市民接到官方通知，将重新确定上帝信仰，灵魂不朽也将再次被公认为是正统教义。同年 6 月 8 日，从卢梭留下的旧素材里匆忙塑造而成的新上帝被正式推到舞台前，跟翘首以盼的追随者们见面，那便是被成千上百的民众奉为现代圣母的凯瑟琳·泰奥特口中的救世主——马克西米连·罗伯斯庇尔。当天，从一个默默无闻的小镇律师拼搏成法国革命最伟大的领袖之一的罗伯斯庇尔，身穿一件自己设计的崭新蓝色马甲发表演讲。他巧舌如簧地向上帝保证，从今以往，他所掌管的世界一定会日趋完美。

罗伯斯庇尔

为了确保万无一失，罗伯斯庇尔在两天后通过了一条法律，像当年宗教法庭时代一样，把涉嫌叛国的人和异教徒们视为一体，并剥夺他们一切自卫的权利。此举效力十分了得，在法令颁布的六周内就有超过 1400 人因此葬身断头台。

接下来就是大家都熟悉的剧情了。

罗伯斯庇尔自认是所有美好品质的完美化身，为了自己以及与自己一样完美的人，他无法承认，也无法允许其他有瑕疵之人拥有和他生活在同一个星球上的权利。随着时间的推移，罗伯斯庇尔对所谓罪恶的厌恶越积越深，几乎使整个法国陷入了濒临人口灭绝的境地。最后，出于对自身性命的担忧，"美德的敌人们"开始回击。经过一场短暂的殊死搏斗，这位"至善美德"的追随者最终被人民抛弃了。

罗伯斯庇尔之死大大削弱了法国大革命的势力。之后，法国人民重新采用最初的宪法，承认不同宗教的存在，及其相互平等的自由与权利。这表明，至少从国家层面上说，官方已不再干涉宗教事务；只要信徒们在信仰自己教会的同时，也承认国家至高无上的权力以及每个个体的自由意志，不同的教派便都能自由建立自己的教堂、公理会或联盟。

从那一天起，天主教徒和新教徒终于开始学着和平共处。当然，天主教会一直不承认自己的落败，它不断诋毁政教分家的原则（教皇庇护九世在 1864 年 12 月 8 日颁布的教令就是最好的例子），同时，也不断支持那些妄图颠覆共和国恢复君主制或封建帝国的政党，以便东山再起。可笑的是，天主教会的所谓大计都只是一些在无关紧要的场合制造出来的小麻烦而已，有些甚至沦为喜剧艺人口中逗笑的段子，让世人哂笑不止。

第二十八章　莱　辛

1792 年 9 月 20 日，一场战斗在法国革命军和前来镇压的欧洲君主国家武装联盟军之间打响了。因为联盟军的步兵在瓦尔密[1] 这个小地方的滑坡上施展不开，整场战役充斥着接连不断的炮声和挥之不去的黑火药的味道。而又因为革命军比联盟军的炮术更精湛猛烈，逼得后者不得不连夜向北撤离。最终，这次战斗以法国革命军的辉煌胜利落幕。参加这场战斗的人中有一个名叫约翰·沃尔夫冈·冯·歌德[2] 的人，他曾是世袭魏玛[3] 大公的枢密顾问。

几年后，这个年轻人出版了一本回忆录，专门记录了那天发生的事。当晚，他虽然身在洛林[4]，站在没过脚踝又稠又黏的泥浆里，却如先知一般看到了世界的潮流。他预言此役之后，旧世界的格局将被彻底颠覆。事

---

[1]　瓦尔密（Valmy）：法国马恩省的村庄，瓦尔密战役的发生地。——译者注

[2]　约翰·沃尔夫冈·冯·歌德（Johann Wolfgang von Goethe）：德国著名思想家、作家、科学家，他是魏玛的古典主义最著名的代表。——译者注

[3]　魏玛（Weimar）：德国小城市，拥有众多文化古迹，曾是德国文化中心，歌德和席勒在此创作出许多不朽的文学作品。——译者注

[4]　洛林（Lorraine）：法国东北部地区及旧省名，为历史上的洛林公国所在地。

实证明，他是对的。自那值得纪念的一天后，天授神权的观念被连根拔起，为人权而奋斗的战士们非但没有被皇家军队吓得鸡飞狗跳，反而扛起大枪，穿过山谷，翻越高山，一边把足迹印遍整个欧洲大陆，一边把"自由、平等、博爱"的思想传播到欧洲每个角落。

革命的先驱早在 150 多年前就过世了，不管是他们的千难万险还是他们的丰功伟业，如今的我们只需用一句话就能概括完全。关于他们的事迹，我们既可以随心所欲地取笑，也可以心怀敬意地感激。然而，对于那些从那段苦日子里熬过来的人们来说，大革命就意味着一切，他们明明前一天还聚在自由之树下载歌载舞，下一刻却像过街老鼠一样被追捕。当他们好不容易逃过一劫从地窖和阁楼里爬出来时，第一件想到的事情就是梳理一下鸡窝似的假发，然后想方设法避免不幸再次重演。

要想成功地骗过敌人保全自身，他们首先要做的便是掩盖过去。这里说的过去不是历史学意义上的那个含糊的过去，而是他们自己偷偷摸摸阅读伏尔泰先生的书，并公开向"百科全书"学派表示钦佩的过去。为了抹去这些可能会暴露他们曾在自由主义领域流连过的蛛丝马迹，他们可谓费煞苦心——有把伏尔泰的作品束之高阁的，有把狄德罗的书籍卖给捡破烂的，甚至有把写满真理的小册子扔到煤炉里付之一炬的。他们学习前人在处理类似问题时常用的手法，把一应文字材料一件不落地摧毁掉，却忽视了一样更容易落人口实的证据——那就是舞台剧。不久前他们才对《费加罗的婚礼》[1]不吝溢美之辞，如今再来辩称从来没有相信过人人平等的理想

---

[1] 《费加罗的婚礼》(*The Marriage of Figaro*)：莫扎特最杰出的三部歌剧中的一部喜歌剧，完成于 1786 年，意大利语脚本由洛伦佐·达·彭特 (Lorenzo da Ponte) 根据法国戏剧家博马舍 (Beaumarchais) 的同名喜剧改编而成。——译者注

有可能实现，未免有些幼稚；就像为《智者纳坦》[1]留过泪的人根本无法同意，政府软弱才会导致宗教宽容这样的解释。舞台剧的空前成功恰恰坐实了他们的"口是心非"。

《智者纳坦》是一出著名的戏剧，它无独有偶地迎合了18世纪后期民众对思想及感情的需求。戏剧的作者是一位名叫戈特霍尔德·埃夫莱姆·莱辛[2]的德国人。他出身路德教派牧师家庭，年轻时曾在莱比锡大学进修神学，然而他对宗教事务兴趣缺缺，所以经常逃课。他父亲知道此情况后把莱辛召回家里，让他选择究竟是要马上从神学院退学，还是直接申请到医学院。当然，对于莱辛来说，从医并不比做牧师好多少，于是他向父亲保证会痛改前非，努力改正。没多久，莱辛又回到了莱比锡城，然后又死灰复燃地继续为一些他喜欢的演员朋友们做借贷担保人。后来这些所谓的朋友背信弃义，为了避债，莱辛不得不跟着落荒而逃，来到维滕贝格。

他的出逃意味着长途跋涉和忍饥挨饿的开始。第一站他逃至柏林。在柏林生活的几年间，莱辛为几家神学刊物写文章，可是稿费很低。后来他又给一位准备做环球旅行的有钱朋友当私人秘书，只是他们才刚一起程，七年战争[3]就爆发了，他的朋友被迫立即回到家乡从军，再次失业的莱辛则浑浑噩噩地回到莱比锡。

虽然身无分文，但莱辛善于交际，很快他又结识了一位名叫埃瓦尔

---

[1] 《智者纳坦》(Nathan the Wise)：作者莱辛。作品始自《十日谈》中"三个戒指"的故事，其中犹太人的形象一改过去的龌龊与卑鄙，成了令人尊敬的长者。剧中表达的超越民族偏见、倡导宗教宽容与人类和谐的思想更使这部戏剧成为反对宗教歧视与民族仇恨、宣扬信仰自由的一部欧洲思想启蒙运动时期的伟大著述。——译者注

[2] 戈特霍尔德·埃夫莱姆·莱辛 (Gotthold Ephraim Lessing)：德国启蒙运动时期最重要的作家和文艺理论家之一，他的剧作和理论著作对后世德语文学的发展产生了极其重要的影响。——译者注

[3] 七年战争 (Seven Years' War)：发生在1754年至1763年，主要冲突集中在1756年至1763年爆发的欧洲列强间的战争。当时欧洲上的主要强国均参与了这场战争，其影响覆盖了欧洲、北美、中美洲、西非海岸、印度以及菲律宾。——译者注

莱辛

德·克里斯蒂安·冯·克莱斯特（Eduard Christian von Kleist）的新朋友。这位白天是高官，晚上是诗人的朋友以其敏锐的洞察力让饥饿的莱辛渐渐看到了缓缓充盈在这个世界周围的新兴思想。可惜好景不长，冯·克莱斯特在库勒斯道夫战役中被射杀，再次陷入山穷水尽的莱辛不得不操起老本行，给当地报刊当专栏作家。接着，莱辛以私人秘书的身份在布雷斯劳[1]要塞指挥官麾下效力。由于驻防的生活很无聊，他开始认真钻研斯宾诺莎的著作。那时，斯宾诺莎已过世逾百年，但他的著作才刚刚在国外慢慢流传开。一成不变的生活未能给莱辛带来什么帮助，这时他已经差不多40岁了，想成家却没有一点财产。他的朋友想推荐他去当皇家图书馆的管理员，但有鉴于发生在多年前的那件往事，莱辛已经成为了一个不受普鲁士宫廷欢迎的人。当时莱辛第一次来到柏林，他与正巧受邀至普鲁士作客的

[1] 布雷斯劳（Breslau）：波兰境内最大的几个城市之一。——译者注

伏尔泰一见如故。这位闻名遐迩的法国哲学家是一位相当慷慨大度之人，不但没有一点架子，还把自己准备出版的《路易十四时代》的手稿借给莱辛看。意外的是，莱辛在匆忙离开柏林时，竟然大意把手稿连同自己的物件一起打包带走了。伏尔泰本就不满于普鲁士宫廷的吝啬，对他们提供的劣质咖啡和硬木板床尤其诟病，此事一出，他即时通报国王说那个年青的德国人偷走了他最重要的手稿，为了追回失物，他要求普鲁士警方立即调动人马监视边界。他万分激动地大呼大喝，完全没有了法国人天生的优雅，也失了一个客居他乡之人应有的模样。几天后，邮差送来了伏尔泰被"盗走"的手稿，其中还附有莱辛的来信。在信中，莱辛对怀疑自己诚实品格的人阐述了自己对手稿的看法。

如果这场风波发生在现代，好好解释两句兴许就没事了；但对于 18 世纪的普鲁士人及他们的国王腓特烈大帝来说，品格诚实与否至关重要。出于对那位吹毛求疵的法国朋友伏尔泰的敬重，就算莱辛当初的无心之失早已事过境迁 20 年，普鲁士皇室还是拒绝了别人对他的推荐。

莱辛告别了柏林来到汉堡，因为听说这里将要新建一座国家大剧院。可惜，这项规划始终未能实现。走投无路之下，莱辛来到世袭不伦瑞克[1]大公图书馆当图书馆管理员。莱辛所居住的地方沃尔芬比特尔[2]虽然不是什么大城市，但他所服务的这座大公图书馆却在德国境内赫赫有名。馆内储存了将近 1 万部手稿，其中还有不少关于宗教改革的重要文献。

百无聊赖往往是蜚短流长滋生的温床。对于沃尔芬比特尔的市民来说，像莱辛那样既当过艺术批评家，又写过报刊专栏和戏剧小品的人当然令人起疑。莱辛刚刚才稳定的生活又开始陷入混乱中，只是这一次并不是因为他真的做了什么，而是有人认为他"企图"做什么——例如发布一些

---

[1]　不伦瑞克 (Brunswick)：德国下萨克森州东部的一个城市，位于德国中北部城市，濒中部运河。——译者注

[2]　沃尔芬比特尔 (Wolfenbuttel)：德国下萨克森州东部沃尔芬比特尔县的首府。——译者注

意在攻击正统路德学派言论的文章。这样正儿八经的质疑出自一位前汉堡教区的牧师，他在布道时不断地向市民表达自己对莱辛的"邪恶计划"的忧虑。得知此事的不伦瑞克大公不希望在自己的领地上发生宗教冲突，于是命令他的图书管理员莱辛谨言慎行，尽可能避开一切争端。莱辛表面上遵从主人之命，背地里却开始筹划，准备把自己对此事的看法以戏剧的形式阐述出来，而这部戏剧就是之前提到过的《智者纳坦》。

喜欢古典文学的人可以在薄伽丘的《十日谈》中找到《智者纳坦》的原型故事，在那里它被称为《三枚戒指》。故事是这样的：

很久很久以前，有一个坏心肠的伊斯兰教王子，他想侵占某个犹太人的财产，却苦于没有正当的理由，于是就想出一条诡计。他派人把这个可怜人找来，先是对他的学识大加赞赏，接着话锋一转问他：在伊斯兰教、犹太教和基督教这三种流传最广的宗教中，到底哪一派掌握着唯一的真理？这个令人尊敬的老者没有正面回答王子的提问，而是说："关于这个问题，伟大的苏丹啊，让我给你讲个小故事吧。从前有一个有钱人，他有一枚非常漂亮的戒指。临终前，他在遗嘱中写道，在他过世后，手上持有那枚戒指的人就能继承他的全部财产。后来他的儿孙们也订立了同样的遗嘱，于是那枚戒指便随着他的后裔一代一代完好无损地往下传承，如此好几百年。到不知道第几代时，戒指的主人生了三个儿子。这三个儿子都深得他的欢心，以至于他根本无法决定应该由谁来继承这枚无价之宝。他偷偷找到一个金匠，请他按传家之宝的模样又做了两枚戒指。临终时他把三个儿子逐一叫到身边，把戒指分别交给他们每一个人。父亲葬礼过后，三个孩子都宣称自己是合法继承人，因为他们手上都持有那枚传家的戒指。事情闹得沸沸扬扬，最后只能交给法官处理。只是这三枚戒指长得都一个样，连法官也无从分辨哪个是真哪个是假。案件只能一拖再拖，可能拖到世界末日都还是道不清，理不完咯……"

莱辛用这个古老的民间故事来阐明他的信念，即没有一种宗教可以垄断真理。人们的精神世界绝不仅仅是遵从规定的宗教仪式和教派的教条教义，因此信奉不同宗教的人们应该和平相处，毕竟没有谁有权强迫别人崇拜自己认为完美无缺的偶像，也没有谁有资格宣布"真理只掌握在我的手里，除此以外一切皆为谬误"。在 1778 年，这样的思想曾深入人心；但随着法国大革命的爆发，各地领主只想设法保住自己残存的财产，这样的观点渐渐变得不再受欢迎。为了恢复一度失去的名望，贵族们心不甘情不愿地把领地拱手交给警察管辖，同时期望那些依附自己生存的牧师们能再次对民众实施精神垄断，以协助当局重建法规和秩序。

贵族们在政治上的复辟虽然是成功了，但他们想用 50 年前的老办法重塑人们思想的计划却以失败告终。其实这样的结果并不意外。毕竟当时各国大部分的民众已厌倦了革命和动荡，对议会、演讲以及扼杀工商业发展的税收政策也十分不满。他们渴望和平，只想不顾一切地逃离士兵和一切非人待遇，然后静静地坐在自己的客厅里，品味一杯香醇的咖啡。只要能享受到这种幸福愉快的生活，他们宁愿容忍一些生活上的不便，例如向每个戴铜纽扣（世界各国警察制服上的纽扣多为铜制，因此人们习惯用"铜纽扣"借代警察）的人行礼，向每个政府官员——哪怕只是一个小小的邮差或烟囱清理员——弯腰鞠躬以示尊敬。

革命爆发之时，无论是精神世界里还是现实世界中，每天都会出现新的制服、新的政治讲坛、新的政策法令和新的统治者。经历过多年动乱后，社会总要寻求一个喘息之机，因此这样的谦卑服从便成了生存的必需。然而，再怎么服从，再怎么对统治者三呼万岁，也不代表人们已经把曾经激励过他们心灵的鼓动忘得一干二净了。那个时代的政府具备了许多复辟独裁政权独有的特点，即虽然要求人民在行为上循规蹈矩，对人民在精神生活上的追求却不甚在意。也多亏了这样，平头百姓们才享有了更大程度上的自由。他们只需记得每逢周一带着《圣经》去教堂，其他日子就可以随心所欲；同时，只要不被隐身在暗处的密探听见，他们还可以悄悄发表自己对时事的理解，甚至可以对报纸上愚蠢的政治宣传嗤之以鼻。

打从人类有记事开始，那些对人类历史一窍不通的统治者们就一直重复做着类似的事情。他们幼稚地以为，只要移走石墩，不让别人站在上面发表攻击政府的激烈字句，就等于摧毁了言论自由；只要把出言不逊者关进牢狱长年监禁，就能压制住人民反抗的浪潮。不想这却适得其反地造就了反抗者的烈士之名，让事态越来越不受控制。说到底，这些所谓的统治者不过是些轻率浮躁的白痴，没读过几本书的半桶水而已。

有了这些前车之鉴，其他人都开始有意识地避开公共场所，聚集到偏僻的酒馆或人头攒动的公寓房里大发牢骚。演讲家们确信在那种地方发言不但更有共鸣，也不怕被人告发，还能发挥比在公共讲台上更大的影响。

在我们熟知的世界中有这样一种人，他手中有些权力——虽然不大，但为了保住这点权力及随之而来的声望，他们惶惶不可终日。对于真正的掌权人，比如国王来说，就算不幸被推翻，那也不过是他无聊一生中的小插曲而已。国王总归是国王，不管头戴贴身男仆的圆礼帽还是祖辈传承下来的金皇冠，他依旧是一人之下，万人之上。但对于一个三线城市的小镇长来说，一旦他被赶出政府办公室，一旦失去了手中的权力，他就会沦为一个随处可见的张三李四，一个自以为是的小丑，一个在困境中挣扎的可怜虫。所以，在与此类当权者打交道的过程中，谁要是敢不恭不敬，谁就会大难临头。因此那些不在权贵面前低头的人，那些在学术巨著、地质学、人类学和经济学手册里公开质疑现有秩序的人总是处于被压迫的境地——不是被剥夺了生计，就是被驱逐出城市，与妻儿永世分离。

政权交替和政治复辟往往会给大部分想努力消除社会弊病的市民带来极大的不便，幸好时间如镜，当初警察加诸在学者们身上的污渍，如今却成为了他们足以让后世纪念的功绩。腓特烈大帝再伟大，人们也始终不会忘记他把伊曼努尔·康德[1]视为激进危险分子，干涉他的教学的劣迹。康德曾说"人为自然界立法"，但当时的警察却讥笑那样的异端学说只能用来取悦"嘴上无毛的年青人和人云亦云的傻子"。坎伯兰公爵[2]和梅特涅[3]在这方面也都是臭名远扬，前者是因为在即位汉诺威王朝国王时，流放了一个在《国王非法取缔宪法的抗议书》上签过字，名叫雅各布·格林[4]的人，后者则是因为把黑手伸向音乐领域，企图审查舒伯特的钢琴曲。

可怜的奥地利！她辉煌的历史已然成为过去，每个人都沉浸在"天国"与"宗教"的情绪里，忘记了她曾经积极向上的学术氛围、体面有趣的乡村集市、物美价廉的葡萄酒、辛辣呛人的雪茄以及由约翰·施特劳斯[5]亲自创作亲自指挥的迷人华尔兹。其实在整个 18 世纪，奥地利在宗教宽容方面贡献良多。宗教改革运动后，新教徒马上在多瑙河和喀尔巴阡山脉[6]之间的富饶小镇中找到了发展自己势力的一片沃土。然而神圣罗马帝国皇帝鲁道夫二世上台后，一切都变了个样。

---

[1] 伊曼努尔·康德（Immanuel Kant）：1724年4月22日—1804年2月12日，德国作家、哲学家，德国古典哲学创始人，其学说深深影响近代西方哲学，并开启了德国古典哲学和康德主义等诸多流派。——译者注

[2] 坎伯兰公爵（Duke of Cumberland）：1721年4月15日—1765年10月31日，英国将领和统帅，英王乔治二世幼子，有弗兰德恶棍和坎伯兰屠夫之称号。——译者注

[3] 梅特涅（Klemens Wenzel von Metternich）：1773 年 5 月 15 日—1859 年 6 月 11 日，十九世纪著名奥地利外交家，反对一切民族主义、自由主义和革命运动，在欧洲形成以"正统主义"和"大国均势"为核心的梅特涅体系。1848 年，奥地利爆发三月革命，梅特涅被迫辞职，逃往伦敦。——译者注

[4] 雅各布·格林（Jacob Grimm）：1785 年—1863 年，著名的语言学家、童话作家。他还有个弟弟叫威廉·格林（Wilhelm Grimm），也是语言学家。兄弟俩是德国语言学的奠基人，他们搜集和编辑的《德国儿童与家庭童话集》，在全世界享有盛名，通称《格林童话》，是世界儿童文学中的宝贵财富。——译者注

[5] 约翰·施特劳斯（Johann Strauss）：1825 年—1899 年，奥地利著名的作曲家、指挥家、小提琴家。其中以《蓝色多瑙河》《维也纳森林叙曲》《春之声》等曲最为著名。——译者注

[6] 喀尔巴阡山脉（Carpathian Mountains）：欧洲中部山系的东段部分，绵延约 1500 千米，穿过捷克共和国、斯洛伐克、波兰、乌克兰和罗马尼亚。——译者注

鲁道夫二世 [1] 被认为是西班牙菲利普国王在德国的化身，在这个统治者眼里，无论曾经跟异教徒签订过什么协议都不具有任何效力。他懒惰的天性并没有因为自小在耶稣会内接受的教育而有所改进，只是阴差阳错地"帮助"帝国规避了政治上的动荡。鲁道夫二世之后，哈布斯堡王朝中唯一生育了好几个继承人的斐迪南二世 [2] 接任了皇帝之职。统治初期，他曾参观过有名的天主报喜堂，这个建筑在 1291 年被"天使们"从拿撒勒搬到达尔马提亚 [3]，再搬到意大利的中心。而在宗教狂热的年代，斐迪南二世也曾发誓，要把治下领地变成百分百的天主教国家。没多久，他实现了自己的诺言。1629 年，天主教再一次被确立为奥地利、施蒂利亚 [4]、波希米亚和西里西亚地区唯一的信仰。

在这两任皇帝统治期间，匈牙利与这个奇怪的欧洲皇室建立了裙带关系，而每位新婚妻子都给当权者带来了丰厚的嫁妆及大片欧洲领地。从那时起，斐迪南二世便一直计划着要把新教徒从匈牙利人的居住地上驱逐出去。不过因为有信仰一神教的特兰西瓦尼亚人和信仰其他异教的土耳其人的支持，直至 18 世纪后期，匈牙利还勉强能保新教徒们一命。与此同时，奥地利的内部动乱已悄然而至。哈布斯堡王朝原是天主教廷的忠实支持者，可到了 18 世纪，就连这些最是墨守成规的统治者们也对教皇的指手画脚产生了厌倦。他们打算来场小小的冒险，谨慎地试探着罗马教会的底线。

在本书前一部分我已经讲过，有不少中世纪天主教徒都认为当时的教会体制是错误的。另外，也有批评家指出，虽然中世纪有宗教殉道者，但那时，教会才是真正的民主机构——教区由长老和主教管理，而长老和主

---

[1] 鲁道夫二世 (Rudolf II)：1552 年 7 月 18 日—1612 年 1 月 20 日，哈布斯堡王朝的神圣罗马帝国皇帝，1576 年—1612 年在位。——译者注

[2] 斐迪南二世 (Ferdinand II)：1578 年 7 月 9 日—1637 年 2 月 15 日，波西米亚和匈牙利国王，神圣罗马帝国皇帝。——译者注

[3] 达尔马提亚 (Dalmatia)：克罗地亚的一个地区。——译者注

[4] 施蒂利亚 (Styrian)：奥地利的一个联邦，位于奥地利的东南部。——译者注

教则由教区居民推举任命。人们愿意承认罗马教皇的地位，也愿意相信作为圣徒彼得的继承人，教皇在教区内理应握有更多的权力。不过，这样的权力只是荣誉性的，因此教皇不能自诩比其他主教更尊贵，也不应无限扩展自己的势力范围。然而，教皇本人却不这样认为。他们利用各种训令、诅咒，并以开除教籍作为惩罚来对付这种想法，以至于有好几个勇敢的改革者因大胆提倡圣职权力下放而丧生。

一直以来这个问题都没能得到解决，但到了 18 世纪中叶，限制教皇权力的想法再一次被有钱有势的特里尔市代理主教霍恩泰因[1] 提了出来。霍恩泰以其拉丁文笔名弗布朗尼乌斯更为人所熟知。早年他曾在鲁汶大学读书，并深受自由思想的影响。后来，他决定暂时背井离乡来到莱顿大学进修。不巧的是，他前脚刚来到莱顿城，后脚加尔文教派便开始怀疑并排斥境内自由派学者的存在。而当法律系教授格拉德·努特被允许进入神学领域，并发表颂扬宗教宽容理想的演讲之时，之前的种种怀疑也因为他言辞中的独创性推理演变成加尔文教派眼中公开的罪证。

他说："上帝是万能的。他可以针对所有人，制定出在任何时间任何情况下都适用的科学定律。换句话说，只要上帝有意，他必然可以轻易引导人们的思想，使之在宗教问题上持相同的观点。然而祂并没有这么做。由此可见，若我们使用武力迫使别人相信自己是唯一的正义，就等于是违背了上帝明确的旨意。"

我们不知道霍恩泰因有没有直接受到格拉德·努特学说的影响，但从他的著作中，我们不难发现其中隐藏的伊拉斯谟唯理主义思想的痕迹。后来，霍恩泰因在限制主教及教皇权力问题上发表了自己的看法。不意外的是，他的著作在 1764 年 2 月一经出版，马上受到了罗马教廷的谴责，但

---

[1] 霍恩泰因（Hontheim）：曾化名弗布朗尼乌斯（Febronius）出版《论教会的地位和教皇的合法权力》一书，主张限制教皇权力。——译者注

由于霍恩泰因当时的主张十分符合奥地利女大公玛丽娅·特蕾莎[1]的利益，故而得到了她的支持。由他发起的这场运动被称为霍恩泰因主义、弗布朗尼乌斯主义或主教制主义。运动在奥地利蓬勃发展起来，最后汇总成约瑟夫二世于 1781 年 10 月 13 日颁布的《宽容法令》。

约瑟夫二世[2]同他母亲的大敌、普鲁士腓特烈大帝一样，具有能在错误时刻作出正确判断的非凡才干。在过去 200 年里，奥地利的家长总是吓唬自家小孩，如果再不听话睡觉，长着魔鬼之角和黑长尾巴的恐怖新教徒就会把他们抓走虐待。在那样的情况下，想让孩子们把新教徒视为手足姐妹根本是天方夜谭。同样，勤奋用功却任性冲动的约瑟夫从小被数不清的伯父伯母和表亲们包围着，他们不是主教就是枢机，个个高薪厚禄，被民脂民膏养得脑满肠肥。在那样的情况下，约瑟夫竟敢剥夺神职人员的世俗权力，抵制教会对政府的干预，实在是勇气可嘉。在所有天主教统治者中，他是第一个公开表示宽容是治理国家最理想，也是最实用的纲领。而他在三个月后做的事情更令人震惊。1782 年 2 月 2 日，约瑟夫颁布了与犹太人有关的著名法令。他明文规定犹太人能与新教徒和天主教徒一样，生活在同一片天空下，享有同等的自由。

如果我们能只写到这里就停下，让读者们相信，一切都有好结果，奥地利到如今依旧是那些希望照自己良心行事的人的天堂，那该有多好啊。也许约瑟夫二世和他的几位大臣可能真的在认知上有了一个大大的飞跃，但奥地利的农民打记事起就被教导说犹太人是他们的天敌，新教徒是叛教者，因此他们不可能改变对犹太人和新教徒根深蒂固的偏见。虽然《宽容法令》已经面世近一个半世纪，可天主教会以外的人仍

---

[1] 玛丽娅·特蕾莎 (Maria Theresa)：1717 年 5 月 13 日—1780 年 11 月 29 日，奥地利女大公和国母，匈牙利女王和波希米亚女王。神圣罗马帝国皇帝查理六世之女，神圣罗马帝国皇帝弗朗茨一世的妻子。——译者注

[2] 约瑟夫二世 (Joseph II)：1741 年—1790 年，奥地利女大公玛丽娅·特蕾莎之子，哈布斯堡－洛林王朝的奥地利大公，1764 年成为罗马人民的国王，1765 年加冕为神圣罗马帝国皇帝，1780 年起也是匈牙利国王和波希米亚国王。以开明专制著称。——译者注

像生活在 16 世纪时那样寸步难行。从理论上说，犹太人或新教徒都有指望被任命为首相或总司令，但事实上，他们就连给皇帝提鞋的资格都没有。

关于这类纸上谈兵的法令，我们就先聊到这里吧。

第二十九章　托马斯·潘恩

　　在很多地方都流传着类似的诗歌，大意是上帝在静无声息地活动着，并以其神力创造奇迹。对于那些研究过大西洋沿海地区历史的人而言，这样的说辞颇为可信。17 世纪上半叶，在北美洲定居的人绝大部分都全心全意地信奉圣经《旧约》。从表面上看，与其说他们是基督教徒，还不如说他们是摩西最忠诚的追随者。渐渐地，他们在与欧洲大陆隔洋相望的北美大陆上建立起一种恐怖的精神统治，而这种精神统治在马瑟家领导的猎杀女巫行动中达到了顶点。

　　要改变这样的现状，单靠一两个有识之士当然不行，但就在美国独立战争爆发之际所颁布的《美国宪法》以及其他许多文献里，我们清清楚楚地看见了宗教宽容萌芽的苗头。同时，由于 17 世纪是各种精神运动爆发的高峰期，自由思想也就趁机壮大了起来。当然，我并不是说所有的殖民地都突然开始信奉苏西尼主义，也不是说当地的父母已经不会再用索多玛[1]和蛾摩拉城[2]的故事吓唬小孩子了。只是这些新殖民地的新头目们几乎都是新思想的代言人，他们足智多谋，能力过人，把自己对宽容的理解白纸黑字地记录下来，然后以此为基础，构筑崭新而独立的国家。

如果新兴宗教和新兴思想的对手是一个统一的国家，那它们的发展不可能会如此顺利。然而，想在北美大陆上建立自己的据点始终不是一件易事。这么多年来，在哈德逊湾[3]和墨西哥湾间的这片广阔荒芜的大陆上，瑞典的路德教派开辟一点，法国的胡格诺派发展一点，荷兰的阿米尼乌斯派守住一点，来自英国大大小小各种各样的教会占领一点——谁都不让谁，谁也都管不了谁。这种难以一家独大的局面恰恰有助于各种宗教的平衡发展，让各殖民区里的人不得不学会最基本的互相忍让，而非一天到晚只想着互相厮杀。

对那些一心想发战争财的人来说，这可不是好兆头。眼看着社会精神越来越倾向于仁慈宽容，他们心急火燎地想要为过时的专制横蛮"奋战"。结果，他们非但没能捞到什么好处，反而使年轻人对他们所宣扬的，没比"残忍的印第安人教义"善良多少的信条越发地反感。

在这场为争取自由而发起的长年抗战中，我们国家是幸运的。虽然奋起反抗的先驱者们人数不多，却个个有勇有谋，他们成功地顶住了战争的压力，突破了炮火的封锁，把新思想新见解以最快的速度传遍了整个大陆。18世纪的美国殖民主义者可能没见过雕塑或三角风琴，但他们并不缺乏书籍。生活在13个殖民地里的居民们开始意识到，这个偌大的世界已悄然改变，而他们的身边也开始传来过去不可能在周日礼拜时听到的消息。渐渐地，书商取代教士，成了这些居民的先知。表面上居民的生活没

---

[1] 索多玛（Sodom）：圣经《旧约》中的罪恶之地。——译者注

[2] 蛾摩拉城（Gomorrah）：圣经《旧约》中的罪恶之城。——译者注

[3] 哈得逊湾（Hudson Bay）：又称哈得孙湾、哈德森湾。位于北冰洋的边缘海，伸入北美大陆的海湾。——译者注

有什么变化，也会照常出席规定的教会活动；但若时机成熟，他们定会坦白自己是昔日特兰西瓦尼亚国王的忠实支持者，因为老国王拒绝迫害一神教的信徒，并明确指出世俗统治者无法替上帝行的三件事，即"创造万物、预知未来和支配人性"。

为了将来治理国家的需要，这些勇敢的爱国者们把自己的思想写成具体的政治及社会纲领，然后让民众进行审查和判断。弗吉尼亚州的市民如果得知他们满怀敬意地听从并遵守的法律来自他们的天敌——自由思想者，一定会大吃一惊。然而，即使是自由思想者中最杰出的政治家托马斯·杰斐逊[1]，在说"宗教只能用理智而不能用暴力管理"以及"所有人都享有同等权利实现自己的宗教信仰"时，也仅仅是重复引用了过去伏尔泰、皮埃尔·培尔、斯宾诺莎和伊拉斯谟的思想和著作而已。

随着自由思想的日益发展，美国境内又出现了新的规定，包括"在美国谋求公职不应把声明宗教信仰作为条件"，以及"国会无权力用法律干涉宗教建立及宗教信仰"。这些规定获得了殖民地革命者们的默许与支持。这样一来，美国成为第一个政教彻底分离的国家；同时也是第一个公职候选人接受任命时不用出示主日学校毕业证的国家；以及第一个从法律层面规定人民可以享有绝对宗教信仰自由的国家。

遗憾的是，就像我们之前提到的发生在奥地利的情况那样，普通百姓的思想跟不上领导们的变化。当时，美国还有许多州存在迫害异教徒的风气，甚至在纽约、波士顿和费城等大城市中，还有不少人歧视持异见者，完全视本国宪法于无物。这一切，在托马斯·潘恩[2]的一生经历中显得尤其突出。

---

[1] 托马斯·杰斐逊（Thomas Jefferson）：1743年—1826年，美利坚合众国第三任总统，同时也是《美国独立宣言》主要起草人，及美国开国元勋中最具影响力者之一。——译者注
[2] 托马斯·潘恩（Thomas Paine）：英裔美国思想家、作家、政治活动家、理论家、革命家、激进民主主义者。——译者注

托马斯·潘恩

　　从血统来看，托马斯·潘恩是一个英国人；从职业来看，他是一名水手；从天性和自我追求来看，他是一位不折不扣的革命家。作为美国独立战争的倡导者，托马斯·潘恩为美国的建国大业作出了巨大贡献。在伦敦生活时，他结识了本杰明·富兰克林，并接受了他"西行"的建议。1774 年，潘恩带着本杰明的亲笔介绍信，乘船前往费城，帮助本杰明的女婿理查德·贝奇创立《宾夕法尼亚日报》。彼时，托马斯·潘恩已年逾四十。

　　作为一名经验丰富的业余政治家，潘恩很快就发现自己置身于人类精神试炼的旋涡中心。他有条理地把美国人的各种不解与不满收集起来，汇编成一本篇幅不长，内容却引人深思的小册子。在这本名叫《常识》（Commen Sense）的小册子中，潘恩通过深入浅出的道理让人们相信美国的建国大业是正义的，应当得到所有忠心的爱国者们同心同德的合作。没多久，这本小册子传到了英国，传遍了欧洲大陆，让许多人有生以来第一次听到"美国"之名，第一次得知原来世上还有这么一个国家，把向殖民主国家宣战看作是民族复兴的神圣职责。

独立战争一结束，潘恩就回到了欧洲，把过去英国政府的种种愚行一五一十地告诉英国市民。当时正值法国大革命爆发，一贯冷淡自持的英国人也不禁密切关注着海峡对面的动静。针对法国大革命事件，被吓坏的埃德蒙·伯克 [1] 发表了批评文章《对法国大革命的反思》（Reflections on the Revolution in France），而潘恩则撰写了著作《人权论》（The Rights of Man）作为回击，结果英国政府借机以叛国罪的名义对潘恩实行通缉。

与此同时，潘恩在法国的崇拜者们决定推举他进国会。虽然潘恩对法语一窍不通，却还是十分乐观地接受了这项荣誉。他来到巴黎，一直住到被罗伯斯庇尔盯上为止。因为总是担心自己不知道什么时候就会被抓被杀，潘恩争分夺秒地想尽快完成他在探讨人类哲学领域过程中最重要的一本书。此书名为《理性的时代》（The Age of Reason），书的前部分在他刚被捕时出版，后半部分则是他在狱中的十个月里完成的。

潘恩认为，真正的宗教本质上应该是"人文的宗教"，它有两个敌人——无神论者和狂热主义者。然而，他在宣传这个观点时几乎受到了所有人的攻击，甚至当他于 1802 年回到美国时，还遭到了当地人的仇视。就算潘恩过世已一个多世纪，人们也还是以"肮脏卑鄙的无神论者"之名来称呼他，谴责他，叫他不得安息。

不过话说回来，潘恩并没有被绞死，也没有被烧死，更没有遭遇五马分尸的惨事。仇视他的人也只是对他不理不睬，或者在他昂首挺胸准备出门时，怂恿小孩子对他做鬼脸而已。为了泄愤，潘恩曾针对发动独立战争的其他英雄人物发表过一些诋毁之辞，但应者寥寥。最后，他孤独潦倒地

---

[1] 埃德蒙·伯克（Edmund Burke）：1729 年—1797 年，爱尔兰的政治家、作家、演说家、政治理论家和哲学家，他曾反对英王乔治三世和英国政府，支持美国殖民地以及后来的美国革命，也曾批判过法国大革命。——译者注

在屈辱愤懑中于纽约去世。

潘恩的一生对于一个美好的历史开端来说，似乎是最不幸的结局。可实际上，在过去 2000 年历史中，这样的事例屡见不鲜——政府的专制才刚刚平息，个体的偏执却始终不肯消停；官方的死刑才刚刚被废除，民间的私刑却又悄悄问世。

第三十章　最后一百年

想完成这本书在 12 年前应该会比较容易，因为那时"不宽容"在大部分人心中，几乎完全和"宗教不宽容"同义。每当历史学家说"某某人是为宽容奋斗的战士"时，大家都一致地认为这个人毕生都在反对教会，以及神职人员的专横统治。

后来战争爆发了，我们原有的不宽容制度一下子从一种变成了十几种，对同类施加的酷刑，也从过去的一项变成一百多项。社会刚开始摆脱宗教偏执的恐怖，又得忍受随后更为痛苦的种族不宽容、社会不宽容以及其他不足挂齿的不宽容。对于它们的出现，放在十年前，人们连想都没想过。

对于许多生活在欢乐的幻象中的人来说，这实在太恐怖了：社会进步是一种自动的计时装置，只要他们偶尔赞许一下，后面的事情就完全不用管了。对于人类本性中所表现出来的令人讨厌的固执，他们一边悲伤地摇头，嘟囔着"一切贪慕虚荣，都是过眼云烟"，一边又自以为是地拒绝吸取教训。直到完全绝望之际，人们才慌慌张张地加入这个或那个宗教协会，成为精神层面上失败者中的一员。他们用最令人悲哀的语调宣布自己的失败，并决定不再理会世事。

我不喜欢这样的人，因为他们不仅懦弱，更是人类未来的背叛者。

那么，对于这样的局面，我们有没有解决方法呢？或者说解决方法又是什么呢？我想所谓的解决方法应该是没有的，起码眼下这样的东西并不存在。如今世人做事都要求立竿见影，希望借助数学或医药，或某项国会法案，迅速而轻易地解决地球上所有问题。但习惯用发展眼光看待历史的人很清楚，文明不会随着 20 世纪的到来而开始或消失。

还有那些总是围绕在我们身边的绝望论调，如"人性本就如此""江山易改本性难移""世界一成不变"或"无论时光荏苒，一切始终如一"，这些说到底都是不符合事实的，只是看起来好像是这么一回事而已。若把感情上的偏见放到一边，并利用手上掌握的或多或少的具体证据对过去两万年历史做一个冷静的分析，我们就能注意到，虽然文明的进步之路总被打断，可它确实在缓慢地发展——从几乎无法以笔墨形容的残忍和粗野逐步走向较为高尚和完善的境界，就算是世界大战爆发也无法动摇它的方向。

人类种族具有难以置信的生命力，它的寿命超越神学和工业革命，它经历过霍乱、瘟疫、宗教迫害以及清教徒的蓝色法规 [1]，最终也将学会该如何克服正扰乱着当代人思想的精神罪恶。

历史小心地揭开时间的秘密，并以此为我们上了伟大的一课：人制造的东西，也可以由人毁灭。这首先关乎勇气，其次是教育。

---

[1] 蓝色法规（Blue Law）：美国殖民时期清教徒所定的法律，禁止在星期天跳舞、喝酒等。——译者注

　　在最近过去的一百年里，"教育"一词时常在人们耳边被说来道去，其出现频率之高真叫人有点吃不消，以至于有好些现代人对过去向往不已，因为那时的人大多目不识丁，不会读也不会写，只能偶尔做些独立思考。我在这里提到的"教育"并不单单是历史事实的累积，也不仅仅是现代孩子学习必备的知识清单，它更是对当今世界的理解，以及对孕育现代的过去的尊重。

　　我在书中曾罗列证明，不宽容其实是老百姓自卫本能的一种表现，就像狼群不能容忍一只与众不同的狼，食人族里不能容忍一个会激怒上帝或给整个村庄带来不幸的族民，一经发现，非得被杀死或被流放至荒野不可。

　　在希腊联邦里，谁要是胆敢向联邦的基本法则提出质疑，他就不可以再留在这个神圣的国度里。这样的不宽容使哲学家苏格拉底被赐饮鸩而死。同样，若当年古罗马允许几个无恶意的思想狂热者践踏那些自罗慕路斯时代就定下的法律，那古罗马兴许就无法发展下去。为了在欧洲各国的龙争虎斗中存活下来，它只得违背传统的自由政策，做些不宽容的决定。

　　从这个角度上来看，基督教会实际上是这个古老帝国在精神层面上的继承人，为了存活，它要求臣民们绝对服从，甚至不得不因此走向镇压与凶残的极端，以至于许多人宁可忍受伊斯兰教赤裸裸的束缚，也不愿领教基督教假惺惺的宽仁。

　　反对神职人员专权的伟大斗士们总是身陷重重危机中，为了坚持自己的主张，他们不得不对所有精神革新运动及一切科学试验不宽容。于是在"改革"的名义下，斗士们又犯了——或试图犯下自己的敌人刚刚才犯过的错，踏上敌人的旧路，失去了所有的权力和势力，赔了夫人又折兵。

　　多少岁月过去了，生命本是一场荣光万丈的冒险，却不可避免地变成了一场可怕的经历，而这一切的源头，乃是因为迄今为止，人类的生存一直都完全被恐惧所统治。

正如我之前说的，恐惧正是所有不宽容的起因。无论迫害的方法和形式是什么，迫害的原因都是来自恐惧。这一点，我们可以从架起断头台及向火刑台上扔柴堆的人脸上极端痛苦的表情中得到印证。

我们一旦认清了这个事实，马上就能找到解决这个问题的方法。在不受恐惧支配时，人们总是倾向于正义和正直。但由于局势不许，人们也就没有太多机会实践这两项美德了。话说回来，在我活着的时候看不到这两项美德的实现，也不算什么，毕竟这是人类发展的必经阶段。人类还太年轻了，一言一行难免荒唐可笑。要求在几千年前才开始独立生活的哺乳动物具备这些只有随着年龄和经验的增长才能获得的美德，不但不合理，还十分不公平。若要强行揠苗助长，只会使人类的思想出现偏差——让耐心被愤怒取代，让怜悯被刻薄掩埋。

在撰写这样一本书的最后几章时，作者往往会有一种欲望，那就是想扮演一下某个悲伤预言家的角色，进行一些无关紧要的布道。千万不能这样！生命是短暂的，布道却太过冗长。既然是言语无法轻易表达准确的思想，那干脆还是不说为好。

但依然会有历史学家犯类似的错误，尤其当他们对史前时代高谈阔论时，当他们对希腊和罗马的黄金时代五体投地时，当他们对所谓的黑暗时代信口开河时，以及当他们对比过去繁荣昌盛十倍之多的现代生活大唱赞歌时。而当这些学识渊博的历史学家碰巧发现，人类的发展情况与他们预计的不太一样时，他们就会低声下气地道歉两句，然后嘟嘟囔囔地解释说，这种结果虽不尽如人意，却不过是昔日野蛮时代的残渣余孽而已，只等时机一到，就会像马车最终让位于火车一样，烟消云散。

这说辞听着顺耳，却并不真实。它虽然能满足我们的虚荣心，使我们相信自己是时代的继承人，却对我们的精神健康毫无助益。只有看清楚人类自身的实际状况，明白自己到底是当代的山顶洞人、叼着香烟开着小车的新石器时代人，还是靠电梯上下的穴居人时，我们才能朝目标迈出第一步，而这个目标至今还隐藏在未来的层峦叠翠中。

　　只要这个世界还被恐惧笼罩，谈论黄金时代和现代发展就是浪费时间；只要不宽容依旧是自卫本能中不可或缺的一部分，倡导宽容简直与鼓吹犯罪无异。当滥杀无辜、猎杀女巫、盲目崇拜等不宽容之事成为不再有人相信的天方夜谭时，宽容遍布天下的日子也就到了。

　　这中间可能需要花费一万年，甚至十万年的时间去实现。但这一天终会来临，且必定在人类第一次成功征服自身恐惧之际，崛地而起。

1925 年 7 月 19 日

美国康涅狄格州，韦斯特波特市